福建江夏学院学术著作资助出版
福建江夏学院科研创新团队（23ktxs03）支持计划资助

# 双向FDI对中国物流业高质量发展的影响研究

THE IMPACT OF TWO-WAY FDI ON THE HIGH-QUALITY DEVELOPMENT OF CHINA'S LOGISTICS INDUSTRY

李敏杰 ◎ 著

中国财经出版传媒集团

经济科学出版社
Economic Science Press

·北 京·

图书在版编目（CIP）数据

双向 FDI 对中国物流业高质量发展的影响研究／李敏杰
著 . -- 北京：经济科学出版社，2024. 5
ISBN 978 - 7 - 5218 - 5819 - 8

Ⅰ. ①双… Ⅱ. ①李… Ⅲ. ①对外直接投资 - 影响 -
物流 - 经济发展 - 研究 - 中国 Ⅳ. ①F832.6 ②F259.22

中国国家版本馆 CIP 数据核字（2024）第 077484 号

责任编辑：张 燕 杨 光
责任校对：李 建
责任印制：张佳裕

**双向 FDI 对中国物流业高质量发展的影响研究**
SHUANGXIANG FDI DUI ZHONGGUO WULIUYE
GAOZHILIANG FAZHAN DE YINGXIANG YANJIU

李敏杰 著
经济科学出版社出版、发行 新华书店经销
社址：北京市海淀区阜成路甲 28 号 邮编：100142
总编部电话：010 - 88191217 发行部电话：010 - 88191522
网址：www. esp. com. cn
电子邮箱：esp@ esp. com. cn
天猫网店：经济科学出版社旗舰店
网址：http：//jjkxcbs. tmall. com
固安华明印业有限公司印装
710 × 1000 16 开 14.5 印张 220000 字
2024 年 5 月第 1 版 2024 年 5 月第 1 次印刷
ISBN 978 - 7 - 5218 - 5819 - 8 定价：76.00 元
（图书出现印装问题，本社负责调换。电话：010 - 88191545）
（版权所有 侵权必究 打击盗版 举报热线：010 - 88191661
QQ：2242791300 营销中心电话：010 - 88191537
电子邮箱：dbts@ esp. com. cn）

# 前　言

　　物流业作为基础性、战略性和先导性产业，中国政府高度重视其对国民经济发展的重要支撑作用，出台一系列方针政策促进物流业平稳健康发展。但是，中国物流业在扩大市场规模并着力降本增效的同时，仍面临区域发展不平衡、成本费用较高、环保压力严峻等问题，严重制约了物流业高质量发展。如何推动物流业高质量发展成为亟待解决的问题。全球经济一体化使跨国企业在世界范围内布局生产要素，外商直接投资（IFDI）和对外直接投资（OFDI）已经成为多数国家获取资本、技术、知识和人才等要素的主要外部渠道，也是参与全球分工、优化资源配置和提高产业竞争力的重要策略选择。因此，仅依靠自身促进物流业高质量发展不是唯一选择，双向 FDI 也为其提供了可行途径。中国物流业坚持"引进来"和"走出去"并重，2020 年双向 FDI 流量分别达到 49.986 亿美元和 62.332 亿美元，呈现同步增长趋势①。当前，中国物流业双向 FDI 活动日益频繁。在"双循环"新格局下，双向 FDI 能否成为中国物流业高质量发展的重要推动力？基于以上背景，在测度物流业高质量发展水平的基础上，本书从理论和实证层面系统考察了双向 FDI 对物流业高质量发展的影响，并提出切实可行的对策建议。主要的研究内容及结论如下所述。

　　第一，统计并分析中国物流业双向 FDI 的发展现状。本书基于统计数据分析物流业双向 FDI 规模、业绩指数和空间分布，总结其进入模式和投资动机。研究发现，2004～2020 年物流业双向 FDI 规模呈上升趋势，

---

　　① 资料来源：《中国统计年鉴 2021》。

但占服务业双向 FDI 比重较低；中国香港、欧盟、美国、澳大利亚和东盟是物流业 OFDI 的主要目的地；物流业"引进来"的模式可以分为代理协议、合资、独资以及并购，"走出去"的主要模式为绿地投资和跨国并购；物流业双向 FDI 的动机可以归纳为五种，各类投资动机之间并不相互排斥。

第二，测度并评价中国物流业高质量发展水平。本书构建了包括产出规模、运行质量、社会贡献和绿色发展四个维度 21 个指标的物流业高质量发展评价指标体系。在此基础上，采用改进熵权法对 2004～2019 年中国 30 个省份的物流业高质量发展水平进行测度并分析。研究发现，2004～2019 年中国物流业高质量发展水平以 2.397% 的年均增长率上升，但是区域内和区域间物流业高质量发展水平的差距随时间推移而拉大；物流业高质量发展水平存在显著空间正相关，超过 2/3 的省份属于 High-High 型集聚和 Low-Low 型集聚；2013 年以后，更多省份物流业的发展逐步由以数量为主导转向以质量为主导；2004～2019 年物流业产出规模和社会贡献维度呈现波动中上升趋势，而运行质量和绿色发展维度呈波动中下降趋势。

第三，考察双向 FDI 对物流业高质量发展影响的总体效应。本书在理论分析的基础上，将 IFDI、OFDI 及双向 FDI 交互项纳入同一分析框架，利用 2006～2015 年中国 27 个省份的面板数据，实证检验双向 FDI 对物流业高质量发展综合水平和分维度水平的影响。研究发现，双向 FDI 显著提升了物流业高质量发展水平，IFDI 的提升作用更大；双向 FDI 在推动物流业高质量发展的过程中存在显著的互促效应；IFDI 通过提升物流业产出规模、运行质量和社会贡献水平对物流业高质量发展产生正向作用，而 OFDI 则通过扩大物流业规模和提高物流业运行质量推动物流业高质量发展。

第四，考察双向 FDI 对物流业高质量发展影响的时空异质性。本书在理论分析的基础上，运用时空地理加权回归模型实证检验双向 FDI 影响物流业高质量发展的时间变化趋势和空间分布格局。研究发现，双向 FDI 对物流业高质量发展水平的促进作用呈倒"V"型的时间变化趋势，由东向西梯度递减的空间分布格局；时间上，双向 FDI 对物流业产出规模的积极影响先上升后下降，2008～2015 年双向 FDI 提升了物流业运行质量；空间上，双向 FDI 对物流业产出规模和运行质量的积极影响更多地表现在东部和中部地区；双向 FDI 对物流业社会贡献的作用随时间推移由不显著转变为显著为正，且正向效应表现在东部和中部地区；IFDI 对物流业绿色发展的促进作用随时间推移变得显著，随地理位置西移而消失。

第五，考察双向 FDI 对物流业高质量发展影响的空间溢出效应。本书构建空间面板杜宾模型，考察三种不同空间权重矩阵下，双向 FDI 对物流业高质量发展的空间溢出效应。研究发现，多数情况下，IFDI 和 OFDI 对周边地区物流业高质量发展水平的影响分别显著为负和显著为正，双向 FDI 交互项对物流业高质量发展水平的促进作用仅局限于当地；IFDI 和 OFDI 对周边地区物流业产出规模和运行质量分别产生明显抑制作用和促进作用；双向 FDI 对物流业社会贡献和绿色发展没有产生空间外溢效应。

基于上述研究结论，为了推动物流业高质量发展，中国当前仍需要持续引进物流业外资，加快推动物流业"走出去"，将双向 FDI 对物流业高质量发展的正向效应更充分地激发出来。

本书在创作过程中得到了福州大学王健教授的悉心指导及其研究团队的帮助。福州大学梁红艳副教授、福建江夏学院刘名远教授、福建农林大学陈毅辉副教授提出了很好的建议，谨此一并致谢。由于受时间、资料、著者学术水平及其他条件限制，书中不足之处恳请同行专家及读者不吝指正。

李敏杰

2024 年 3 月

# 目　　录

# 第1章 绪　　论

## 1.1　研究背景

### 1.1.1　中国物流业亟待走高质量发展之路

在中央财经委员会第八次会议上，习近平总书记强调构建"双循环"新发展格局，必须推进现代流通体系建设①。物流业作为现代流通体系的关键一环，在畅通国民经济循环中发挥着重要支撑作用[1]。近年来，各级政府出台了一系列推进物流业降本增效的文件，使物流业保持平稳增长和健康发展。2013 年，中国物流业市场规模首次超过美国，位居世界第一[2]。但是，中国物流业在扩大市场规模并着力降本增效的同时，仍面临区域发展不平衡、成本费用较高、环保压力严峻等问题，供给质量和供给效率较为低下。根据世界银行发布的全球物流绩效指数排名，中国在 2013 年位居第二十八，到 2018 年仅上升两个名次，为第二十六，数量与质量极不匹配。社会物流总费用居高不下是当前中国物流业发展的主要痛点之一。2020 年，中国社会物流总费用占国内生产总值（Gross Domestic Product，GDP）比重为 14.7%②，与发达国家相比明显偏高。另

---

① 资料来源：中华人民共和国中央人民政府网站，https：//www.gov.cn/xinwen/2020 - 09/09/content_5542047.htm。

② 资料来源：国家发展和改革委员会网站，https：//www.ndrc.gov.cn/xwdt/ztzl/shwltj/qg-sj/202102/t20210226_1268288_ext.html。

外，物流业还是高污染行业。2020 年，中国物流业能源消耗量为 41309 万吨标准煤，约占能源消耗总量的 8%①，在所有行业中位居第二。物流业已被政府确定为需要以低碳为主要特征的三大产业体系之一。在中国经济由高速增长转向高质量发展的新历史阶段，高成本、高污染的运行环境使物流业不能再延续旧有粗放式的发展模式和发展路径，只强调"量"的增加而忽视对"质"的关注，物流业亟待向高质量发展方向转型。2019 年，国家发展改革委等 24 个部门和单位联合印发《关于推动物流高质量发展促进形成强大国内市场的意见》并指出，物流业高质量发展不仅是实现自身转型升级的必由之路，也是降低实体经济物流成本和增强实体经济活力的迫切需要，更是实现中国经济高质量发展的重要力量。在此背景下，如何推动物流业高质量发展是迫切需要思考和探讨的问题。

### 1.1.2 双向 FDI 成为经济高质量发展的重要推动力

科学技术是经济高质量发展的核心推动力。在封闭条件下，经济高质量发展主要是通过一国内部技术水平提升实现。在开放条件下，一国经济高质量发展不仅依赖于自身技术进步，还依赖于不同渠道获得的国际先进技术溢出。因此，作为国际资本流动的主要方式和国际技术溢出的重要载体，包括中国在内的发展中国家把外商直接投资（inward foreign direct investment，IFDI）作为发展本国经济的重要"加速器"。改革开放初期，中国存在外汇和储蓄"双缺口"，中国政府提出"以市场换技术"的战略，以期通过引进外资提高本国企业的技术水平和生产效率。凭借巨大的内需市场、宽松的准入门槛和优惠的引资政策，中国成为对 IFDI 具有较强吸引力的国家。2020 年，受新冠疫情的影响，世界各个国家和地区注入外资额度同比减少42%。但中国 IFDI 流入突破 1630 亿美元，同

---

① 资料来源：《中国统计年鉴 2022》。

比增长 4%，成为全球第一大外资流入国①。2020 年，占全国企业比重不足 2% 的外商投资企业创造了近 40% 的进出口商品总额和 20% 的税收②，对中国经济发展起到了重要作用。与此同时，也有研究表明对外直接投资（outward foreign direct investment，OFDI)③ 是发展中国家获取资本、技术、知识等生产要素的另一有效途径，企业通过 OFDI 能够获得显著的技术和效率提升效应[3]。中国企业改变过去被动的局面，积极进行 OFDI，以更主动的姿态参与国际分工。2000 年"走出去"战略的提出和 2001 年加入世界贸易组织（World Trade Organization，WTO）开放红利的诱导，使中国企业"走出去"的步伐明显加快。2020 年，中国 OFDI 流量高达 1537.10 亿美元，首次位居全球第一④。中国的国际化战略也正从"引进来"向"引进来与走出去并重"转变，进一步扩大对外开放，推动经济高质量发展。党的十九届五中全会提出构建国内国际双循环的新发展格局。新发展格局是以更深层次地参与国际大循环提高国内大循环的效率和水平，以更高水平的国内大循环促进和带动国内企业参与国际大循环[4]。双向 FDI（即 IFDI 和 OFDI）作为联结国内和国外两个市场的纽带，二者的良性互动是形成相互促进的新发展格局、推动经济高质量增长的重要途径[5]。

### 1.1.3  双向 FDI 在中国物流业发展过程中的作用日益凸显

随着服务全球化的日益凸显，FDI 领域由制造业向服务业倾斜。物流业作为服务业的重要分支，也正在全球范围内重新布局和资源整合，以

---

① 资料来源：中华人民共和国商务部网站，http://www.mofcom.gov.cn/article/i/dxfw/jlyd/202102/20210203040819.shtml。

② 资料来源：《中国外资统计公报 2021》。

③ 《世界投资报告》中，国际直接投资被翻译为 foreign direct investment，简称 FDI，并根据资本流向分为 FDI 流入和 FDI 流出。另外，根据中国国家统计局的解释，外商直接投资表示 FDI 流入，对外直接投资表示 FDI 流出。因此，为了避免混淆，本书采用 IFDI 表示外商直接投资，即"引进来"；OFDI 表示对外直接投资，即"走出去"。下文出现的 FDI 表示国际直接投资，即同时包括 IFDI 和 OFDI。

④ 资料来源：《2020 年度中国对外直接投资统计公报》。

FDI 的方式积极参与国际合作和竞争。"引进来"战略的实施吸引跨国公司在中国布局和运营生产网络，产生大量原材料、半成品和产成品物流，由此吸引国际物流企业纷纷入驻，外商直接投资逐渐渗入中国物流业。从 2005 年开始，中国允许外商独资的物流企业进入，中国物流市场进一步对外资开放。2007 年，国家发展改革委和商务部联合出台《外商投资产业指导目录（2007 年修订）》，鼓励和支持外商投资物流领域。外资流入弥补了中国物流业发展所需的资本缺口，带动了先进技术、现代化管理理念和运营模式在中国的传播，提升了本土物流企业的国际竞争力。特别是最先流入中国物流业的外国资本多来源于美国、新加坡、英国、德国和日本等物流技术水平较高的国家。IFDI 成为推动中国物流业发展的重要外部力量①。

相对外国企业不断进入中国物流市场的态势，国内物流企业"走出去"的步伐比较缓慢。这主要是因为中国物流企业国际竞争力较弱，对国外市场、政策、法律等了解不够，"走出去"缺乏相应的政策配套。2001 年，中国加入 WTO 并正式把"走出去"战略写进"十五"计划纲要。之后几年，政府出台了一系列放松 OFDI 和外汇管制的政策，为包括物流企业在内的国内企业开展 OFDI 提供了便利条件。同时，全球经济一体化重塑的物流发展模式迫切需要中国本土物流企业"走出去"。2004 年，中国物流业 OFDI 流量仅为 8.29 亿美元，2008 年上升至 26.56 亿美元②。OFDI 不仅为物流业获取资本、技术、知识等生产要素提供了有效途径，也有利于物流业布局全球网络，进一步整合物流服务，提高物流效率[6]。

2008 年全球金融危机给中国物流业发展带来了不良影响。2009 年中国物流业增加值较 2008 年仅增长了 2.23%（2007 年物流业增加值较 2006 年增长 19.85%）③。在这种情况下，为了进一步吸收他国资金、先

---

① 全书研究的重心是物流业双向 FDI 对物流业高质量发展的影响。为了避免重复，此处把物流业 IFDI 简述为 IFDI。

② 资料来源：《中国统计年鉴 2005》《中国统计年鉴 2009》。

③ 资料来源：《中国统计年鉴 2010》。

进技术和管理经验发展本国物流业，2009 年国务院颁布《物流业调整和振兴规划》，提出"进一步开放与物流相关的领域""推动物流业'引进来'和'走出去'"的产业发展导向。此后，2014 年国家发展改革委在制定 2014～2016 年物流业重点工作行动计划时指出，同时推动物流业"引进来"和"走出去"。2009～2017 年，中国物流业双向 FDI 总体呈现上升趋势，IFDI 和 OFDI 分别由 25.27 亿美元和 20.68 亿美元增加至 55.88 亿美元和 54.68 亿美元，物流业增加值则以年均 10.53% 的增长率上升①。虽然影响物流业增加值的因素很多，但该数据从另一个侧面说明双向 FDI 在中国物流业发展过程中起到了一定作用。

当前中国物流业仍面临创新能力较弱、区域发展不平衡、成本费用较高、环保压力严峻等一系列问题，严重制约了物流业高质量发展。在经济全球化的背景下，继续坚持"引进来"和"走出去"，充分利用双向 FDI 推动物流业高质量发展是必要且必需的。2019 年，国家发展改革委和商务部共同出台了《鼓励外商投资产业目录（2019 年版）》，增加了冷链物流、快递服务相关内容，在河南、湖南等交通物流网络密集省份新增物流仓储设施条目。"一带一路"倡议的实施加强了中国与沿线国家交通基础设施的互联互通，中国物流企业借助双向 FDI 更容易丰富全球物流网络的多样性和连通性，进而减少运输障碍，通过缩短运输距离、降低物流成本以及提高运输安全性来提升物流效率[7]。另外，跨境电商的异军突起带动了"海外仓""跨境小包""最后一公里"等配套跨境物流的大幅度增长，也推动了国内物流企业对外投资。2020 年，中国物流业 IFDI 和 OFDI 分别为 49.99 亿美元和 62.33 亿美元②，呈现齐头并进、相辅相成的趋势。随着物流业新业态和新模式的出现，近年来中国物流业双向 FDI 的投资领域也发生了一些新变化。进入中国物流市场的外资企业不仅投资快递、海运、货代等领域，也逐渐在智慧物流、绿色物流等新兴领域投资，比如普洛斯打造的智慧物流园区。国内投资者进行对外

---

① 资料来源：2010～2018 年《中国统计年鉴》。
② 资料来源：《中国统计年鉴 2021》。

投资时,除了关注传统的物流仓储外,还将目光进一步拓展至综合物流、物流智能信息化等领域。这些新兴业态和新模式有利于加快推进物流业向高质量发展方向迈进。因此,更加不能忽视双向 FDI 在物流业高质量发展过程中所起的作用。

## 1.2　问 题 的 提 出

自新中国成立以来,中国物流业经历了从"数量缺口"到"数量第一"的发展过程。中国已成为世界"物流大国"。然而中国物流业发展过程中仍存在诸多问题,与建设现代化"物流强国"存在一定差距,推动物流业高质量发展已成为必须完成的现实任务。理论上,双向 FDI 在资本供给、技术进步、生产效率提升等方面具有重要作用,是产业发展的有力支撑。现实中,双向 FDI 似乎也在物流业发展过程中起到重要作用。与此同时,也要注意到中国物流业在"引进来"和"走出去"过程中存在一定问题。2020 年,物流业 IFDI 和 OFDI 业绩指数分别为 0.85 和 0.99,均小于 1,说明中国物流业实际双向 FDI 规模仍然小于根据其 GDP 规模所应该实现的双向 FDI 规模;物流业 IFDI 和 OFDI 占 IFDI 总额和 OFDI 总额的比重分别为 3.46% 和 4.06%,占比较低[①]。虽然"一带一路"倡议的深入实施使中西部地区成为物流业外商投资的"热土",但是中国长期的非均衡区域经济发展水平导致物流业双向 FDI 空间异质性特征明显。在中国物流业迈向"高质量发展阶段"和新旧动能转换的关键时期,双向 FDI 是否影响了物流业高质量发展?这种影响存在时空异质性吗?物流业双向 FDI 在共存发展过程中,实现了良性互动吗?现有文献仍然缺乏对双向 FDI 与物流业高质量发展之间关系的系统性研究,由此衍生出一系列需要解决的问题:

问题 1:中国物流业双向 FDI 的发展现状如何?

———————

① 资料来源:《中国统计年鉴 2021》。

问题 2：如何构建物流业高质量发展评价指标体系并进行测度？

问题 3：双向 FDI 是否对物流业高质量发展产生了影响？

问题 4：双向 FDI 对物流业高质量发展的影响是否存在时空异质性？

问题 5：双向 FDI 对物流业高质量发展的影响是否存在空间溢出效应？

## 1.3　研　究　意　义

### 1.3.1　理论意义

本书的理论意义在于：第一，拓展了高质量发展的理论应用范畴。学术界从多角度围绕"高质量发展"展开探索，形成了中国特色社会主义思想下的高质量发展理论体系，然而鲜少将高质量发展理论应用到物流领域。本书在物流领域引入高质量发展的理论体系，是对高质量发展理论融入行业层面的重要拓展。同时，本书对物流业双向 FDI 与物流业高质量发展之间的关系展开全方位立体式分析，有助于推动国际投资学、发展经济学和管理学等多学科的理论交融。

第二，完善了高质量发展的统计体系。现有文献关于高质量发展评价指标体系的构建主要集中于宏观经济层面，虽有少数文献构建了物流业高质量发展评价指标体系，但是在构建指标体系时把影响因素纳入在内，无法准确衡量物流业高质量发展的水平，而且所构建的指标体系着重体现物流业自身变化，忽视物流业高质量发展的社会贡献。本书以结果导向为原则选取指标，构建包括四个维度 21 个指标在内的物流业高质量发展评价指标体系。这一指标体系契合新发展理念，既体现了物流业自身特点，又体现了物流业发展对社会的重要贡献，对完善高质量发展的统计体系具有重要理论意义。

第三，丰富了双向 FDI 视角下推动物流业高质量发展的理论研究。"引进来"与"走出去"已经成为中国各省份物流业发展的普遍特征。然而，现有文献忽略了双向 FDI 以及两者互动在物流业高质量发展过程中所起到的作用。本书在梳理双向 FDI 与经济发展相关研究的基础上，紧密结合中国物流业同时"引进来"和"走出去"的事实，分析双向 FDI 影响物流业高质量发展的一般性逻辑机理，厘清双向 FDI 影响物流业高质量发展背后的内在机理、作用机制和约束条件，这是对现阶段"双向 FDI 驱动经济高质量发展理论"的丰富和拓展。

### 1.3.2 现实意义

本书的现实意义在于：第一，有助于把握中国物流业高质量发展水平的实际情况。基于物流业高质量发展评价指标体系，采用改进熵权法测算 2004～2019 年中国 30 个省份的物流业高质量发展水平，并进行省份、时间、维度和区域上的比较。省份比较是明晰不同地区在全国物流业高质量发展方面所处地位，时间比较是掌握物流业高质量发展水平的时序变化特征，维度比较是了解物流业高质量发展的短板，区域比较是厘清不同区域以及区域内部的差异性特征。

第二，有助于了解中国物流业双向 FDI 的现实情况。数据的易获得性使多数文献对双向 FDI 的描述从宏观经济或三次产业角度切入，本书则对中国物流业双向 FDI 的发展现状进行了深度系统的剖析。从全国层面分析物流业双向 FDI 流量及所占比重，从区域层面刻画物流业双向 FDI 的空间分布格局，从发展历程总结跨国企业进入中国物流市场以及中国企业进入境外物流市场的模式，有助于社会各界认识到物流业"引进来"和"走出去"的现状以及存在的问题。

第三，为制定科学的物流产业发展政策提供依据。中国物流业面临着高质量发展的压力，双向 FDI 能否推动物流业高质量发展是值得研究的现实问题。本书从总体效应、时空异质性和空间溢出效应多个视角研究双向 FDI 对物流业高质量发展的影响，具体量化双向 FDI 推动物流业高质量发展的实际成效。这一探讨结果有助于正确看待双向 FDI 在物流业高质量发展过程中的作用，为政府结合行业特征制定产业发展政策提供可量化的依据，最大限度地为有效利用双向 FDI 推动物流业高质量发展提供现实指导。

## 1.4　文　献　综　述

### 1.4.1　物流业高质量发展的相关研究

在党的十九大提出"高质量发展"的表述之后，学术界便围绕"高质量发展"的内涵、测度以及影响因素等方面展开研究，并产生了一系列研究成果。然而，由于"高质量发展"起源于党的十九大，因此近年来的研究成果以国内文献为主。

#### 1.4.1.1　物流业高质量发展的内涵

目前，对高质量发展内涵的界定并未有统一的标准，不同学者对高质量发展内涵的理解莫衷一是。本书借鉴任保平的做法[8]，从宏观、中观和微观三个视角对高质量发展内涵的相关研究成果进行梳理。

（1）宏观视角下高质量发展的内涵。

第一，从经济学角度界定高质量发展的内涵。任保平梳理了政治经济学关于高质量发展的相关理论，在此基础上构建中国经济高质量发展的理论框架[8]。钞小静和薛志欣依据马克思主义政治经济学，分析了中国经济高质量发展的约束以及突破点[9]。金碚从经济学理论出发，认为高质量发展的本质特征是满足人民不断增长的需要[10]。

第二，从社会主要矛盾出发界定高质量发展的内涵。刘志彪认为，高质量发展是在不断解决社会矛盾的过程中满足人们增长的对美好生活的需要[11]。高培勇指出，高质量发展与社会主要矛盾的变化相契合，解决社会主要矛盾既是高质量发展的起点，也是最终目的[12]。

第三，基于创新、协调、绿色、开放、共享的新发展理念界定高质量发展内涵。师博[13]、师博和张冰瑶[14]结合新发展理念，认为高质量发展的内涵是结构合理、增长稳定以及发展成果的社会和生态友好。李梦欣和任保平认为，高质量发展与新发展理念具有同步性，是在新理念的引领下逐步实现的[15]。洪银兴认为，新发展理念是高质量发展的依据，也规定了高质量发展的核心内容[16]。

（2）中观视角下高质量发展的内涵。

中观视角下高质量发展的研究是从产业层面展开的。比如，李英杰和韩平认为，制造业高质量发展是动力、效率和质量的有机结合[17]。杨建利等认为，农业高质量发展的内涵应该包括产量、质量、绿色、效益、效率、竞争力、经营者素质、农民收入等多个维度[18]。董艳敏和严奉宪从产业的效率、效益、绿色化、劳动者素质和农民收入五个方面阐述农业高质量发展的内涵[19]。杜宇等认为，工业高质量发展是以新发展理念为导向，形成"创新、绿色、协同、共享、效益"的时代内涵[20]。高一铭等从"效率""公平""可持续"方面解读金融业高质量发展的内涵[21]。姜长云指出，服务业高质量发展是凸显新发展理念的发展，是满足人们对美好生活需要的发展[22]。

（3）微观视角下高质量发展的内涵。

微观视角下高质量发展的研究是从企业层面展开的。黄速建等把企业高质量发展定义为以追求高效率的经济和社会价值创造为目标，以塑造企业可持续创造价值的素质能力为范式[23]。肖红军从服务、动力、效率、布局、声誉、机制和组织七个方面刻画国有企业高质量发展的内涵[24]。李巧华则把制造企业高质量发展定义为通过组织和技术创新，整合企业内外部资源，满足消费者高品质、多样化和个性化的需求，最终实现经济、社会和环境效益的有机统一[25]。

如前所述，目前产业层面高质量发展的研究主要围绕农业、工业、制造业等展开，对物流业高质量发展内涵进行界定的文献较少。从产业层面理解，高质量发展主要包括规模扩大、结构优化、效益提升和绿色发展等方面[26]。那么，什么是物流业高质量发展？有部分文献认为，物流业高质量发展是以创造物流价值为前提，优化资源配置为核心，坚持质量第一和效率优先，满足市场高质量的需求[27][28]。肖建辉指出，物流业高质量发展应该包括两层含义,即"发展质量高和高质量满足人民需求"[29]。

### 1.4.1.2 物流业高质量发展水平的测度

高质量发展水平的测度主要有两种方法:第一种是采用单一指标衡量,比如全要素生产率(total factor productivity,TFP)[30][31]、绿色全要素生产率(green total factor productivity,GTFP)[32][33]、人均实际 GDP[34]等。单一指标只能体现高质量发展规模、效率或绿色的某一方面,带有一定的片面性。第二种是构建指标体系对高质量发展水平进行测度。2017 年中央经济工作会议指出,必须加快形成推动高质量发展的指标体系。因此,指标体系更能体现高质量发展目标的多维性。

根据构建思路的不同,现有文献的指标体系大致可以分为三类。第一类是在姆拉奇拉(Mlachila)等[35]关于经济增长质量研究的基础上,从经济发展的基本面、社会成果和生态成果方面构建经济高质量发展指标体系[36][37][38]。然而,该指标体系强调的是经济"增长质量",与经济"发展质量"仍存在差别。第二类主要参照创新、协调、绿色、开放、共享的新发展理念,构建基于五大维度的高质量发展评价指标体系[39][40][41]。但新发展理念包括影响高质量发展的内容(如创新和开放),不应被纳入指标体系中[42]。第三类通过界定高质量发展的内涵来构建高质量发展指标体系。比如魏敏和李书昊在新发展理念的基础上,构建了由 10 个维度组成的指标体系,在此基础上测度了 2016 年中国 30 个省份的经济高质量发展水平[43]。李金昌等构建的指标体系由经济活力、创新效率、绿色发展、人民生活、社会和谐五个维度组成,共 27 个评价指标[44]。张军扩等从高效、公平、可持续三个维度构建高质量发展评价指标体系[45]。杨耀武和张平从经济成果分配、人力资本及其分布、经济效率与稳定性、自然资源与环境以及社会状况五个维度构建指标体系,并测度 1993~2018 年中国经济高质量发展水平[46]。韩永辉和韦东明从发展方式转变、经济结构优化和增长动力转换三个维度构建指标体系,测度了 2000~2017 年中国 31 个省份的高质量发展水平[47]。

也有部分文献对物流业高质量发展水平进行测度。其中，一些文献简单地将高质量发展等同于经济增长，使用单一指标度量物流业高质量发展水平，如经营绩效[48]。内生经济增长理论认为 TFP 是经济增长的核心，因此 TFP 可以成为物流业高质量发展的动力源泉和代理指标[49][50]。然而 TFP 没有考虑物流活动的外部环境成本，考虑资源与环境约束的 GTFP 更能体现高质量发展的核心内涵和本质[51]。唐建荣等采用全球马尔姆奎斯特—伦贝格（Global Malmquist-Luenberger，GML）指数测算 2005～2013 年中国 30 个省份的物流业 GTFP，以此来衡量物流业发展质量[52]。尽管单一指标也能反映物流业高质量发展的部分核心特质，但略显单薄。戴德宝等[53]和唐建荣等[54]均构建了物流业发展水平评价指标体系，前者所构建的指标体系包含区域经济水平、物流供求状况、物流支持状况和信息化水平，测算方法为熵权法；后者构建的指标体系包括市场规模、产业规模、需求规模、运输能力，测算方法为熵权 TOPSIS 模型。卫宇杰等从发展效益、发展质量、发展潜力和综合声誉四个维度构建物流业发展质量评价指标体系[55]。林双娇和王健从规模、质量、效应和代价四个维度构建物流业高质量发展评价指标体系[56]，王鹏等则从物流的发展基础、运载能力、产业绩效、技术创新和绿色发展五个层面构建[57]，两者均采用熵权法分别测度中国省际和长三角 27 个城市的物流业高质量发展水平。黄（Huang）等从社会认可、规模效应和创新绩效三个维度构建物流企业高质量发展的评价指标体系[58]。

### 1.4.1.3 物流业高质量发展影响因素的研究

既有文献从不同视角切入，探讨影响高质量发展的因素。首先，创新是高质量发展的第一动力。部分文献围绕创新与高质量发展之间的关系展开探讨。任保平和文丰安指出，技术创新分为数量型和质量型，质量型技术创新对经济高质量发展的促进作用更重要[59]。沈敏认为，同时启动技术创新和制度创新双引擎是实现高质量发展的关键[60]。秦琳贵和沈体雁的研究结果表明，科技创新是海洋经济高质量发展的有效推手[51]。其次，以互联网、大数据为代表的数字技术逐步向经济各个领域渗透。

数字经济以数据流为基础，加快企业对资金流、物质流、技术流和人才流的整合速度，对生产资源加以配置，对运营管理流程和决策加以优化[61][62]。当前，数字技术的红利也逐渐向农业领域扩散[63]。最后，产业集聚是经济发展过程中的重要现象，探讨产业集聚对经济高质量发展的影响具有重要意义。大部分文献的研究结果表明产业集聚是经济高质量发展的有效推手[64][65][66]。除此之外，既有研究认为高质量发展的影响因素还包括交通基础设施[67]、人力资本[68]、环境规制[69]、政府财政支出[70]等。当然，双向 FDI 也是影响经济高质量发展的重要因素，后文将进行详细地梳理阐述。

物流业高质量发展影响因素的相关研究也取得一定成果。考察物流业高质量发展的影响因素有利于探寻推动物流业高质量发展的路径。部分文献在测度物流业高质量发展水平的同时也考察了影响物流业高质量发展的因素。例如，李娟和王琴梅[49]、林双娇和王健[56]的检验结果均表明，产业结构、经济发展水平有利于中国地区间物流业发展水平差距的缩小。曹允春等认为，存在多条路径推动物流业高质量发展，各地区应该根据自身资源禀赋选择合适的路径[50]。唐建荣等的研究结果发现，IFDI、GDP、出口贸易、劳动力投入、基础建设和研发投入在不同时点和不同地区对物流业发展水平的影响存在差异，应该因时制宜、因地制宜制定产业政策[54]。李攀科[71]、塞令香等[72]指出，技术创新是引领物流业高质量发展的重要驱动力。另外，移动通信技术也是影响物流业高质量发展的因素[73]。贺（He）等以"中国制造 2025"战略作为准自然实验，考察制造业政策是否有助于物流业高质量发展，研究结果显示"中国制造2025"战略推动了物流业高质量发展[74]。

## 1.4.2　IFDI 与经济高质量发展的相关研究

### 1.4.2.1　IFDI 的生产率效应研究

早期文献关于 IFDI 对东道国经济的影响是从生产效率视角展开的，

虽然并未直接涉及经济高质量发展，但在理论和实践上为探寻 IFDI 与经济高质量发展之间可能存在的关系提供了丰富参考和启示。

在理论层面，麦克杜格尔（MacDougall）首次提出"技术溢出"的概念，即 IFDI 进入东道国后引起东道国技术进步和生产效率提高的一种外部效应[75]。科科（Kokko）将 IFDI 技术溢出效应分为示范 - 模仿、市场竞争和人员流动三种行业内效应以及行业间效应[76]。赫克曼（Hoekman）指出，服务业落后的国家和地区可以通过引进来自服务业先进国家的 IFDI 以提高自身服务质量[77]。延（Yean）和巴苏（Basu）介绍了东盟服务业自由化特别是物流业 IFDI 的现状，并剖析了物流业 IFDI 对提高东道国该行业效率的重要性[78]。在实证层面，凯夫斯（Caves）最早证实了 IFDI 技术溢出效应的存在[79]。随后涌现出一批文献对 IFDI 与东道国生产率之间的关系进行实证检验。多数文献证实了外资企业先进的技术、管理经验、营销手段等会形成正向溢出效应，从而提高东道国 TFP[80][81]。当然，也有部分学者认为 IFDI 对东道国 TFP 产生抑制作用[82][83]。这主要是因为跨国企业进入东道国后，与东道国本土企业展开竞争并凭借技术和所有权优势获胜，从而占领东道国市场，导致东道国竞争力弱的企业退出生产经营，本土企业产量下降，平均成本上升，生产效率降低[84]。另外，IFDI 对 TFP 的影响会随着时间和区域的变化产生不同效果[85][86]。

国内外有关物流业 IFDI 与 TFP 关系的研究尚不多见，更多地是作为服务业的组成部分被考察。谢长伟和张冬平以河南省为例，检验物流业 IFDI 对 TFP 的影响，结果表明物流业引进外资有利于自身技术进步[87]。李（Li）和王（Wang）基于 2006～2015 年中国 27 个省份的面板数据证实了 IFDI 有利于物流业 TFP 提升[88]。徐宏毅等选取包括物流业在内的五个生产性服务业作为研究对象，检验 IFDI 的生产率溢出效应，结果显示生产性服务业 IFDI 行业内溢出效应为正，而垂直溢出效应为负[89]。周文博等[90]、王恕立和滕泽伟[91]使用服务业分行业面板数据（包含物流业）对 IFDI 与服务业 TFP 之间的关系进行了实证分析，结果表明 IFDI 有利于服务业 TFP 增长。崔敏和赵增耀同样利用服务业分行业面板数据（包含物流业）进行研究，但是研究结果却表明 IFDI 不能显著提升服务业

TFP[92]。王恕立和胡宗彪以人力资本水平作为门槛变量，证实了服务业 IFDI 对 TFP 存在显著的门槛特征，当人力资本水平超过一定门槛值时，服务业 IFDI 对 TFP 的正向影响变得不显著[93]。范得马瑞尔（van der Marel）的研究样本涵盖 1990～2005 年 21 个经济合作与发展组织（Organization for Economic Co-operation and Development，OECD）国家，结果发现服务业 IFDI 流量显著抑制 TFP 增长，服务业 IFDI 存量则显著促进了 TFP 增长[94]。

### 1.4.2.2　IFDI 的绿色生产率效应研究

IFDI 在给东道国带来资本和技术的同时，也带来了环境污染问题。学术界将环境约束考虑在内，研究和探析 IFDI 的绿色生产率效应，即 IFDI 对东道国 GTFP 的影响，所得到的结论可以概括为以下五种：第一，IFDI 对 GTFP 具有显著促进作用。罗（Luo）等[95]、陶（Tao）等[96]分别以中国省域和城市作为考察对象，研究结果显示 IFDI 总体上提升了 GTFP。崔兴华和林明裕以企业作为研究视角，实证结果同样表明 IFDI 有助于企业 GTFP 提升，且提升作用存在持续性[97]。李（Li）和吴（Wu）[98]、余（Yu）等[99]的检验结果不仅论证了 IFDI 对 GTFP 的积极影响，更发现这一积极影响存在空间溢出效应，即本地区外资的流入能够促进周边地区 GTFP 提升。第二，IFDI 对 GTFP 具有显著抑制作用。当企业自主创新的边际成本大于技术引进的边际成本时，企业更倾向于技术引进而非自主创新，这容易导致对外资技术依赖程度过高，从而削弱企业对 IFDI 技术溢出效应的吸收能力，不利于发挥 IFDI 对 GTFP 的推动作用[100]。胡（Hu）等的研究结果表明，劳动密集型产业 IFDI 抑制了 GTFP 的提升，加强环境监管可以缓解这一负面影响[101]。第三，IFDI 对 GTFP 的影响不显著。滕泽伟的研究结果表明，服务业 IFDI 对环境约束下的服务业 TFP 不存在显著的提升作用[102]。吴（Wu）等的研究结果表明，IFDI 既不能促进中国经济增长，又不能显著减少碳排放[103]。第四，IFDI 对 GTFP 的影响具有区域异质性。王恕立和王许亮实证分析了服务业 IFDI 对 GTFP 的影响，检验结果显示服务业 IFDI 显著抑制了全国以及中西部地区服务业 GTFP 的增长，在东部地区则表现为不显著为负[104]。第五，IFDI 对 GTFP 的影响存在门槛效应。地区之间 IFDI 的绿色生产率效应存在差异，可能与地区的吸收能力有关，只有当吸收能力达到特定门槛，IFDI 的正向溢出效应才能够体现出来或变得更强。如童（Tong）等的研究结果显示，当人均 GDP 超过 79000 元时，IFDI 对生态效率才具有积极影响[105]。

### 1.4.2.3 IFDI 的经济高质量发展效应研究

技术创新是高质量发展的重要动力，而双向 FDI 是国际技术溢出的主要渠道[106]。因此，一些文献就双向 FDI 与经济高质量发展之间的关系展开探讨。然而，由于"经济高质量发展"这一概念提出时间较短，围绕双向 FDI 与经济高质量发展关系展开研究的学术成果仍然十分有限。

首先，梳理考察 IFDI 影响经济高质量发展的相关文献。李娜娜和杨仁发利用 2004～2016 年中国 30 个省份的面板数据证实了 IFDI 有力推动了经济高质量发展，且 IFDI 对经济高质量发展水平不同地区的作用存在差异，呈现先降低再升高的"U"型特征[107]。田素华等阐述了 IFDI 影响中国经济高质量发展的理论机制，并从多个视角进行实证检验，研究结果发现，IFDI 对中国 GDP、TFP、专利数量、工资水平和劳动力素质均具有积极影响[108]。汪丽娟等的研究结果发现，前期投入的 IFDI 的技术溢出有利于中国经济高质量发展水平的提升，即 IFDI 的正向影响具有滞后性，且这种促进作用仅在中部地区通过了显著性水平检验[106]。胡雪萍和许佩[109]、贾汉格（Jahanger）[110] 均考察了不同质量特征的 IFDI 对中国经济高质量发展的影响。前者的研究结果表明，盈利能力、管理水平和技术水平高的 IFDI 对经济高质量发展产生了显著的推动作用；后者的研究结果显示，总体上 IFDI 的质量提升仅能显著促进西部地区经济高质量发展，出口能力强和技术水平高的 IFDI 分别推动东部地区和中部地区的经济高质量发展。李（Li）等以长江经济带 106 个城市为考察对象，检验 IFDI 是否对经济高质量发展产生正向影响，得到肯定的研究结果[111]。周忠宝等基于 2003～2016 年省级面板数据探究 IFDI 对经济高质量发展的影响，检验结果发现总体上 IFDI 与经济高质量发展之间呈显著正相关关系，但对不同地区产生的影响不同，即在东部地区 IFDI 发挥抑制作用，在中西部地区发挥促进作用[112]。

部分文献将 IFDI 作为控制变量纳入计量模型，检验其与经济高质量发展之间的关系，但是得到的结论莫衷一是。上官绪明和葛斌华[113]、侯翔[114] 分别基于中国 278 个城市和 31 个省份的面板数据得到的检验结果显示，IFDI 显著推进了经济高质量发展。陶静在考察环境规制与经济发展质量之间的关系时发现，IFDI 是提升经济发展质量的重要因素[115]。曾艺等[116]、李宗显和杨千帆[117] 的研究结果均显示，IFDI 对经济增长质量的促进作用并不显著。IFDI 对经济高质量发展产生抑制作用的原因可能是 IFDI 会导致技术依赖[118]。

### 1.4.3 OFDI 与经济高质量发展的相关研究

#### 1.4.3.1 OFDI 的生产率效应研究

科格特（Kogut）和昌（Chang）研究发现，日本研发密集型企业在美国进行投资的主要目的在于吸收获取美国的先进技术[119]。利希滕贝格（Lichtenberg）和波特里（Potterie）检验 OFDI 对母国 TFP 的影响，结论证实了 OFDI 逆向技术溢出效应的存在[3]。之后，学术界对 OFDI 的逆向技术溢出效应这一主题进行了充分讨论。多数文献得到的结论与利希滕贝格和波特里的研究结论相一致，即 OFDI 存在显著的逆向技术溢出效应，对母国 TFP 具有提升作用。境外子公司可以通过吸纳东道国的高级生产要素，通过回输机制提高母公司技术水平，进而给所处行业的 TFP 带来正向溢出效应[120][121]。特别地，投资目的国是发达国家的 OFDI 对母国 TFP 的促进作用更强[122]。

还有部分文献的研究结果却显示 OFDI 逆向生产率溢出效应不显著[123]，甚至产生抑制作用。亚尼卡亚（Yanikkaya）和阿尔通（Altun）调查了 OFDI 对 90 个国家 TFP 增长的影响，研究结果表明 OFDI 存量不利于母国 TFP 提升[124]。以制造业为代表，抑制作用产生的主要原因在于

OFDI 带来的 "产业空心化"。OFDI 诱发资本输出地出现出口替代、失业增加、国内投资减少等现象，进而引发母国或地区出现 "产业空心化" [125]。也有文献认为 OFDI 对母国 TFP 的影响存在明显的区域异质性 [126][127]。除此之外，OFDI 对母国 TFP 的作用因受到诸多因素的影响而存在门槛效应，比如技术差距、人力资本水平等 [128]。

国内外有关物流业 OFDI 与 TFP 的研究尚不多见，更多地是作为服务业的组成部分被考察。李（Li）和王（Wang）基于 2006 ~ 2015 年中国 27 个省份的面板数据证实 OFDI 有利于物流业 TFP 提升 [88]。阿里（Ali）等利用中国物流业 OFDI 和生产率的时间序列数据，实证检验两者之间的关系，研究结果显示 OFDI 对中国物流业具有长期的生产力提升作用 [129]。刘军和秦渊智 [130]、陈启斐和吴金龙 [131] 分别以中国省域和服务企业作为样本考察服务业 OFDI 的生产率效应，研究发现服务业 OFDI 带动 TFP 提升。韩沈超和徐姗立足于高质量发展的背景，利用服务业分行业面板数据检验服务业 OFDI 是否提升了自身 TFP，研究结果表明生产性服务业 OFDI 促进了行业 TFP [132]。王恕立和胡宗彪 [93]、李薇和彭丽 [133] 则证实了只有当人力资本水平处于一定区间时，服务业 OFDI 的生产率效应才显著。

### 1.4.3.2 OFDI 的绿色生产率效应研究

近年来，关于 OFDI 生产率效应的研究逐步向绿色经济领域扩展。OFDI 是否对母国产生绿色逆向技术溢出效应？现有文献针对这一问题得到的研究结论莫衷一是。第一，OFDI 有利于母国 GTFP 提升。胡琰欣等的研究结果表明，中国对 "一带一路" 共建国家的投资促进了中国 GTFP 增长 [134]。王（Wang）等认为，技术模仿和学习是后发者提升 GTFP 的重要途径，以 2003 ~ 2017 年中国省级面板数据评估国际技术溢出对 GTFP 的影响，结果显示以 OFDI 为渠道的国际技术溢出促进了中国 GTFP 提升 [135]，且促进作用大于 IFDI。宋（Song）等利用中国企业层面的数据研究 OFDI 对 GTFP 的影响，研究结果表明 OFDI 对 GTFP 有显著的积极影响，但经济政策不确定性会削弱这一影响 [136]。OFDI 主导的绿色技术溢出主要来自子公司与利益相关者（东道国的供应商、客户、政府和非政府组织等）的互动。随后通过子公司和母公司内部的互动，例如内部劳动力流动或经验共享，绿色技术知识可以从子公司向母公司转移[137]。OFDI 的逆向绿色技术溢出效应可能是被动产生的。如果东道国实施严格的环境保护政策或者当地消费者偏爱绿色产品，那么制度同构压力将迫使跨国企业开展绿色创新和环境保护等相关活动，从而使母国获得间接绿色溢出效应[138]。第二，OFDI 不利于母国 GTFP 提升。龚梦琪等利用工业行业数据检验 OFDI 对 GTFP 的影响，结果表明 OFDI 显著抑制工业行业的 GTFP[139]。朱（Zhu）和叶（Ye）研究发现，中国对发展中国家的 OFDI 阻碍了绿色技术进步[140]。第三，OFDI 对 GTFP 的影响不显著。刘（Liu）等研究表明，中国 OFDI 的绿色技术溢出效应并不显著[141]。第四，OFDI 对 GTFP 的影响具有区域异质性。王恕立等利用服务业数据进行研究，结果显示服务业 OFDI 仅对中国东部地区的 GTFP 水平起到提升作用[142]。罗（Luo）等研究表明，OFDI 对中国沿海地区的绿色创新具有显著影响，对内陆地区则不显著[95]。第五，OFDI 对 GTFP 的影响具有门槛效应。受吸收能力约束，境外子公司获得绿色资产、技术或知识可能也不足以使 OFDI 对母国 GTFP 产生积极影响。比如，周（Zhou）等利用 2006～2015 年中国 30 个省份的面板数据考察了 OFDI 对 GTFP 的影响，研究表明当地区的劳动力平均受教育年限超过 12 年时，OFDI 才对绿色经济增长产生溢出效应[143]。

### 1.4.3.3　OFDI 的经济高质量发展效应研究

作为国际技术溢出的又一载体，OFDI 在经济高质量发展过程中起到的积极作用已经被部分文献所证实。曹献飞和裴平指出，产能治理是推进中国经济高质量发展的重要途径，中国企业 OFDI 通过提升产能利用率进而有利于经济高质量发展[144]。汪丽娟等研究发现，当期 OFDI 对中国经济高质量发展存在显著的负向技术溢出效应，前期 OFDI 对中国及东部地区的经济高质量发展存在显著的正向技术溢出效应[106]。田素华等阐述了 OFDI 影响经济高质量发展的理论机制，从多个视角进行实证检验，结果发现 OFDI 对中国 GDP、人均 GDP、TFP、专利数量、工资水平和劳动力素质均具有积极影响，但略低于 IFDI 对经济高质量发展的促进作用[108]。乔敏健和马文秀采用因子分析法测度经济高质量发展水平，进而检验 OFDI 是否有效推进了经济高质量发展，研究结果表明 OFDI 是经济高质量发展的重要推手[145]。安孟等的研究同样证实了 OFDI 是提升经济发展质量的重要因素[146]。赵延炜利用中国省际面板数据考察 OFDI 对经济高质量发展的影响，研究结论表明 OFDI 显著提升了经济高质量发展水平，尤其在东部地区表现出的提升作用更强[147]。李娜以山东省作为考察对象，探讨 OFDI 对山东省经济增长质量的影响，研究结果显示，当期和滞后一期的 OFDI 均显著促进了经济增长质量的提高[148]。

另外还有一些不同的结论。比如傅元海和林剑威将 IFDI、OFDI 以及双向 FDI 的交互项同时纳入计量模型，实证结果显示，OFDI 对经济增长质量的提升作用不显著，但双向 FDI 交互项的估计系数通过 1% 的显著性水平检验[5]。孔群喜等利用中国 31 个省份的面板数据检验 OFDI 逆向技术溢出（SOFDI）对经济增长质量的影响，研究结果显示，只有当 SOFDI 跨越 0.725 的门槛值时，SOFDI 对经济增长质量的作用才显著为正。另外，由于各地区在人力资本、研发强度和技术差距上表现出的吸收能力存在差异，导致 SOFDI 对经济增长质量的影响具有门槛效应[149]。除此之外，SOFDI 对经济增长质量的作用也可能受到金融发展水平的影响。章志华和孙林的研究结果显示，只有当金融发展水平跨过 0.4832 的门槛值时，SOFDI 对经济增长质量的促进作用才显现出来[150]。

### 1.4.4 双向 FDI 与经济高质量发展的相关研究

大多数国家和地区是以东道国和投资国的双重身份嵌入全球网络，双向 FDI 是客观并存的。因此，以单维视角研究 IFDI 或 OFDI 对本国经济的影响均有失偏颇。既有文献对双向 FDI 的研究视角已经发生变化，不再割裂探讨 IFDI 或 OFDI 对经济的影响，而是将双向 FDI 纳入同一框架考察两者对一国或地区经济发展的作用。王恕立等考察了中国 29 个省份双向 FDI 对 GTFP 的影响[131]。邵玉君同时考察了双向 FDI 对中国技术进步的影响[151]。冯（Feng）等利用中国工业行业层面数据研究了双向 FDI 对绿色创新效率的影响[152]。罗良文和梁圣蓉运用空间计量模型考察双向 FDI 对绿色技术创新效率的影响，结果显示 IFDI 的空间溢出效应显著为正，OFDI 则显著为负[153]。黄（Huang）和杨（Yang）识别了中国双向 FDI 生产率效应的空间溢出效应，研究结果表明 IFDI 的空间溢出效应不显著，而 OFDI 则存在显著的正向空间溢出效应[154]。罗（Luo）等检验了双向 FDI 对中国经济发展质量的影响，结果显示双向 FDI 均能显著提高经济发展质量，IFDI 的作用强于 OFDI[155]。

仅把 IFDI 和 OFDI 纳入同一分析框架仍是不够的，在双向 FDI 并存的背景下，两者是否实现了良性互动从而对本国经济产生影响？一些文献针对该问题进行了研究。郑强和冉光和系统考察了双向 FDI 对中国 GTFP 的影响，研究发现 IFDI 是中国 GTFP 增长的"助推器"，而 OFDI 则是"绊脚石"，双向 FDI 互动有利于 GTFP 增长[156]。王（Wang）等将 IFDI 和 OFDI 结合起来，探究双向 FDI 耦合协调水平对碳排放的影响[157]。徐磊等研究表明，制造业双向 FDI 互动发展对本行业的创新能力具有显著提升作用[158]。宋晓玲和李金叶研究发现，双向 FDI 互动发展显著提高了中国绿色经济效率，且存在明显的空间溢出效应[159]。傅元海和林剑威[5]、孙攀等[160]的实证检验结果均证实，双向 FDI 良性互动是中国经济增长质量提升的重要途径。

## 1.4.5　研究述评

通过对已有文献的梳理发现，关于双向 FDI 生产率效应的学术研究硕果累累，双向 FDI 与经济高质量发展之间的关系在相关研究领域也初见端倪。虽然这些成果为本书提供了理论依据，具有较强的借鉴意义，但仍有深入研究和拓展的空间，需要进一步讨论，主要表现在以下四个方面。

第一，物流业高质量发展评价指标体系的构建及测度有待完善。现有文献多采用 TFP 或 GTFP 这样的单一指标衡量物流业高质量发展水平，虽然能够直接反映出物流业高质量发展的部分核心特质，但仍存在"以偏概全"的不足。虽已有文献构建了指标体系，但由于缺乏对物流业高质量发展内涵的深层次认识，导致在指标选取时具有局限性，偏向体现物流业"自身变化"特点而对物流业"社会贡献"的反映略显不足。另外，高质量发展的指标体系是要衡量发展本身的状况即质量的高低，并不应该包括如何实现高质量发展，这是两个不同的范畴，是不能混在一起构建指标体系的，应该更多地选择反映质量和结果的指标[45][161][162]，不应该把影响因素纳入高质量发展的评价指标体系中[19]。

第二，双向 FDI 与经济高质量发展之间关系的研究领域有待拓展。由于"高质量发展"这一概念提出时间较短，围绕"双向 FDI 与经济高质量发展"展开研究的学术成果较少，且由于数据选取、模型设计、方法应用等差异导致研究结论并不相同。进一步剖析发现，现有学术成果多是从整体宏观视角出发，鲜少文献利用行业层面数据考察双向 FDI 对经济高质量发展的影响，无论从理论上还是实证上对物流业双向 FDI 在物流业高质量发展过程中所起作用的探讨也十分有限。从宏观视角出发常常会忽略行业异质性，使研究结论和政策建议不一定适用于具体行业。鉴于"引进来"和"走出去"已经成为当前中国物流业的客观事实，如果将研究范围定位到物流行业，考察双向 FDI 及其协同互动对物流业高质量发展的影响，或许能够为推动物流业高质量发展提供有益参考。

第三，双向 FDI 对物流业高质量发展的影响有待深入研究。对物流业高质量发展研究的最终落脚点在于寻找实现物流业高质量发展的路径。虽然已有少数文献通过实证检验探索某一因素对物流业高质量发展的影响，但往往止步于两者之间呈正相关、负相关或不相关等表面现象，在明确物流业高质量发展由多维度组成的情况下，仅仅分析某一因素对物流业高质量发展综合水平的影响，缺乏对该因素与物流业高质量发展分维度之间的关系进行深入挖掘和探讨。另外，多数文献在考察物流业高质量发展的影响因素时，采用普通回归模型进行实证检验分析，未能考虑时空异质性和空间溢出效应。事实上，双向 FDI 与物流业高质量发展水平存在时空差异现象，不同地区之间双向 FDI 与物流业高质量发展具有空间依赖性。因此，在考察双向 FDI 这一因素对物流业高质量发展的影响时，如果忽视时空异质性和空间溢出效应则无法全面把握双向 FDI 与物流业高质量发展之间的关系。

第四，双向 FDI 互动发展影响物流业高质量发展的研究有所欠缺。目前中国的国际化战略处于"IFDI 与 OFDI 并重"的阶段，双向 FDI 并存是不争的事实，两者的良性互动对经济高质量发展的影响不容忽视。既有文献对双向 FDI 与经济高质量发展之间关系的研究主要从单维视角展开。虽然已有少数文献将双向 FDI 以及交互项放在同一框架内，研究其对经济高质量发展的影响，得到不同的研究结论，但是双向 FDI 互动从而影响物流业高质量发展的作用机理仍不明确。

综上所述，研究双向 FDI 与物流业高质量发展之间的关系，对推动物流业高质量发展具有重要的理论与实际意义，但尚有许多问题有待揭示。例如，物流业双向 FDI 具有怎样的时空分布特征？如何合理地构建物流业高质量发展评价指标体系？双向 FDI 是否显著提升了物流业高质量发展水平？对这些问题进行回答，也是本书研究的出发点和归宿点。

## 1.5　研究内容、研究方法与技术路线

### 1.5.1　研究内容

本书以双向 FDI 与物流业高质量发展之间的关系作为研究对象，主要研究目标旨在把握物流业高质量发展水平和物流业双向 FDI 的发展现状，挖掘双向 FDI 影响物流业高质量发展的机理，厘清双向 FDI 对高质量发展的作用强度和作用方向及其背后的作用机制，为推动物流业高质量发展提供事实基础。本书主要内容分为以下四个部分。

第一部分刻画物流业双向 FDI 的现实情况，主要体现在本书的第 3 章。从全国整体层面出发，分析物流业双向 FDI 的规模和业绩指数，探讨物流业双向 FDI 空间分布特征，进而归纳出跨国物流企业进入中国市

场以及中国企业进入境外物流市场的主要模式，并且概括物流业双向 FDI 的投资动机。

第二部分测度物流业高质量发展水平并对其进行评价，主要体现在本书的第 4 章。从产出规模、运行质量、社会贡献和绿色发展四个维度选取 21 个指标构建物流业高质量发展评价指标体系，采用改进熵权法对 2004~2019 年中国 30 个省份的物流业高质量发展水平进行测度。在测度的基础上，对物流业高质量发展水平的时空演变、区域差异、空间集聚进行全面分析，进一步探讨物流业由高速增长转向高质量发展的转换特征。

第三部分从理论层面和实证层面考察了双向 FDI 对物流业高质量发展的影响，主要体现在本书的第 5 章至第 7 章。基于物流业高质量发展综合水平和分维度水平的测度结果，利用 2006~2015 年中国 27 个省份的面板数据，从物流业双向 FDI 及两者互动的三维视角检验其对物流业高质量发展的影响，包括双向 FDI 对物流业高质量发展综合水平和分维度水平的总体效应、时空异质效应和空间溢出效应。

第四部分体现在本书的第 8 章，针对第三部分双向 FDI 影响物流业高质量发展水平的实证检验结果，明确推动物流业高质量发展亟待解决的问题，进而从两个方面提出双向 FDI 促进中国物流业高质量发展的建议，旨在对各级政府引导物流业"引进来"和"走出去"政策的制定和执行有所裨益。

### 1.5.2　研究方法

#### 1.5.2.1　改进熵权法

本书采用改进熵权法测度物流业高质量发展水平。改进熵权法是在传统熵权法的基础上，引入时间的思想，采用全局通用的基础参考系，使通过计算得到的物流业高质量发展水平同时具有时空可比性。

#### 1.5.2.2　Dagum 基尼系数

本书采用 Dagum 基尼系数分析物流业高质量发展水平和物流业双向

FDI 的地区差异及其差异来源。传统基尼系数无法解决地区差异中的分解和样本分布问题，而 Dagum 基尼系数能够对地区差异进行有效分解，揭示区域之间和区域内部的不平等特征。

### 1.5.2.3 探索性数据分析

探索性数据分析（ESDA）用于刻画研究对象的空间分布特性，包括全局空间自相关和局部空间自相关，前者考察观测值在整个区域的空间依赖特征，后者则分析每个空间单元变量观测值与邻近空间单元变量观测值的相关程度。本书采用 ESDA 考察物流业高质量发展水平及其分维度水平和物流业双向 FDI 存量的空间自相关特征。

### 1.5.2.4 计量经济方法

本书采用固定效应模型对双向 FDI 与物流业高质量发展之间的关系进行初步考察。此外，由于双向 FDI 和物流业高质量发展水平存在空间相关性，一般的计量经济模型失去适用性，本书利用极大似然估计法对空间杜宾模型进行回归，检验双向 FDI 对周边地区物流业高质量发展的空间溢出效应。

### 1.5.2.5 时空地理加权回归

本书采用时空地理加权回归方法（geographically and temporally weighted regression，GTWR）检验双向 FDI 对物流业高质量发展影响的时间和空间分异特征。GTWR 将观测对象的时间点和空间位置嵌入回归系数中，进而得到每个区域对应的局部估计值，可以准确地解释空间现象并反映不同年份的差异，是一种可识别时间和空间非平稳性的局部变系数模型，也是对传统计量模型得到的全局"平均"估计结果的补充。

## 1.5.3 技术路线

本书的技术路线如图 1-1 所示。

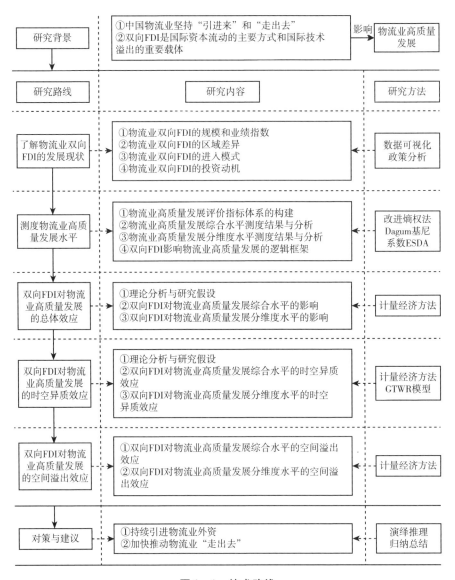

**图 1 - 1    技术路线**

# 1.6  主要创新点

本书着眼于双向 FDI 对物流业高质量发展的影响,通过理论分析和实证检验,考察双向 FDI 对物流业高质量发展的总体效应、时空异质效应和空间溢出效应，丰富和拓展了双向 FDI 及高质量发展相关领域的研究。本书的创新之处可以归纳为以下三点。

第一，从不同角度探究双向 FDI 对物流业高质量发展的影响。既有研究主要从宏观层面考察双向 FDI 与经济高质量发展之间的关系，鲜有文献对双向 FDI 与物流业高质量发展之间的关系进行系统深入地探讨。本书不仅考虑了双向 FDI 对物流业高质量发展的总体影响，而且考虑了双向 FDI 与物流业高质量发展时间节点和地理位置的异质性，各地区之间的空间关联性，进而在理论分析和提出研究假设的基础上，系统考察了双向 FDI 对物流业高质量发展的总体效应、时空异质效应和空间溢出效应。

第二，同时考察 IFDI、OFDI 及双向 FDI 互动对物流业高质量发展的影响。现有研究侧重 IFDI 对东道国经济发展的单向影响或 OFDI 对母国经济发展的单向影响。然而，"引进来"和"走出去"已成为物流业发展的现实特征，对"引进来"或"走出去"分割式研究有以偏概全之嫌。本书突破单向分析的局限性，以 IFDI 和 OFDI 的双向共生视角，把物流业 IFDI、OFDI 和双向 FDI 交互项同时纳入研究框架，全面探讨双向 FDI 对物流业高质量发展的影响。

第三，构建物流业高质量发展评价指标体系，这是对高质量发展统计体系的丰富和完善。本书首先界定物流业高质量发展的内涵，即产出规模扩大、运行质量提升、社会贡献增加和绿色发展，进而搭建由四个维度 21 个指标组成的物流业高质量发展评价指标体系。这一指标体系既体现了物流业的规模和效率，又反映了物流业发展过程中对环境的影响；既刻画了物流业自身的变化，又体现了物流业发展对社会的重要贡献。在此基础之上，测度并评价了 2004~2019 年中国 30 个省份的物流业高质量发展水平。

# 第2章 概念界定与理论基础

## 2.1 概念界定

### 2.1.1 物流业高质量发展的逻辑起点

当前，中国物流业发展的主要矛盾是"人民日益增长的美好生活需要和物流业不平衡不充分的发展之间的矛盾"。这一矛盾构成了物流业高质量发展的逻辑起点。

第一，人民对美好生活的需要要求中国物流业平衡发展与之匹配。中国长期以来区域经济发展的不平衡导致物流业发展存在非平衡的突出问题[163]，呈现东部发展快而中西部发展滞后、城市物流相对发达而农村物流水平低下的格局，物流企业、物流基础设施、物流中高端人才高度集中在经济更为发达的东部地区和大城市。如果物流业发展非平衡问题长期得不到有效控制和解决，那么只能满足部分地区和人民对物流业服务质量和运行效率较高的要求，而使落后地区对美好生活需要缺乏物流支撑。而且，物流业非平衡发展可能会导致物流业不充分发展。例如，不同地区物流发展水平差距过大，会导致跨区域物流运行效率和服务质量降低，物流成本也将伴随区域经济发展水平的上升而上涨，进一步造成资源浪费和碳排放量增加，无法满足人民对物流业高质量发展的要求。

第二，人民对美好生活的需要要求中国物流业充分发展与之匹配。随着人们收入和生活水平的提高，对物流业的要求也在不断提高。物流企业既要及时准确地向客户交付商品，又要保障货物在流动过程中不出现破损、遗漏、质变等问题，这就需要物流业兼顾服务质量和效率。特别是新一代信息技术的应用使物流业运行效率加快，人民更加期待物流速度越来越快，物流价格越来越低，服务质量越来越好，货物运输越来越安全。但是，目前中国物流业仍存在能力结构性过剩、基础设施短缺、制度性成本偏高、环境污染严重等问题[164]。因此，需要推动物流业高质量发展，保证在物流领域满足人们对美好生活的需要[27]。

### 2.1.2　物流业高质量发展的逻辑基础

高质量发展的逻辑基础是经济发展阶段的变化[12]。物流业高质量发展是物流业发展阶段的历史演进。在不同发展阶段，物流业发展所面临的内外部环境不同，需要解决的问题和承担的发展任务也不同，这些变化使物流业朝向更高形态和更深层次推进。本书参考王文举和何明珂的做法[165]，把新中国成立以来物流业发展分为以下四个阶段，具体如图 2-1 所示。

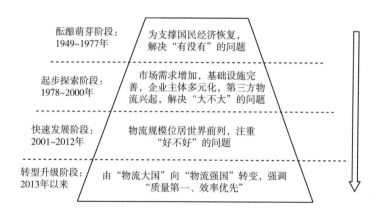

图 2-1　新中国成立以来物流业发展阶段的演进

#### 2.1.2.1　酝酿萌芽阶段（1949~1977 年）

新中国成立初期，工农业消费品和基础设施数量处于严重短缺的状态，国家集全国之力发展工业和农业。为支撑经济建设，物流业特别是交通运输业得以恢复并开始发展。1957 年，公路营运和铁路通车里程与 1952 年相比，分别增加 1 倍和 22%[1]。另外，少数储运公司以及物流服务组织成立，初步建立起物资流通网络系统，基本满足当时社会主义建设的需要。但向好趋势在"文化大革命"的冲击下出现中断，物流基础设施建设滞后甚至遭受到破坏，运输能力短缺，库存积压严重，已经不能支持工业发展。

在计划经济体制下，物流活动以传统的运输、仓储、保管、装卸等为主，参与主体均为公有制企业，实施政府定价，物流资源由国家统一调配使用，整个流程中的每个环节统一安排且分属不同部门，分割管理，效率极其低下，导致资源短缺和库存积压同时出现的矛盾现象。在该时期，"有没有"是物流业发展的主要矛盾，不仅体现在供给侧物流供给能力不足上，也体现在需求侧物流市场需求几乎没有被激发。

### 2.1.2.2 起步探索阶段（1978～2000 年）

改革开放以后，中国市场活力得到极大释放，生产力被激发，煤、钢、棉花、谷物等产量位居世界前列。国民经济的较快发展要求物流业现代化水平与之匹配。在这一大环境下，物流业进入发展新阶段。1978 年，"物流"的概念首次被引入国内，受到政府的重视。人们逐渐改变孤立对待物流各环节的观念，现代物流业开始萌芽。20 世纪 80 年代以来，外资物流企业进入中国，物流业形成国有、民营和外资企业共存的态势。"八五"规划把物流业列为重点发展产业，指出加强铁路、公路、港口、仓库等物流设施建设。另外，条形码、GPS、RFID 等信息技术的应用，改善了物流业效率和效益。1985～2000 年，物流业增加值由 406.9 亿元上升为 4918.6 亿元，增长了 11 倍；货运量由 74.58 亿吨增加至 135.81 亿吨，增长了近 1 倍；运输线路长度由 139.54 万公里增加至 311.83 万公里，增长了 1 倍有余[2]。

---

① 资料来源：共产党员网，https://fuwu.12371.cn/2012/06/05/ARTI1338877120982309.shtml。

② 资料来源：《中国统计年鉴 2001》。

这一时期，物流市场需求有所增加，物流基础设施持续完善，物流企业更加多元，物流业效率和效益有所提升，"有没有"的问题得到初步缓解，整体发展水平有所提升，开始由"有没有"向"大不大"转变。但是物资向基础设施薄弱的偏远地区运输仍比较困难，第三方物流市场占比严重不足，现代物流新观念落后。物流业供给侧的突出问题表现在服务效率低但成本高，需求侧的突出问题表现在第三方物流的有效需求不足，物流市场尚待开发。

### 2.1.2.3　快速发展阶段（2001～2012 年）

中国加入 WTO 后，进出口贸易的大幅增长、电子商务的异军突起为物流业快速发展提供新引擎，快递企业纷纷成立，供应链企业开始登场，民营物流规模扩大，国有物流企业进行改革重组，部分制造企业进军物流业，比如海尔、吉利汽车，物流业的运作主体更加丰富。2008 年全球金融危机使中国经济发展遭遇严重困难，也对物流业产生较大的负面冲击。2009 年，国务院发布《物流业调整和振兴规划》，随后配套出台了一系列物流相关的发展规划和政策，为物流业快速发展提供政策保障。

这一时期，中国物流业规模快速增长，包括交通设施、技术装备、信息化建设在内的物流设施逐渐完善，物流企业所有制和服务模式的种类增加，中国实现了从"物流弱国"到"物流大国"的转变，初步从"数量"上满足了国民经济发展的需要。但是，这一时期物流费用占 GDP 比重仍然较高，条块分割的管理模式阻碍了资源一体化运作，物流高级人才缺乏，物流标准化建设步伐缓慢，这些问题严重制约了中国实体经济的运行效率和效益。物流业发展的主要矛盾已经由"大不大"向"好不好"转变。

### 2.1.2.4　转型升级阶段（2013 年以来）

党的十八大以来，中国经济发展模式由规模速度型向质量效益型转变，对物流业提出了更高要求。随着人均收入的提高和电子商务的进一步发展，居民的消费习惯、心理、方式也在发生变化，对物流业发展的要求更加注重高质高效、品牌、个性、特色和体验；农业、制造业等较高的物流成本需要物流业加强与关联产业的联动；资源环境对物流业发展的约束日益增强。面对新的国内外环境、新问题、新挑战，物流业进入转型升级阶段。2017 年，中国快递业务量位居世界第一①，社会物流总费用占 GDP 比重也由 2012 年的 18% 下降至 14.6%②。同时，与 2017 年相比，2018 年的物流业经济指数回落，增加值增速降低。这意味着，虽然中国物流业规模增速逐渐放缓，但降本效果显著。物流业持续转型升级，物流业高质量发展也初现端倪。

但是，中国物流业仍存在低端物流能力过剩、高端物流能力不足、向偏远农村地区下沉不足、环保压力严峻、创新能力弱、制度性交易成本高等一系列"痛点"[27][165]，导致物流业发展质量不高，阻碍了物流业转型升级。因此，物流业高质量发展是物流业发展到转型升级阶段的必然要求。

### 2.1.3 物流业高质量发展的概念

在新的历史阶段，推动物流业高质量发展，首先要厘清物流业高质量发展的概念及其内涵。对"物流业高质量发展"的理解需要回溯到对"质量"的初始认知。从自然属性看，质量是物质的量的量度；从社会属性看，质量是对产品或事物优劣程度的衡量。在理解经济学范畴内"质量"的概念时，应强调其社会属性，即质量本质上是对经济事物社会价值的判断。从"质量"本源含义出发，与不同载体结合，生成了包括"经济高质量发展"在内的多个衍生概念，可以将其理解为经济发展质量的高级状态，是经济总量和规模增长到一定阶段后，经济结构优化、经济社会协同发展、新旧动能转换、人民生活水平提高的结果[59]。物流业

---

① 资料来源：中华人民共和国中央人民政府网站，https：//www.gov.cn/xinwen/2018 – 01/09/content_5254563.htm。

② 资料来源：中国经济网，http：//www.ce.cn/macro/more/201805/31/t20180531_29297266.shtml。

高质量发展是经济高质量发展在行业层面的延伸和细化，基于此，本书认为，物流业高质量发展是能够满足人民对美好生活需要的发展，是要素投入少、生产效率高、环境污染小、经济社会效益好的可持续稳定发展，是物流业在数量积累的基础上对质量的进一步追求，也是物流资源优化配置、结构优化升级、环境质量改善、人民生活水平提高的结果。借鉴肖建辉的思想[29]，物流业高质量发展应该包括两层含义：第一，物流业发展质量高，主要表现在规模增加、效率提升、技术进步、结构优化、增长稳定、低碳绿色等；第二，物流业高质量地满足国民经济发展和人民的需求，主要表现在物流业发展能够使国民经济的物流成本降低、效率提高，人民生活质量改善等。

物流业高质量发展的内涵及其主要构成如图 2－2 所示。在界定物流业高质量发展概念的基础上，本书认为物流业高质量发展应该具备以下多重内涵。

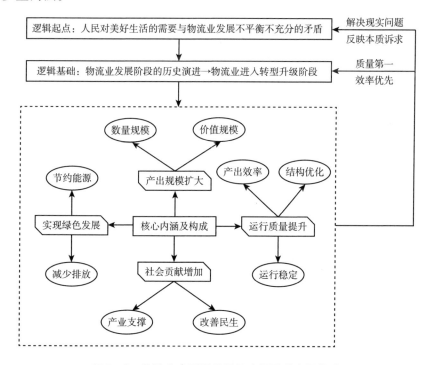

**图 2－2　物流业高质量发展的内涵及其主要构成**

首先，经济高质量发展是经济总量增长到一定程度后"质"的飞跃，经济总量是实现经济高质量发展的物质基础[59]。物流业高质量发展同样注重"量"的提升，使物流业规模保持合理增长。由前面物流业高质量发展的逻辑基础分析可知，中国已成为"物流大国"，需要在强调数量的基础上更加强调质量，但这并不意味着完全摒弃数量[43]，而是在"数量"的基础上实现"质量"的飞跃。比如，袁晓玲等认为，经济高质量发展是数量扩张与质量提高的高度统一[166]。赵剑波等也认为，产业层面的高质量发展应该包括产出规模扩大，在推动规模持续扩大的基础上提升经济发展的质量和效益[26]。穆晓央等认为，物流业规模水平是反映物流业高质量发展的重要指标[167]。因此，物流业高质量发展的内涵应该包括产出规模扩大，以"数量"表现出的物流活动体现物流业高质量发展的状况。

其次，在高速增长阶段，重视速度而忽略质量。在高质量发展阶段，物流业发展应该更加强调质量，注重"质量第一，效率优先"，从"有没有""有多少"向"优不优""好不好"转变，在质的大幅提升中实现量的有效增长，这也是经济高质量发展对物流业发展提出的要求。虽然中国物流业规模已经位居世界前列，但必须认识到物流业运行质量和效率较低、运输和区域结构不合理、成本较高等问题依然存在，"大而不强"的特点突出。因此，必须推进物流业走集约型增长之路，更加注重质量，把建设"物流强国"作为现阶段物流业发展的目标[168]，为人民群众提供更加优质的物流服务，以弥补与人民日益增长的美好生活需要之间的差距。所以，物流业高质量发展的内涵应该包括运行质量的提升，这也是物流业发展的内在要求。

再次，作为生产性服务业，物流业高质量发展直接关系到国民经济的结构调整，对实体经济成本降低和效率提升至关重要[27]。2019 年，国家发展改革委等 24 个部门和单位联合印发《关于推动物流高质量发展促进形成强大国内市场的意见》并指出，物流业发展不仅在于行业本身创造税收、就业等，更在于发挥对农业、制造业等相关产业的支撑作用，注重其社会贡献。因此，社会贡献应该被纳入物流业高质量发展的内涵中。物流业高质量发展的社会贡献表现在改善民生和产业支撑两方面：一方面，物流业高质量发展以人为中心，通过提供就业岗位、依法纳税、提高人民收入水平来改善人民生活质量；另一方面，物流业属于服务业，建设农业和制造业强国、推进产业结构升级都离不开高质量的物流。

最后，绿色发展是高质量发展的重要标志，单纯追求经济总量增加而忽视对能源有效利用和生态环境保护的发展是低质量的，应该被摒弃[59]。当前，中国物流业的快速发展以能源的过度消耗和生态环境的恶化为代价。2020 年，物流业能源消耗量为 41309 万吨标准煤，约占能源消耗总量的 8%①，能源消耗所产生的二氧化碳（$CO_2$）等温室气体对环境造成了巨大损害。环境约束已经成为制约物流业高质量发展的硬性条件。因此，物流业高质量发展必然是绿色的发展。这就要求物流企业以环境友好的方式开展物流活动，减少对环境的负面影响，以同时实现经济增长、资源节约和环境保护[169][170]。将绿色发展作为物流业高质量发展的核心内涵之一，也是物流业践行新发展理念的基本要求。

综上所述，本书将物流业高质量发展的内涵界定为产出规模扩大、运行质量提升、社会贡献增加和绿色发展四个方面。在界定物流业高质量发展内涵的基础之上，进一步分析物流业高质量发展的构成。

一是规模增长。规模反映了物流业的"数量"。单独以产业规模判断物流业发展的强与弱已经不再符合高质量发展阶段对物流业的要求，新时代应该更加注重物流业的"质量"而非"数量"。与此同时，也要看到"质"和"量"是不可分割的两面。高质量发展需要保持一定速度的增长，而不是不增长。规模增长也是物流业高质量发展的基础和重要体现，而且物流业数量增长能够解决质量发展过程中存在的部分问题。比如，缓解偏远农村地区物流业发展水平低下、物流供给不足的问题。物流业数量的增加还可以引致规模效率，提高要素使用效率。物流业高质量发展的规模可以从两方面体现：（1）数量规模即业务量的增加。物流业高质量发展的最终目的是满足人们对物流的需求，因此必须使人们能够共

① 资料来源：《中国统计年鉴 2022》。

享物流业高质量发展成果。业务量的增加表明物流业为居民生活提供了更多便利服务。（2）价值规模即物流业增加值的提高。增加值反映一个地区物流业的市场规模和发展实力。若没有物流业增加值的大幅度提升，物流业高质量发展便缺乏"量"的基础，可能导致部分群体无法享受物流服务，也将损害物流业发展质量。

二是效率提升。有效性是经济高质量发展的重要判断标准[59]。西方经济学认为，资源的稀缺性决定了用于经济发展的要素是有限的，必须有效加以利用。依靠要素数量增加带动的经济发展会引致投入产出效率低、生态环境破坏等问题，是粗放式发展、低质量发展。相对应地，通过要素配置效率提高实现的经济发展才是集约式发展、高质量发展。物流业旧有的发展模式忽略了资源合理配置问题，导致要素投入产出效率低下，物流业发展主要得益于要素大规模投入带来的经济总量提升，这一阶段的物流业发展是低质量、低层次的。新时代物流业高质量发展应该降本增效，提高劳动力、资本和土地的配置效率，提升 TFP。当物流业发展的成效依赖生产要素效率的提升而非大规模投入时，才能称物流业处于高质量发展阶段，是有效、质量型的发展。

三是结构优化。经济高质量发展是经济结构得以优化的发展[59]。从宏观角度出发，经济结构涉及产业、区域、城乡等多个领域。从物流业看，物流业结构问题突出表现在区域结构、城乡结构和运输结构上。一方面，中国经济长期存在的区域发展差异问题，导致物流业发展也存在区域非平衡性，既包括东部、中部、西部三大区域之间物流业发展水平的差异，也包括城市物流和农村物流发展之间的差距[163]。物流业高质量发展的逻辑起点之一是人民日益增长的美好生活需要要求中国物流业平衡发展与之匹配。因此，应该加快推进物流区域结构和城乡结构优化，缩小区域和城乡物流差距。另一方面，物流业结构性矛盾还突出表现在运输方式上。当前，中国大宗货物和中长距离运输大部分由公路运输承担，既不经济，又容易造成环境污染。因此，应该加快物流业运输结构优化，在大宗货物和中长距离运输上尽可能发挥水运和铁运低成本、低能耗的优势。

　　四是运行稳定。经济运行越稳定，资源被利用的程度越充分，经济发展质量就越高[171]。可以从增长速度和供需差距判断物流业运行是否平稳。（1）物流业高质量发展应该避免增长速度出现较大幅度波动，经常使用的衡量指标是增加值增长波动率。物流业发展过快，盲目扩张，可能会导致在发展过程中忽视服务质量，总供给过剩，产业未来发展疲软。如果物流业发展过慢，总供给不足，可能无法支撑实体经济发展，满足人们对美好生活的需要，打击投资者的信心，不利于物流业长远发展。（2）当物流业供给和需求存在较大差距时，物流业运行是不健康、不稳定的。因此，需要保持物流业供给与需求的平衡，避免有效供给不足或过剩。当供给大于需求时，物流资源产生浪费；供给小于需求时，物流需求无法得到满足，这两种情况均不是高质量发展。

　　五是民生改善。物流业高质量发展应该使更多人从物流业发展中获益，提高人们的幸福感和满意度。如果只重视产业自身发展，忽视人的需要，这样的发展也是低质量的。因此，物流业高质量发展水平的评判应该以是否改善民生为重要标准，这也体现了新发展理念。物流业发展过程中主要通过就业、收入和税收改善民生。物流业是吸纳就业的重要渠道。2020 年，中国物流岗位从业人员超过 5000 万人。物流业高质量发展应该具有较高的就业吸纳能力，拓展就业增长新空间，特别是农村物流为农村剩余劳动力创造就业岗位，提高人们的收入水平。物流业税收的增加从侧面体现了物流业是在不断发展的，另外税收增加也能够为人们共享社会成果提供保障。当物流业发展能够提供更多就业岗位、减少贫困、创造更多税收、提高人们的幸福感时，表明物流业发展处于质量提升阶段。

　　六是产业支撑。物流业高质量发展的社会贡献不仅体现在改善民生方面，还体现在产业支撑方面。比如，姜长云指出，生产性服务业高质量发展必须考虑其是否满足产业发展和产业转型升级的需求[22]。作为生产性服务业，物流业衔接生产与消费的两端，为实体经济提供服务。物流业高质量发展意味着可以为关联产业提供更高效快捷的物流服务，从而能够提高关联产业的生产效率，降低关联产业的物流成本。更进一步地，物流业自身发展和关联产业发展也推动了整个产业结构更加合理和高级。因此，物流业高质量发展应该是使关联产业生产效率提升、产业结构优化升级的发展。

七是绿色发展。只有考虑资源节约、环境保护的发展才是高质量发展。中国物流业是高能耗行业。物流业绿色发展强调的是节能减排。物流业节能是指物流过程中减少能源消耗，提高能源效率。物流业减排是指物流过程中减少以 $CO_2$ 为主的温室气体的排放。物流业消耗油品类资源产生的 $CO_2$ 等温室气体对环境造成巨大损害，无法满足人们对优美环境的需要。特别是互联网时代，网上购物带动的正向物流和逆向物流引发新的污染。因此，物流业高质量发展应该关注其对环境的外部成本，重视对生态环境的保护，从"黑色发展轨迹"转向"绿色发展之路"。倡导绿色物流发展理念与低碳物流发展模式，以加快绿色化作为推动物流业高质量发展的关键一环，节能减排，降低产业发展的环境代价，这是缓解物流业增长与环境资源矛盾的必然选择，也是构建物流与生态环境协调发展新格局的目标要求。

## 2.2　理论基础

### 2.2.1　FDI 的相关理论

FDI 的相关理论由来已久。早期的 FDI 相关理论是以发达国家的跨国公司作为研究对象，分析其 FDI 产生的动因、影响因素和区位选择等。但是，传统理论无法解释发展中国家的对外投资行为，因而又衍生出一系列适用于发展中国家的 FDI 理论。本书重点梳理了与本书研究内容有较高相关性的 FDI 理论。

#### 2.2.1.1　垄断竞争优势理论

该理论指出，不同企业拥有的经营能力存在较大差异。跨国企业进入东道国展开经营必然会遭遇"外来者劣势"，比如跨国企业不熟悉东道国的市场环境和文化制度，或者由于缺乏在当地社会网络的深层次嵌入，导致资源获取障碍和信任关系建立障碍[172]。这些劣势会损害跨国企业的经营绩效，提高企业市场退出率。但是，如果跨国企业拥有东道国同行业企业所不具备的垄断优势，则可以利用其垄断优势抵消外来者劣势，在东道国获得超额利润。垄断竞争优势可以是生产技术、管理技能、融资渠道等无形知识优势，也可以是由扩大生产规模获得的规模经济优势。该理论可以解释发达国家的企业对中国物流业进行投资的行为。

### 2.2.1.2　市场内部化理论

内部化理论是由巴克利（Buckley）和卡森（Casson）最早提出的[173]。企业拥有的中间产品在外部市场进行交易会产生诸如搜寻成本、议价成本等各种交易成本，导致企业无法实现利润最大化。此外，技术、经验、信息、渠道等无形资产的中间产品很难通过市场进行定价，从而使交易过程困难。为了克服市场交易的缺陷，企业可以内部化外部交易活动，即通过 OFDI 的形式，建立跨越国界的企业内部市场，使原来应该在外部市场进行交易的活动在母公司和子公司之间进行，形成内部市场，避免市场不完全性损害企业利润。内部化理论可以解释跨国企业进行垂直型 OFDI 的行为。比如，非物流企业对中国物流业进行的投资以及中国物流企业对物流业关联行业进行的对外直接投资。

### 2.2.1.3　技术地方化理论

技术地方化理论解释了发展中国家的 OFDI 行为。该理论认为发展中国家进行 OFDI 具有特有的竞争优势，这种竞争优势的形成有四个因素：发展中国家技术的当地化；对引进的技术和产品进行改造以满足当地或周边市场需求；所拥有的技术在小规模生产条件下具有更高的经济收益；开发出与品牌产品不同的、受东道国消费者喜爱的产品。这四个因素体现了发展中国家的企业技术引进的再生过程。这一过程是消化、吸收后进行再创新的过程，从而形成自身特有的竞争优势。中国物流业"走出去"或"引进来"的过程中也应该主动学习发达国家的先进技术，重要的是进行改造和二次创新，形成自身特有的优势。

#### 2.2.1.4 技术创新产业升级理论

1980 年以后，发展中国家特别是新兴工业化国家的 OFDI 流向发达国家的数量加速增长，并与当地企业展开竞争。以往理论无法解释这一现象。技术创新产业升级理论则认为，来自发展中国家的企业可以通过 OFDI 提升其技术能力，而且这种技术能力能够不断积累，从而解释了上述现象。该理论对发展中国家的企业进行 FDI 区位选择的顺序也进行了阐述：首先，向地理距离和文化距离较近的周边国家和地区进行投资；其次，随着 OFDI 经验的增加，逐渐向地理距离更远的其他发展中国家扩展；最后，经过 OFDI 实践的不断发展，发展中国家的产品技术含量得到提升，技术创新积累到一定程度时对发达国家展开直接投资，并从中获益。该理论能够解释为什么物流企业通过 OFDI 可以提高自身技术水平。

### 2.2.2 经济发展的相关理论

20 世纪 50 年代之前，传统理论把经济发展等同于国民财富增加和劳动生产力扩大。然而这种思想无法解释一些国家的 GDP 虽快速增长，但其政治、经济和社会结构没有得到明显改善，贫富差距过大和分配不均仍没有有效缓解的现实。经济学家开始把经济增长与经济发展进行区分，认为两者并不相同。经济增长理论仅描述社会产出的变动情况，即一个经济体在某一时间内生产的所有产品和劳动的总产值。经济发展理论建立在经济增长的基础之上，强调一个国家经济结构与社会结构的演化过程，不仅是经济总量增加，同时强调质量的提升，是复合多维概念[174]。本书重点梳理与本书研究内容有较高相关性的经济发展理论。

#### 2.2.2.1 内生经济增长理论

新古典经济增长理论认为，技术进步是经济增长的外生因素，劳动力和资本投入的收益递减到一定程度将会导致经济增长长期处于停滞状态。实际上，在劳动投入过程中包含因教育、培训、学习等而形成的人力资本，在资本积累过程中包含因改造、开发、创新等活动而形成的技术进步。因此，在 20 世纪 90 年代初形成的内生增长理论将技术进步内生于经济增长。根据内生增长理论的思想，技术进步促进经济增长的重要原因是技术外部性即溢出效应的存在。罗默（Romer）模型和卢卡斯（Lucas）模型是内生增长理论最具有代表性的模型。罗默构建了包含劳动、资本、人力资本和技术水平的一般均衡模型[175]。该模型指出，知识进步（体现在人力资本和技术水平两方面）是经济增长的源泉，知识具有非竞争性和部分排他性。因此，企业在知识积累过程中通过溢出效应对其他企业产生影响。在完全市场竞争下，知识溢出意味着厂商无法获得全部收益。因此，需要政府对研发部门提供补贴才能实现帕累托最优。在卢卡斯构建的内生增长模型中，人力资本变化率代表技术进步率[176]。根据卢卡斯模型，通过学校教育和"干中学"分别形成一般人力资本和专业化人力资本，后者具有外部效应，即高水平人力资本能够通过溢出效应对他人产生有利影响。普通劳动作为投入要素，并不促进经济长期增长。

### 2.2.2.2　可持续发展理论

可持续发展的概念于 1987 年在世界环境与发展委员会发表的《我们共同的未来》报告中正式提出。可持续发展理论将经济发展与环境保护结合起来，强调经济、社会和环境三大系统的协调统一。在经济方面，可持续发展要求改变传统的以"高投入、高消耗、高污染"为主要特征的生产方式，实施清洁生产，以达到节约资源和减少污染物排放的目的。在生态方面，可持续发展要求经济发展不能超过自然的承载力，强调发展是受限制的，需要以可持续的方式使用自然资源，保护生物多样性。在社会方面，可持续发展强调社会公平，认为发展的最终目的是改善人民生活，提高人民收入水平，缩小收入分配不均，教育、医疗、就业、安全等方面得到基本保障等，实现人和社会的和谐。

# 第3章　中国物流业双向 FDI 的发展现状

　　作为世界上最大的新兴经济体，中国一直以东道国和投资国双重身份融入全球网络，IFDI 和 OFDI 总量均呈快速增长趋势，2020 年中国双向 FDI 均位居世界第一。双向 FDI 总是表现为特定产业资本的跨国流动，因此对双向 FDI 的关注点不仅要立足于国家宏观层面，更要落实到具体产业的中观层面。世界各国产业重心的转移和服务业自由化的进一步加速，为服务业 FDI 的快速增长提供了原动力，跨国投资结构逐渐由以制造业为主导转向以服务业为主导。其中，与金融业、信息业并列为三大生产性服务业的物流业也正在全球范围内重新布局和资源整合，以直接投资的方式参与国际竞争，以获得更广泛的物流市场，瓜分潜在利润。为了充分利用国内国际两种资源和两个市场促进物流业发展，在开放背景下，中国国务院、国家发展改革委、商务部等出台了一系列扩大物流业对外开放的文件，不断引进外商直接投资，通过与国外企业的合作和竞争，吸收他国先进技术和管理经验，并鼓励企业积极抢滩海外市场，进行对外直接投资，加速与国际市场接轨的步伐。随着中国继续推进全方位对外开放，物流业 IFDI 和 OFDI 并行增长。2007 年，物流业 OFDI 规模超过同期 IFDI 规模，说明中国物流业的对外净投资转变为正值。2004～2020 年中国物流业双向 FDI 年均增长率分别为 7.222% 和 12.156%[①]，已经成为中国双向 FDI 新的亮点和增长点。

　　IFDI 拓宽了中国物流业融入全球价值链的广度，OFDI 拓展了中国物流业融入全球价值链的深度。本章聚焦中国物流业双向 FDI 这一现象，

---

① 资料来源：2005～2021 年《中国统计年鉴》。

通过描述性统计和可视化方法首先分析物流业双向 FDI 投资规模及其业绩指数，其次刻画物流业双向 FDI 的时空分布特征，进而总结物流业双向 FDI 的进入模式和投资动机，从而全面把握中国物流业双向 FDI 的发展现状，为后续实证研究提供丰富的现实依据。

## 3.1　物流业双向 FDI 的规模

### 3.1.1　物流业 IFDI 的规模

自 20 世纪 80 年代以来，经济全球化进程进一步加快，跨国企业在全球布局生产网络促使物流活动全球化。一方面，全球制造业向东亚转移促使中国逐渐成为"世界工厂"，产生大量原材料、半成品和产成品进出口物流。另一方面，由于中国物流业起步较晚，受管理意识和经营技术的影响，表现出"规模小、资金少、水平弱、分布散"的特点，这就需要本土物流企业主动借助外部条件，通过有效吸收外资，切实学习跨国物流企业先进的物流技术和管理经验，使中国物流业发展水平提升到一个新的层次。因此，在中国进出口物流需求提升和物流领域扩大开放的双重背景下，流入中国物流业的 IFDI 不断增加，马士基、英运、美国联合包裹（United Parcel Service，UPS）、DHL、联邦快递（Federal Express，FedEx）等大型跨国物流企业纷纷入驻中国。

中国近年来不断调整外资结构，引导外资领域逐渐从以制造业、采矿业、房地产业等为主导转向以现代服务业为主导。物流业作为现代服务业的重要组成部分，IFDI 流量从 2004 年的 105.364 亿元增长到 2020 年的 344.783 亿元，年均增长率达 7.222%，总体呈上升趋势。图 3 - 1 显示了 2004 ~ 2020 年中国物流业实际利用外资及其增速。由图 3 - 1 可知，2004 ~ 2008 年物流业 IFDI 逐渐上升。其中，2005 年物流业 IFDI 流量增速高达 40.877%，这主要得益于当年中国开始允许跨国物流企业以独资模式进入中国。2008 年爆发的金融危机使全球资本流动速度放缓，从第四季度开始，中国吸引外资快速回落。受此影响，2009 年和 2010 年物流业实际利用外资规模急剧下降。2011 年物流业 IFDI 流量开始反弹。2011 ~ 2017 年物流业 IFDI 呈逐年增加趋势（除 2015 年小幅度下滑），2013 年和 2016 年增速分别达到 19.093% 和 29.651%。2017 年，物流业 IFDI 达到考察期内最大值，为 370.539 亿元。2018 年和 2019 年，物流业 IFDI 持续下降。该阶段物流业吸引外资规模下降可以归结于两个原因：外因方面，世界经济增长动力不足，加上发达国家货币和产业政策调整，削弱了中国对外资的吸引力；内因方面，中国劳动力成本高企，部分制造业外资企业由中国迁往东南亚，导致中国对物流业外资的吸引力下降。2020 年，中国成功应对新冠疫情带来的负面冲击，全行业 IFDI 规模再创历史新高，而物流业 IFDI 规模也同比增长 10.253%。

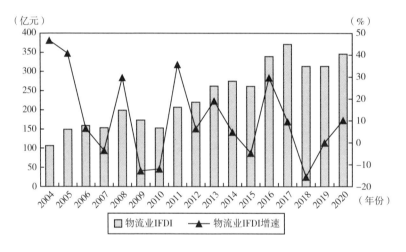

**图 3 – 1　2004 ~ 2020 年中国物流业 IFDI 及其增速**

资料来源：历年《中国统计年鉴》。

图 3 – 2 展示了 2004 ~ 2020 年服务业主要行业 IFDI 占服务业 IFDI 总额的比重。图 3 – 2 直观显示 2004 ~ 2016 年房地产业 IFDI 所占比重最高，介于 23.430% ~ 55.155%，但呈不断下降趋势，这主要是受中国房地产限购政策影响。其次是租赁和商务服务业，历年 IFDI 占服务业 IFDI 比重超过 10%，2020 年更是超过房地产业，成为服务业中对外资最具吸引力的行业，占服务业 IFDI 比重为 24.778%，这也说明服务业 IFDI 的行业分

布过于集中。信息传输、计算机服务和软件业,金融业,科学研究、技术服务和地质勘查业 IFDI 占服务业 IFDI 比重表现出逐年缓慢上升的趋势,说明技术知识含量较高行业 IFDI 占服务业 IFDI 比重上升。物流业 IFDI 占服务业 IFDI 比重不高,2005 年达到最大值 12.152%,2006 年和 2007 年持续下降,2008 年以后在 6% 左右小幅度波动,但是 2017~2020 年呈现逐年下降趋势,说明物流业 IFDI 增速较慢。其他行业,如住宿和餐饮业等占服务业 IFDI 比重较小。

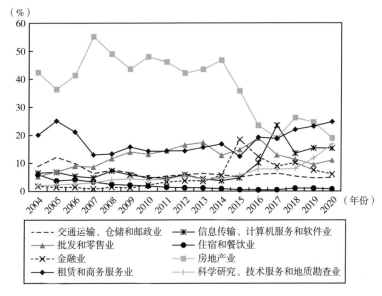

**图 3 – 2　2004~2020 年中国服务业主要行业 IFDI 占比**

资料来源:历年《中国统计年鉴》。

图 3 – 3 汇报了 2007~2020 年物流业新设立外商投资企业数量及其占比。2007 年,物流业新设立外商投资企业数为 658 家,占比为 1.737%。受国际金融危机影响,2008 年物流业新设立外商投资企业数下降为 523 家,但是占比却有所提升,这主要是因为同期中国新设立外商投资企业总数也有所下降。2008 年以后金融危机影响继续深化,世界经济衰退、国外融资成本增加以及企业利润下滑降低了跨国公司的投资能力和意愿。2008~2014 年,物流业新设立外商投资企业数总体呈现下降趋势,占新设立外商投资企业总数的比重呈现"下降—上升—下降"的倒"N"型趋势。2014~

2018 年物流业新设立外商企业数量逐年持续上升，从 376 家增加至 754 家，但是占新设立外商投资企业总数的比重逐渐下降。2019 年中国外商新设立企业总计数大幅度下降，物流业也呈现出相同趋势，同比下降 21.618%。2020 年物流业新设立外商投资企业比 2019 年仅增加了 1 家。2018 ~ 2020 年物流业新设立外商投资企业占比由 1.246% 上升为 1.535%。

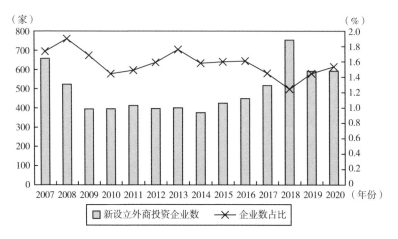

**图 3 - 3　2007 ~ 2020 年物流业新设立外商投资企业数及其占比**

资料来源：历年《国民经济和社会发展统计公报》。

通过图 3 - 1、图 3 - 2 和图 3 - 3 的分析可知，物流业 IFDI 流量总体呈现上升趋势，但占服务业整体比重较低；2020 年物流业外商新设立企业数及其占比与 2007 年相比均有所下降。总体而言，物流业有待进一步加强吸引和利用外资力度。

### 3.1.2　物流业 OFDI 的规模

外资流入弥补了中国物流业发展所需的资本缺口，也带动了先进技术和现代物流理念在中国的传播，达到缓解物流业资金和技术不足的双重经济效果。相比于外国企业不断进入中国物流市场，中国物流业"走出去"步伐缓慢。但是在全球化的生产模式下，物流业"走出去"是大势所趋。图 3 - 4 展示了 2004 ~ 2020 年中国物流业 OFDI 流量及其占比。

图中直观显示，物流业 OFDI 占服务业 OFDI 的比重与占 OFDI 总流量的比重折线走向一致，并且与物流业 OFDI 变化趋势相似，即经历了"上升—下降"交替出现的波动过程。2003 年，中国物流业 OFDI 仅为 6.390 亿元，分别占 OFDI 总流量和服务业 OFDI 流量的 2.705% 和 10.637%。2004 年，物流业 OFDI 同比增长了 973.368%，分别占 OFDI 总流量和服务业 OFDI 流量的 15.072% 和 32.791%，达到考察期内最高值。2005 年，服务业 OFDI 占 OFDI 总额的比重高达 66.135%，但物流业 OFDI 占 OFDI 总流量和服务业 OFDI 流量的比重分别骤降至 4.704% 和 7.113%。这一时期 OFDI 主要流向租赁和商务服务业，占比超过总流量的 40%。2006 年和 2007 年，物流业 OFDI 流量持续增加，占服务业 OFDI 的比重和 OFDI 总流量的比重也随之上升。具体而言，物流业 OFDI 占服务业 OFDI 的比重从 2005 年的 7.113% 上升至 2007 年的 22.717%，占 OFDI 总流量的比重从 2005 年的 4.704% 上升至 2007 年的 16.368%。物流业 OFDI 大幅度下降的时间是 2008 年，全球金融危机导致发达国家资产价格普遍下跌，刺激了中国金融业以及租赁和商务服务业 OFDI 规模急速扩大，而物流业 OFDI 从 2007 年的 309.139 亿元跌至 2008 年的 184.444 亿元，下滑趋势持续到 2009 年。2010 年，物流业 OFDI 反弹至 382.846 亿元，超过同期物流业 IFDI，占比也有小幅度反弹。2011 年，发达国家主权债务危机引发债务国对外需求减少和新一轮贸易保护，对中国外贸出口和伴生物流需求产生了较大冲击，东道国动荡的社会环境和不确定的经济政策也打压了中国物流业对外投资者的信心[177]，导致当年物流业 OFDI 仅为 165.589 亿元。2011～2014 年，物流业 OFDI 逐年增加，但其占服务业 OFDI 和 OFDI 总额的比重并没有随之提升，说明与其他行业相比，物流业 OFDI 增速较慢。2014～2020 年物流业 OFDI 呈现"下降—上升—下降—上升"的"W"型趋势，占服务业 OFDI 和 OFDI 总额的比重同样呈现"W"型趋势。2016 年，中国 OFDI 总流量创历史最高，但受国际大宗商品价格低迷的影响，物流业 OFDI 仅为 111.512 亿元。2020 年，物流业 OFDI 达考察期内最大值，为 429.941 亿元。2011～2020 年，物流业 OFDI 占中国 OFDI 和服务业 OFDI 流量的比重基本稳定在 3% 和 6% 左右。

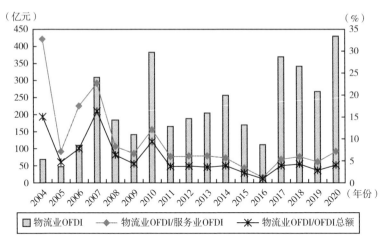

**图 3 - 4   2004 ～ 2020 年中国物流业 OFDI 流量及其占比**

资料来源：历年《中国统计年鉴》。

图 3 - 5 刻画了中国物流业 OFDI 存量、增速以及 OFDI 总存量增速。由图 3 - 5 可知，物流业 OFDI 存量逐年稳步增加，由 2004 年的 379.123 亿元增加至 2020 年的 5571.576 亿元。但是，物流业 OFDI 存量增加速度波动较大，总体呈现下降趋势，由 2005 年的 53.042% 降低至 2020 年的 5.529%，说明物流业"走出去"较早。考察期内，与 OFDI 总存量增速相比，除 2005 年、2007 年、2010 年、2018 年和 2019 年物流业 OFDI 存量增速大于 OFDI 总存量增速外，其他年份物流业 OFDI 存量增速均小于 OFDI 总存量增速，说明物流业"走出去"步伐缓慢。

图 3 - 6 显示中国物流业 OFDI 存量占比在 2010 ～ 2020 年逐年下降，这与物流业 OFDI 存量逐年增加呈相反趋势，这是中国物流业"走出去"较早，但步伐缓慢导致的。与其他行业相比，批发和零售业、租赁和商务服务业 OFDI 存量占比也有小幅度减弱，2008 ～ 2020 年制造业 OFDI 存量占比呈现上升态势，信息传输、计算机服务和软件业 OFDI 存量占比自 2012 年起也有所增加。

由表 3 - 1 可知，2011 ～ 2020 年物流业境内投资者数量逐年上升（2013 年除外），2020 年的数量较 2011 年增加近 2 倍，占投资者总数的比重呈小幅度上升趋势。境外物流企业数量呈现与境内投资者相同的变动趋势。与

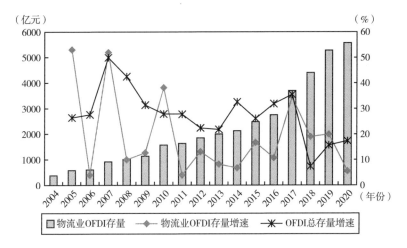

**图 3－5　2004～2020 年中国物流业 OFDI 存量、增速以及 OFDI 总存量增速**

资料来源：历年《中国统计年鉴》。

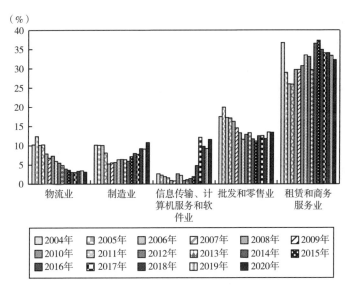

**图 3－6　2004～2020 年中国物流业与主要行业 OFDI 存量占比**

资料来源：历年《中国统计年鉴》。

数量上涨趋势相反，境外物流企业数量所占比重却逆势下降。截至 2020 年末，其所占比重已不足 3%，说明与其他行业相比，物流业境外市场份额较低，国际业务渗透率有待增加。根据《境外投资企业（机构）名录》（以下简称《名录》）进一步分析发现，境内投资的物流企业以国有大型企业为主，如中外运、中远航等。境外物流企业涉及的具体行业不同，投资规模和投资特点也不尽相同。比如货运代理企业一般对外投资规模较小，轻资产重服务；港口操作和海上运输等重资产行业投资规模较大。物流业属于复合型产业，因此境内投资者和境外企业涉及的细分行业较多。

表 3 - 1        2010 ~ 2020 年中国物流业境内投资者与境外企业数量

| 年份 | 物流业境内投资者 | | 境外物流业企业 | |
|---|---|---|---|---|
| | 数量（家） | 所占比重（%） | 数量（家） | 所占比重（%） |
| 2010 | — | 1.6 | 607 | 3.8 |
| 2011 | 236 | 1.8 | 620 | 3.5 |
| 2012 | 258 | 1.6 | 758 | 3.8 |
| 2013 | 245 | 1.6 | 776 | 3.0 |
| 2014 | 294 | 1.6 | 838 | 2.8 |
| 2015 | 348 | 1.7 | 839 | 2.7 |
| 2016 | 513 | 2.1 | 1004 | 2.7 |
| 2017 | 563 | 2.2 | 1092 | 2.7 |
| 2018 | 619 | 2.3 | 1181 | 2.8 |
| 2019 | 650 | 2.4 | 1237 | 2.8 |
| 2020 | 662 | 2.4 | 1278 | 2.9 |

资料来源：历年《中国对外直接投资统计公报》。

结合图 3 - 4、图 3 - 5、图 3 - 6 和表 3 - 1 的分析，中国物流业对外直接投资起步较早，2007 年之前物流业 OFDI 占比较大。随着中国"走出去"战略的推进，租赁和商务服务业、制造业、批发和零售业 OFDI 迸发旺盛活力，然而物流业 OFDI 却没有借力中国快速增长的国际货物贸易衍生的物流需求以及国际承包项目、援外工程项目等产生的工程物流快速发展，占服务业 OFDI 和 OFDI 总额的比重较低。虽然 2020 年物流业 OFDI 流量与2004 年相比有较大幅度提升，然而占比却呈波动中下降态势。中国物流业对外资的全面开放使国内市场竞争更加激烈，某些细分市场趋于饱和，因此物流业仍需加快对外直接投资步伐，扩展新的发展空间。

### 3.1.3  物流业双向 FDI 的业绩指数

由于每个国家和地区经济规模不同，如果仅以绝对流入量或流出量衡量某一国家或地区 FDI 的成功程度则有失偏颇。联合国贸易和发展会议提出用投资业绩指数来消除经济规模因素对 FDI 流入流出造成的影响。本书参考陈景华等[178]的做法,将 FDI 业绩指数的应用推广到中国物流业中。如果业绩指数大于 1,说明中国物流业双向 FDI 的国际竞争力较强;如果业绩指数等于 1,说明中国物流业双向 FDI 等于其经济规模所应该达到的期望值;如果业绩指数小于 1,说明中国物流业双向 FDI 国际竞争力较弱。物流业双向 FDI 业绩指数计算公式如下:

$$IFPI_t = \frac{IFDI_t^l / IFDI_t}{GDP_t^l / GDP_t} \qquad (3-1)$$

$$OFPI_t = \frac{OFDI_t^l / OFDI_t}{GDP_t^l / GDP_t} \qquad (3-2)$$

其中,$IFPI_t$ 和 $OFPI_t$ 分别表示 $t$ 年物流业 IFDI 和 OFDI 业绩指数;$IFDI_t^l$ 和 $OFDI_t^l$ 分别表示 $t$ 年物流业 IFDI 和 OFDI 流量;$IFDI_t$ 和 $OFDI_t$ 分别表示 $t$ 年中国 IFDI 和 OFDI 流量;$GDP_t^l$ 和 $GDP_t$ 分别表示 $t$ 年中国物流业 GDP 和总 GDP。

图 3 – 7 显示了 2004 ~ 2020 年中国物流业双向 FDI 业绩指数的变化趋势。总体而言,2004 ~ 2020 年物流业 IFDI 业绩指数始终小于 1,说明中国物流业 IFDI 流量与物流业经济规模不相匹配。具体地,2004 ~ 2010 年,物流业 IFDI 业绩指数不足 0.6,这主要是因为中国物流业起步和发展较晚,对外资的吸引力自然较弱。2011 ~ 2017 年物流业 IFDI 业绩指数逐步上升,2017 年已达到 0.939,接近 1。这一时期中国物流业的开放程度、市场规模和技术水平呈向好趋势,增加了对外资的吸引力。2018 ~ 2020 年物流业 IFDI 业绩指数有所降低。考察期内物流业 OFDI 业绩指数最大值为 2.620,最小值为 0.193。由此也可以看出,中国物流业 OFDI 流量波动较大。这是因为中国物流业 OFDI 项目主要集中在水上运输业,由国有大型物流企业主导,导致 OFDI 流量受单个项目投资额和国家战略影响较大。2011 年以后物流业 OFDI 业绩指数均小于 1,说明物流业 OFDI 流量没有达到既定规模下应该达到的期望值,中国物流业国际竞争力较

弱,"走出去"步伐缓慢。2020 年,物流业 OFDI 业绩指数接近 1,说明中国物流业对外直接投资仍存在较大上升空间。

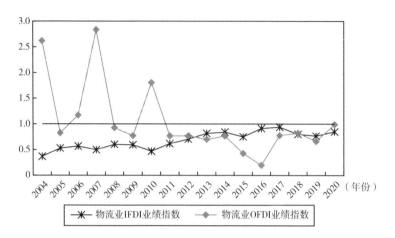

**图 3 – 7　2004～2020 年中国物流业双向 FDI 的业绩指数**

## 3.2　物流业双向 FDI 的空间分布

### 3.2.1　物流业 IFDI 的空间分布

图 3 – 8 显示了 2006～2019 年中国东部、中部、西部三大区域物流业 IFDI 流量及其增速①②。由图 3 – 8 可知,2006～2019 年东部地区物流业 IFDI 明显高于中西部地区。东部地区在经济基础、地理位置、交通基础设施、物流市场规模等方面优于中西部地区,对物流业外资的吸引力也更强。从发展趋势看,2006～2014 年东部地区物流业 IFDI 基本呈上升趋

---

①　按照国家统计局的划分方法,东部区域包括上海、北京、天津、浙江、江苏、广东、福建、河北、辽宁、山东、海南;中部区域包括河南、安徽、山西、湖北、湖南、吉林、江西、黑龙江;西部区域包括内蒙古、重庆、陕西、宁夏、新疆、甘肃、青海、广西、四川、贵州、云南、西藏。

②　本书缺少吉林、青海、宁夏、西藏、香港、澳门和台湾的物流业 IFDI 数据,其余省份统计物流业 IFDI 数据的开始时间不同,为了尽可能延长时间跨度又不损失研究样本,选择 2006～2019 年作为研究时间段。

势（2011 年除外），2015~2019 年东部地区物流业 IFDI 呈倒 "V" 型，
2017~2019 年逐渐下降，这与中国物流业 IFDI 发展趋势一致。近年来，
东部地区劳动力、土地等生产要素成本提升，对物流业外资吸引力下降，
但东部仍是中国吸引物流业外资的主要区域。中部地区物流业 IFDI 低于
东部又高于西部。考察期内，2010 年、2015 年和 2019 年中部地区物流业
IFDI 有所降低，其他年份均同比有所增长，2007 年和 2012 年增速超过
100%。中国西部远离海洋，交通不便，经济基础薄弱，物流需求较少，
这些因素导致该区域成为吸纳物流业外资最少的区域。"一带一路"倡议
的提出为西部地区吸引物流业外资提供了良好契机，2014~2016 年西部
地区物流业 IFDI 增速超过 10%。2017~2019 年西部地区物流业 IFDI 持
续下降，这主要是由于个别省份物流业 IFDI 波动较大。比如，贵州物流
业 IFDI 在 2017 年为 10.239 亿元，在 2018 年和 2019 年分别为 0 元和
1.399 亿元[1]，四川物流业 IFDI 在 2017 年为 9.36 亿元，在 2018 年和
2019 年分别为 2.888 亿元和 4.218 亿元[2]。

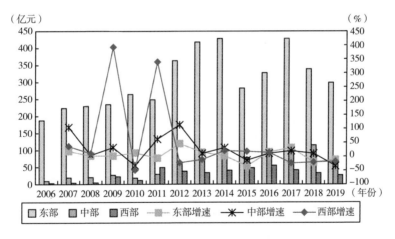

**图 3-8　2006~2019 年中国三大区域物流业 IFDI 流量及其增速**

资料来源：中国各地区统计年鉴和《中国商务年鉴》。

---

① 资料来源：2018~2020 年《贵州统计年鉴》。
② 资料来源：2018~2020 年《四川统计年鉴》。

### 3.2.2　物流业 OFDI 的空间分布

自 2000 年开始，中国物流业国际化步伐不断加快，逐步融入全球供应链网络和物流网络，着眼在世界范围内寻找最佳区位，设立境外投资企业（机构）。

根据历年的《中国对外直接投资统计公报》可知，中国物流业 OFDI 的目的地主要集中在中国香港、欧盟、美国、澳大利亚和东盟。由图 3 - 9 可知，2007 ~ 2020 年，中国物流业在五个国家和地区投资流量占物流业 OFDI 总流量的比重平均为 82.227%，2013 年和 2016 年分别高达 99.553% 和 98.392%。2007 ~ 2020 年中国内地物流业对中国香港的投资流量占物流业 OFDI 总流量的比重均超过 40%，其中 2010 年对中国香港的投资流量占比高达 89.331%。另外，考察期内中国物流业对澳大利亚、美国、欧盟和东盟的投资总流量占物流业 OFDI 总流量的比重年均为 17.699%，且在 2011 年达到高峰值，为 49.867%。

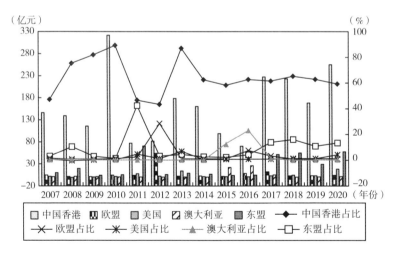

图 3 - 9　2007 ~ 2020 年中国物流业对五个国家和地区投资额及其占比

资料来源：历年《中国对外直接投资统计公报》。

中国香港凭借区位优势和高度自由的市场经济体制成为中国物流业 OFDI 的首选目的地。欧盟和美国是中国最主要的进出口贸易伙伴，国际货物贸易是国际物流产生的基础。基于此，物流企业可能选择在该地区布局[179]。另外，技术寻求型物流业 OFDI 也倾向于在欧美等物流业发达的地区进行投资。澳大利亚地处亚洲、拉丁美洲和南极洲之间，沟通了太平洋和印度洋，在海洋运输中的地理位置非常重要，而中国物流业 OFDI 主要流向了水上运输业，因此企业把澳大利亚作为构建全球物流服务网络的重要节点。从图 3 - 9 中可以看出，2016 年中国物流业流向澳大利亚的直接投资流量为 25.852 亿元，占当年物流业 OFDI 总流量的 23.183%。地理距离和双边政治关系是中国跨国企业区位选择的重要因素，这也可能是中国物流企业选择东盟国家进行投资的原因[180][181]。"一带一路"倡议的实施也加深了中国和东盟的全方位合作，中国物流业对东盟国家投资占物流业 OFDI 总流量的比重从 2015 年的 2.234% 上升至 2020 年的 13.376%。

中国商务部公布的《名录》，包含 1983 ~ 2015 年中国所有进行 OFDI 的企业信息，包括东道国、境内投资主体名称及其归属省份、境外投资企业（机构）名称及其经营范围、核准日期。参考王文娟[179]、吕萍和李笑然[182]的做法，本节依据《名录》，采用四种方法获得与物流业投资相关的事件。首先，筛选出境外投资企业（机构）经营范围包括"交通运输、货运代理、物流、仓储、海运"等相关行业术语的投资。其次，在剩下的投资条目中挑选出母公司或境外子公司名称包含"物流、运输、货运代理、速递、邮政"等字样的投资，以及经营范围比较模糊的投资，如"技术引进与交流""投资业务""供应链管理"等，通过进一步搜索该公司的官方网站进行信息甄别，判断是否属于物流业的相关投资。最后，对企业名称和境外投资项目均不包含物流相关名词的企业，如"厦门建发、传化智联、长航凤凰"等进行查缺补漏。这样搜索得到的数据包含了物流业 OFDI 的几种方式：物流企业在境外对主营业务的水平投资、在主营业务上下端延伸的垂直投资或其他类型的投资、非物流企业在境外投资的物流企业、非物流企业在境外对包含物流服务的投资，从

而可以更准确地将中国企业对境外物流业的所有投资包括在内①。1986 ~
2015 年中国香港是接受中国物流业 OFDI 投资笔数最多的地区,其次是美
国,第三名是新加坡。

## 3.3 物流业双向 FDI 的进入模式

### 3.3.1 物流业 IFDI 的进入模式

自 20 世纪 80 年代开始,跨国物流企业以代理协议、合资、独资或兼
并收购的方式进入中国物流领域,布局和拓展物流网络。

(1) 早期跨国物流企业多以代理协议和联盟合作的模式进入中国。
1980 年 DHL 首先登陆中国,按照当时外经贸部(即现在的商务部)要
求,所有进入中国从事快递业务的跨国企业必须与中外运进行合作,外
资企业和中外运分别处理国外和国内快递业务,因此 DHL 选择与中外运
签订互为代理的模式进入中国。FedEx(1984 年)、UPS(1988 年)相继
与中外运签订代理协议。

(2) 寻找本土企业合资成立新的物流公司是跨国物流企业进入中国
的重要途径之一。2002 年中国允许境外投资者以中外合资或合作的方式
在部分地区设立物流企业,开展物流相关业务②。该模式有利于投资者减
少投资金额,充分利用本土企业已有的物流网络,节约熟悉市场的投入
和试错成本,减少外来者劣势。

(3) 2005 年开始,中国允许外商独资的物流企业进入。跨国物流企
业调整在华发展战略,从中外合资向独资过渡,全国性布局网点。比如
美国伯灵顿全球货运物流在厦门和上海建立了独资企业,瑞士德迅集团
也在中国设立全资子公司的物流企业。这一时期独资模式占据主流,外

---

① 本书剔除了中国物流业在"避税天堂"的投资,包括英属维尔京群岛、百慕大群岛和
开曼群岛。

② 包括北京、上海、天津、重庆、浙江、江苏和广东。

资物流企业更迅速地在中国搭建物流网络，扩张物流市场。

（4）并购本土企业是跨国企业进入东道国的常用模式。该模式有利于跨国企业直接获得被并购企业已有的物流网络和业务基础，克服跨文化障碍，更迅速、更安全地建立全国物流网络。此模式可以细分为两类：一类是直接收购本土物流企业，比如 2006 年荷兰托马斯国家运输公司（Thomas National Transport，TNT）收购中国的华宇物流，直接拥有其1100 多个转运中心和操作站点；另一类是跨国物流企业收购其合资公司股份，典型案例是 2010 年澳大利亚拓领（Toll）收购其合资公司——深圳新科安达物流有限公司。

### 3.3.2　物流业 OFDI 的进入模式

一般而言，企业对外直接投资进入模式可以分为绿地投资和跨国并购两种。企业如何结合自身微观特征以及母国和东道国宏观环境选择正确的进入模式，对降低投资风险、提高经营绩效以及实现可持续发展至关重要。

（1）绿地投资是投资主体在东道国新建独资企业或合资企业。比如，上海吉祥航空在日本冲绳建立分公司；上汽安吉物流在泰国建立安吉日邮物流，与日邮码头和日邮物流合资经营。绿地投资需要跨国企业自身开拓新市场，如果选择市场饱和度不太高的国家或地区，可以较早占据市场先机，更具备先发优势。如果选择发达国家，则可以加快技术获取速度，通过逆向技术转移和反馈机制，提高母公司的技术水平。虽然绿地投资方式可以使企业减少管理干预和大规模业务整合，但建设新网络周期长，创建过程的不确定性较大。

（2）跨国并购是物流业 OFDI 另一进入模式。比如，2019 年中外运以 3.86 亿欧元收购欧洲 KLG 集团控制的 7 家物流公司。相比绿地投资，跨国并购能够克服海外市场的进入壁垒，加快海外市场的进入速度，重构企业的竞争范围，实现国内外市场协同运作。然而也可能由于文化和法律差异、地缘政治、并购市场信息不对称等外来者劣势的存在，导致企业并购失败或并购后绩效不理想[181]。表 3 - 2 显示，2013～2020 年中国物流业对外直接投资并购项目数量、实际交易金额和所占比重总体呈上升态势，但波动幅度大。这是因为中国物流业 OFDI 的领域主要集中在港口装卸业和水上运输业，以重资产投资为主，受单项大额并购项目影响较大。例如，2016 年天津天海物流投资管理有限公司以 60.1 亿美元收购美国英迈国际公司，此次并购就占到当年物流业并购金额的近 50%①。

表 3 - 2 　　2013～2020 年中国物流业 OFDI 并购项目数量、交易金额和金额占比

| 项目 | 2013 年 | 2014 年 | 2015 年 | 2016 年 | 2017 年 | 2018 年 | 2019 年 | 2020 年 |
|---|---|---|---|---|---|---|---|---|
| 数量（起） | 3 | 16 | 11 | 21 | 13 | 11 | 11 | 17 |
| 实际交易金额（亿美元） | 0.1 | 17.7 | 16.1 | 137.9 | 55.8 | 83.0 | 2.8 | 33.1 |
| 金额占比（％） | 0.05 | 3.1 | 3.0 | 10.2 | 4.7 | 11.2 | 0.8 | 11.7 |

资料来源：历年《中国对外直接投资统计公报》。

## 3.4　物流业双向 FDI 的投资动机

FDI 动机可以分为资源寻求型、市场寻求型、效率寻求型和战略资产寻求型四类[183]。部分研究根据东道国经济发展水平把 OFDI 动因分为向发展中国家寻求低成本的顺梯度 OFDI 和向发达国家寻求新技术的逆梯度 OFDI[184]。本书在国际直接投资理论的基础上，结合中国物流业 OFDI 和外商来华进行物流业投资的现实情况，对投资动机进行分类。

### 3.4.1　制造业 FDI 追随型

物流服务作为派生需求，属于制造业的中间投入，如果中间投入的服务质量无法得到保障，会直接影响制造企业的效率。因此，在东道国的制造业企业更倾向选择母国熟悉或了解的物流企业，而母国的物流企

---

① 资料来源：《2016 年度中国对外直接投资统计公报》。

业为了不流失客户而选择追随制造企业进行跨国资本流动。比如，日本最大的物流企业——日通公司来华投资的主要原因就是其服务客户——佳能在中国建立了打印机生产基地，日通公司作为佳能指定的物流企业在中国上海、大连、天津等成立分部。随后，日通又跟随丰田、本田等汽车公司在中国发展汽车物流业务，进一步拓展物流据点。中国积极推动与共建"一带一路"国家装备制造合作的过程中，中外运和中远也跟随一批装备制造企业"走出去"，为境外基础设施建造提供工程物流服务。王文娟利用中国物流业境外投资项目 10 年的数据进行实证检验，结果说明中国物流业 OFDI 具有追随制造业 OFDI 的倾向[179]。

### 3.4.2　进出口贸易催生型

国际物流产生的基础是国际贸易，因此进出口贸易会对物流业资本的流入和流出产生强劲的推动作用。根据前文的介绍，在 20 世纪 90 年代，跨国物流企业积极进入中国的重要原因就在于中国逐渐成为"世界工厂"，因此产生了大量的进出口物流。加入 WTO 以后，中国进出口贸易高速增长，除了四大国际快递公司外，像马士基、泛亚班拿、韩进海运等专注于远洋航运的物流企业也积极入驻中国。查询《名录》可以发现，中国在境外设立物流企业（机构）数量较多的国家，比如美国、俄罗斯、印度、印度尼西亚等，也是与中国进出口贸易额排名靠前的国家。特别是跨境电商的蓬勃发展，促使跨境物流成为物流业境外投资的新热点，中国的快递龙头企业如圆通、顺丰、申通，加快"走出去"的布局，在海外布局的国家或地区也更倾向于跨境包裹主要流向的国家或地区，比如美国、日本、韩国等。

### 3.4.3　市场寻求型

市场寻求型是企业以开拓新市场、扩大经营规模为目的。可以分为以下具体情况：（1）物流业具有生产与消费不可分割的特点，企业为了更加贴近消费市场、满足东道国消费者的服务需求而进行投资。20 世纪末 21 世纪初，中国物流业刚刚起步，物流市场亟待开发，早期进入中国建立分公司或办事处的跨国物流企业也具有市场寻求型的动机。王文娟和杨长春的研究结果证实，物流市场规模对吸引物流业 IFDI 具有积极影响，特别是在 2005 年之前[185]。（2）企业所在母国的消费市场需求已经趋于饱和，使企业进一步发展壮大受到限制，而破除瓶颈的方法之一就是向外开拓新市场。国内市场的逐渐饱和也是中国快递企业布局海外的主要原因之一。根据母公司经营范围与境外投资企业（机构）经营范围的关联度，可以将市场寻求型分为同行业开发型和跨行业探索型[186]。同行业开发型是跨国企业将全部或部分功能在其他国家和地区重新开展活动。跨行业探索型是母公司为了寻求新的利润增长点或分散跨国投资的风险，在东道国建立的子公司（机构）的经营行业与母公司没有关联。比如部分物流企业会利用自身运输、配送等优势开展进出口贸易业务。

### 3.4.4　战略资产寻求型

战略资产寻求型是企业为了获得先进技术、新前沿理念以及管理经验进行的投资。发展中国家向发达国家进行投资主要是出于获取发达国家技术和经验的考虑。中国的物流技术与欧美发达国家相比，仍存在一定差距，物流企业通过对外直接投资学习国外先进技术和成熟的物流运营理念。中国物流企业既可以到美国、日本、德国、英国等发达国家建立子公司或分支机构，通过与当地企业的合作、竞争获取先进的技术、设备和管理理念，也可以通过新建或并购的方式在东道国建立研发中心或技术中心，更直接地获取东道国前沿技术。

### 3.4.5　工程承包导向型

境外投资企业（机构）的经营范围包含"工程、承包、施工"等可以归为工程承包导向型。中国国际承包项目或者援外工程项目的实施过程中，需要跨国物流企业提供项目物流服务，以此为导向，物流企业可能会在该地区布局。"一带一路"倡议提出以后，中国对共建国家基础设施投资项目不断增加，也是导致物流企业近年来在共建"一带一路"国家布局的原因之一。

各类投资动机之间并不是相互排斥的，而是相互交织，比如外资企业对中国物流业的投资可能既是进出口贸易催生型，同时也是市场寻求型；中国向美国进行物流业投资可能同时兼顾制造业 FDI 追随型和战略资产寻求型动机。

## 3.5　本章小结

本章对中国物流业双向 FDI 的发展现状进行了深度系统地剖析。首先，考察物流业双向 FDI 规模及其所占比重和业绩指数；其次，分析物流业双向 FDI 空间分布特征；再次，梳理跨国物流企业进入中国市场以及中国企业进入境外物流市场的模式；最后，总结物流业双向 FDI 的投资动机。本章的主要结论如下所述。

（1）中国物流业双向 FDI 规模总体呈上升趋势。物流业实际利用外资从 2004 年的 105.364 亿元增长到 2020 年的 344.783 亿元，年均增长率达 7.222%；OFDI 流量从 2004 年的 68.587 亿元增加至 2020 年的 429.941 亿元，年均增长率为 12.156%。然而物流业双向 FDI 占服务业双向 FDI 比重较低，仅在 6% 左右；2011~2020 年业绩指数小于 1。这些结果均表明中国物流业有待进一步加大吸引利用外资力度，增强企业对外直接投资的驱动力。

（2）地区固有的特征、国家战略的倾斜以及外部因素的干扰使物流业双向 FDI 在空间分布上有所差异。从物流业 IFDI 方面来看，中国物流业 IFDI 呈现"东部—中部—西部"梯度递减的趋势；从物流业 OFDI 方面来看，中国物流业 OFDI 目的地主要集中在中国香港、欧盟、美国、澳大利亚和东盟。

（3）外资企业可以通过代理协议和联盟合作、与本土企业合资、独资以及并购本土企业四种模式进入中国物流市场。根据中国外资政策、物流市场的准入门槛和发育程度的不同，跨国物流企业选择不同的进入模式。中国物流企业以绿地投资和跨国并购两种模式进入境外市场进行投资，企业结合自身微观特征以及母国和东道国宏观环境选择合适的进入模式。另外，物流业 FDI 动机主要有制造业 FDI 追随型、进出口贸易催生型、市场寻求型、战略资产寻求型、工程承包导向型五种。

# 第4章 中国物流业高质量发展
# 水平的测度与评价

自新中国成立以来，中国物流业经历了从"数量缺口"到"数量第一"的发展过程，已经成为世界"物流大国"。目前，物流业主要矛盾已经由"数量短缺"的数量型物流业向"提升服务质量与效率"的质量型物流业转变，物流业步入质量优先的高质量发展阶段。实现物流业高质量发展目标的基础是构建评价指标体系并进行测度，以便全面、及时、准确地判断物流业高质量发展状况，否则就会现状不清、方向不明，难以针对性地采取推动物流业高质量发展的措施。因此，本章关注的核心问题是：如何构建合理的物流业高质量发展评价体系？如何选取合适的测度方法？物流业高质量发展水平呈现怎样的时间演变趋势和空间分布？区域间和区域内的差异如何？与物流业数量增长的关系如何？

虽然少数文献测度了物流业高质量发展水平，但仍存在不足。比如在指标选取方面，采用难以量化的指标或单一指标以偏概全；在研究方法方面，多采用熵权法，熵权法虽然赋权较为客观，但难以反映发展水平的动态变化。物流业高质量发展是一个综合概念，涉及规模、效率、贡献、低碳等多个方面。虽然单一指标也可以简单直接地反映出产业高质量发展的部分核心特质，但仍存在以偏概全的缺陷，偏向关注规模或TFP的变化，忽视对其他方面如劳动效率和环境影响的考察，偏向体现"自身变化"的特点而对"社会贡献"的反映略显不足。物流业高质量发展是一个多维的且不能依靠单一方面衡量的动态过程。因此，有必要构建一个由多维度组成的指标体系，选取合适的方法对物流业高质量发展水平进行全面系统地量化评价。

本章构建包含产出规模、运行质量、社会贡献和绿色发展四个维度共 21 个指标的物流业高质量发展评价指标体系，采用改进熵权法对 2004～2019 年中国 30 个省份的物流业高质量发展水平进行测度。在测度的基础之上，利用 Dagum 基尼系数和探索性空间数据分析考察其区域差异与空间相关性特征，剖析物流业由高速增长向高质量发展的转换特征。

# 4.1 物流业高质量发展评价指标体系的构建

## 4.1.1 评价指标体系的构建原则

在构建物流业高质量发展评价指标体系之前，首先应该明确指标体系构建的原则以合理选取指标，简洁而全面地反映出物流业高质量发展的整体情况。在吸收已有研究的基础上，本章提出以下原则。

第一，科学性原则。在真实客观的基础上选取能够衡量物流业高质量发展真实状况的评价指标，科学地反映出物流业高质量发展的内在本质特征，避免主观随意性带来的偏误。

第二，结果导向原则。高质量发展的指标体系是评价质量的高低，描述的是发展状况而不应该包括如何实现高质量发展，这是两个不同的范畴[161]。以考察期内物流业高质量发展的结果作为指标选取标准，发挥结果导向作用[162]。

第三，可操作性原则。这一原则体现在三个方面：一是数据的可获得性，官方统计的省级层面的物流业数据相对有限，虽然有些指标也能反映物流业高质量发展的状况，比如区域物流结构和消费者满意度，但是由于缺乏数据，无法进行测度，也不宜纳入指标体系中；二是指标的可量化性；三是所选取指标需直接表现出与物流业高质量发展或正或负的关系，不采用适度指标。

第四，全面简洁性原则。全面性原则是所构建的指标体系能够系统全面地反映物流业高质量发展的水平，克服单一指标的不足；简洁性原则是不宜选取过多的指标，"求多求繁"反而会弱化重要指标的代表性。

第五，独立性原则。指标之间需要相互独立，不能彼此关联或嵌套，避免因信息重叠导致的结果偏差。

### 4.1.2　评价指标体系的维度设置

依据第 2 章对物流业高质量发展内涵的剖析，结合指标选取原则以及物流业实际运行情况，构建包括产出规模、运行质量、社会贡献和绿色发展四个维度共 21 个基础指标的评价指标体系，如表 4 – 1 所示。

表 4 – 1　　　　　　　　　物流业高质量发展评价指标体系

| 维度指标 | 分项指标 | 基础指标 | 测算 | 属性 |
|---|---|---|---|---|
| 产出规模 | 数量规模 | 人均货运量 | 货运量/年末总人口 | + |
| | | 人均快递业务量 | 快递总件数/年末总人口 | + |
| | 价值规模 | 人均物流业增加值 | 物流业增加值/年末总人口 | + |
| | | 物流业增加值占比 | 物流业增加值/GDP | + |
| 运行质量 | 产出效率 | 劳动生产率 | 物流业增加值/从业人员数 | + |
| | | 资本生产率 | 物流业增加值/固定资产投资 | + |
| | | 土地生产率 | 物流业增加值/运输线路长度 | + |
| | | 全要素生产率 | TFP | + |
| | 结构优化 | 运输结构 | 公路货运周转量/总货运周转量 | – |
| | | 城乡结构 | 城乡人均收入之比 | – |
| | 运行稳定 | 增长稳定 | 物流业增加值增长波动率 | – |
| | | 供需平衡 | 物流供求差距 | – |

续表

| 维度指标 | 分项指标 | 基础指标 | 测算 | 属性 |
|---|---|---|---|---|
| 社会贡献 | 产业支撑 | 农业劳动生产率 | 农业增加值/从业人员数 | + |
| | | 制造业劳动生产率 | 工业增加值/从业人员数 | + |
| | | 产业结构合理化 | 泰尔指数[194] | − |
| | | 产业结构高级化 | 第三产业产值/第二产业产值 | + |
| | 改善民生 | 增加税收 | 物流业税收总额/从业人员数 | + |
| | | 提高收入 | 物流业平均工资增长率 | + |
| | | 吸纳就业 | 物流业从业人员数/总从业人数 | + |
| 绿色发展 | 节约能源 | 单位增加值能源消耗 | 物流业能源消耗量/增加值 | − |
| | 减少排放 | 单位增加值碳排放量 | 物流业碳排放量/增加值 | − |

（1）产出规模维度。该维度主要反映物流业"量"的变化，表明物流业发展满足了更多人的需求。比如，加快农村物流发展是推进物流业高质量发展的重要一环，而这必然意味着物流业货运量和快递量的增加。因此，物流产业规模扩大也能在一定程度上体现物流业发展的进步。另外，规模扩大触发的规模经济效益能够提升产业劳动生产率、降低企业经营成本、激发企业创新活力，进而推动物流业高质量发展。人均 GDP 和 GDP 占比是衡量经济规模的常用指标[187][188]。另外，物流是物品从供应地向接受地的实体流动过程。因此，物流业规模还体现在货运量和快递量上[53][57]。基于此，该维度从数量规模和价值规模两个分项指标去构建，选取 4 个基础指标：人均货运量、人均快递业务量、人均物流业增加值、物流业增加值占比。前 2 个指标直接反映物流市场规模即物流为消费者提供的服务，后 2 个指标则反映物流业创造的经济价值。

（2）运行质量维度。该维度考察物流业生产效率的高低和满足消费者效用的程度。从产出效率、结构优化和运行稳定三个分项指标进行构建。参考聂长飞和简新华[42]、李金昌等[44]、韩永辉和韦东明[47]、林双娇和王健[56]、唐晓彬等[162]，产出效率选取 4 个基础指标：劳动生产率、资本生产率、土地生产率和 TFP。前 3 个指标反映的是物流资源的投入产出比率，投入产出比率越高，表示物流业发展的质量越高；TFP 主要考察物流业发展过程中除劳动力、资本和土地外的技术要素的配置效率。结构优化选取 2 个基础指标：运输结构和城乡结构。由于缺乏省际层面关于城市物流和农村物流的相关数据，选取城乡人均收入之比衡量物流业城乡发展的协调程度。城乡人均收入之比也是多数文献用来衡量城乡协调程度的指标[39][40]，运行稳定选取 2 个基础指标：增长稳定和供需平衡。增长稳定反映了物流业运行稳定性，物流业运行越平稳，物流资源被利用得越充分，人民的正常生活越能得以保障。参考聂长飞和简新华的做法[42]，采用物流业增加值增长波动率衡量增长稳定。供需平衡考察的是物流业供给和需求之间的差距[53]，当供给大于需求时，导致物流资源产生浪费；供给小于需求时，物流需求无法得到满足，这两种情况均不利于物流业高质量发展。

（3）社会贡献维度。该维度主要考察物流业高质量发展的辐射带动能力，构建产业支撑和改善民生两个分项指标。参考董艳敏和严奉宪[19]、李廉水等[189]、付晨玉和杨艳琳[190]，共选取 7 个基础指标：农业劳动生产率、制造业劳动生产率、产业结构合理化、产业结构高级化、增加税收、提高收入、吸纳就业。物流业高质量发展应该使相关联产业降本增效，国民经济结构优化。考虑到物流已经成为农业和制造业发展的痛点和突破点[191][192]，选取农业劳动生产率、制造业劳动生产率表征物流业发展对关联产业的影响。产业结构合理化和高级化反映了物流业高质量发展对宏观经济结构的影响。物流业高质量发展对改善民生的积极影响首先应该体现在增加就业和工资水平上。税收贡献则有利于为人民提供更多社会服务，为人民共享发展成果提供物质基础。税收和就业的衡量指标参考李廉水等的做法[189]，分别采用就业人员平均税收率和就业人数占比表示。工资的衡量指标参考付晨玉和杨艳琳的做法[190]，采用平均工资增长率表示。

（4）绿色发展维度。该维度主要考察物流业发展过程中的能源使用情况和对生态环境的影响，表现在能源消耗和污染物排放两个方面。因此，选取两个分项指标：单位物流业增加值能源消耗和单位物流业增加值碳排放量，分别反映了物流业"节能"和"减排"的状况。物流业节能是指物流过程中减少能源消耗，提高能源效率。物流业减排是指物流

过程中减少以 $CO_2$ 为主的温室气体排放。物流业消耗油品资源产生的 $CO_2$ 对环境造成了巨大损害，无法满足人民对优美生态环境的需要。现有文献常采用废水和废气作为污染物的代理指标[193]，但是官方并未统计物流业相关数据。考虑到碳排放是物流业生产活动中对环境造成损害的主要因素，因此选取碳排放作为污染物的代理指标。

### 4.1.3 数据来源与指标说明

物流业没有被涵盖在中国《国民经济行业分类》体系中。参考大多数文献的做法，以交通运输、仓储和邮政业数据代替[195]。由于数据缺失严重，本章的研究对象为排除西藏自治区、香港地区、澳门地区、台湾地区之外的 30 个省份，时间跨度为 2004 ~ 2019 年。研究中所涉及数据主要来源于《中国统计年鉴》《中国能源统计年鉴》《中国第三产业统计年鉴》《中国工业统计年鉴》《中国劳动统计年鉴》以及各地区统计年鉴。为消除价格波动的影响，与价格有关的变量折算为以 2004 年为基期的实际值；以美元为单位的指标按照年平均汇率换算成人民币。个别缺失数据采用插值法及线性趋势的方法补齐以保证样本的完整性。

部分指标缺乏直接统计数据，需要通过计算获得：（1）物流业 TFP：测算物流业 Malmquist（M）指数，进而通过累乘法得到绝对物流业 TFP。具体地，测算 M 指数时选取物流业增加值作为产出指标，从业人员、资本存量和运输线路长度为投入指标。资本存量根据"永续盘存法"估算[196]，折旧率取值 5.65%[197]。（2）物流供求差距：借鉴戴德宝等的做法，选取第一产业和第二产业增加值、境内目的地和货源地进出口总额、社会消费品零售总额代表物流需求，选取货物周转量、快递量、邮政业务总量代表物流供给，运用因子分析法分别计算物流供给与物流需求的综合因子得分，以两者分差的绝对值衡量物流供需差距[53]。（3）由于无法获取各省份制造业增加值数据，采用工业增加值代替。（4）借鉴王恕立等的做法[198]，以各行业的城镇单位从业人数占城镇单位从业人数的比重推算各行业的从业人数。（5）借鉴李（Li）和王（Wang）的测算方法[199]，以物流业消耗较多的 8 种能源统一转换为标准煤后加总得到各省份物流业能源消耗量。（6）物流业碳排放量是以 8 种能源消耗量为基准，依据 IPCC 提供的公式计算：$CO_2 = \sum E_i \times K_i$，其中 $E_i$ 和 $K_i$ 分别代表第 $i$ 种能源的消耗量和碳排放系数。

## 4.2　研　究　方　法

### 4.2.1　改进熵权法

物流业高质量发展评价指标体系由多指标组成，因此在测度之前首先需要确定各指标权重，进而运用线性加权求和法计算出物流业高质量发展水平。熵权法作为一种客观赋权法，可以避免主观因素造成的偏误[200]。为了消除各指标之间量纲和数量级的差异，在综合指数加权求和过程中需要对原始数据进行标准化。传统熵权法也可以实现数据的无量纲化，但没有同时考虑时间和空间的变化。在对区域、指标和时间三维立体面板数据进行测算时，如果对每个年份分别进行熵权计算，使用的是局部参考域，对得到的评价结果进行时间上的比较时存在一定缺陷。因此本章参考张友国等[201]、张旭等[202]的做法，引入时间的思想，将传统熵权法扩展为改进熵权法，以实现评价结果纵向和横向的比较。

假设有 $n$ 个评价对象，每个评价对象有 $m$ 个指标，时间跨度为 $q$ 个时期，构造 $nq \times m$ 阶全局立体矩阵 $K$，$K = \{x_{ij}^t \mid i \in [1,n], j \in [1,m], t \in [1,q]\}$。改进熵权法的计算步骤如下所述。

（1）标准化原始数据：

正向指标：
$$y_{ij}^t = \frac{x_{ij}^t - \min x_j}{\max x_j - \min x_j} \qquad (4-1)$$

负向指标：
$$y_{ij}^t = \frac{\max x_j - x_{ij}^t}{\max x_j - \min x_j} \qquad (4-2)$$

其中，$x_{ij}^t$表示原始数据；$\min x_j$ 和 $\max x_j$ 分别表示考察期内第 $j$ 个指标所有评价对象的最小值和最大值；$y_{ij}^t$ 表示 $t$ 年 $i$ 省份第 $j$ 个指标经过标准化后的数据；标准化后的原始数据落入 ［0，1］ 区间。

（2）确定指标比重：

$$p_{ij}^t = y_{ij}^t \Big/ \sum_{t=1}^{q} \sum_{i=1}^{n} y_{ij}^t \qquad (4-3)$$

（3）计算指标信息熵：

$$E_j = -\left[\ln(qn)\right]^{-1} \times \sum_{i=1}^{n} \sum_{t=1}^{q} \left[p_{ij}^t \times \ln(p_{ij}^t)\right] \qquad (4-4)$$

其中，若比重值 $p_{ij}^t = 0$，则定义 $\lim\limits_{p_{ij}^t \to 0} p_{ij}^t \times \ln(p_{ij}^t) = 0$。

（4）计算各指标权重：

$$W_j = (1 - E_j) \Big/ \left(m - \sum_{j=1}^{m} E_j\right) \qquad (4-5)$$

（5）计算综合指数。将指标权重与标准化处理后的指标值进行加权求和，得到物流业高质量发展综合水平。

$$S_i^t = \sum_{j=1}^{m} (W_j \times y_{ij}^t) \qquad (4-6)$$

$$S_{ki}^t = \sum_{j=1}^{r} (W_j \times y_{ij}^t) \qquad (4-7)$$

其中，$k = 1$，2，3，4 表示四个维度；$r$ 是每个维度中指标的个数；$S_i^t$ 表示 $i$ 省份物流业高质量发展综合水平。采用同样的方法测算各维度指数，进而能够得到物流业高质量发展四大分维度水平。

## 4.2.2 Dagum 基尼系数

本章采用 Dagum 基尼系数测度物流业高质量发展水平的地区差异，并通过对其分解剖析地区差异来源[203]。首先，计算所有研究单元的总体基尼系数：

$$G = \sum_{j=1}^{k} \sum_{h=1}^{k} \sum_{i=1}^{n_j} \sum_{r=1}^{n_h} |y_{ji} - y_{hr}| / 2n^2\overline{y} \qquad (4-8)$$

其中，$n$ 和 $k$ 分别表示省份总数和所划分的地区总数；$j$ 和 $h$ 是地区下标；$i$ 和 $r$ 是省份下标；$n_j(n_h)$ 表示第 $j(h)$ 个所划分区域的省份个数；$y_{ji}(y_{hr})$ 表示 $j(h)$ 地区内 $i(r)$ 省份的物流业高质量发展水平；$\overline{y}$ 表示平均值。

进一步，将总体基尼系数 $G$ 分解为地区内差异 $G_w$、地区间差异净值 $G_{nb}$ 以及地区间超变密度 $G_t$。公式如下：

$$G = G_w + G_{nb} + G_t \qquad (4-9)$$

$$G_w = \sum_{j=1}^{k} G_{jj} p_j s_j \qquad (4-10)$$

$$G_{jj} = \sum_{i=1}^{n_j} \sum_{r=1}^{n_j} |y_{ji} - y_{jr}| / 2n_j^2 \overline{y_j} \qquad (4-11)$$

$$G_{nb} = \sum_{j=2}^{k} \sum_{h=1}^{j-1} G_{jh}(p_j s_h + p_h s_j) D_{jh} \qquad (4-12)$$

$$G_{jh} = \sum_{i=1}^{n_j} \sum_{r=1}^{n_h} \frac{|y_{ji} - y_{hr}|}{n_j n_h (\overline{y_j} + \overline{y_h})} \qquad (4-13)$$

$$G_t = \sum_{j=2}^{k} \sum_{h=1}^{j-1} G_{jh}(p_j s_h + p_h s_j)(1 - D_{jh}) \qquad (4-14)$$

$$D_{jh} = (d_{jh} - p_{jh}) / (d_{jh} + p_{jh}) \qquad (4-15)$$

其中，$p_j = n_j/n$，$s_j = n_j \overline{y_j}/n\overline{y}$；$G_{jj}$ 表示 $j$ 地区的基尼系数，$G_{jh}$ 则表示 $j$ 地区与 $h$ 地区的基尼系数；$D_{jh}$ 为 $j$ 地区与 $h$ 地区物流业高质量发展之间的相对影响程度；$d_{jh}$ 表示 $j$ 地区与 $h$ 地区中所有 $y_{ji} - y_{hr} > 0$ 样本值的数学期望；$p_{jh}$ 表示 $j$ 地区与 $h$ 地区中所有 $y_{hr} - y_{ji} > 0$ 样本值的数学期望。

### 4.2.3　探索性数据分析

本章利用探索性数据分析（exploring spatial data analysis，ESDA）对物流业高质量发展水平的空间相关性进行检验。ESDA 主要包括全局空间自相关和局部空间自相关[204]。常用的关联指标是 Moran's I 指数，计算公

式如下:

$$I_G = \frac{\displaystyle\sum_{i=1}^{n} \sum_{j \neq i}^{n} w_{ij} (x_i - \bar{x})(x_j - \bar{x})}{S^2 \displaystyle\sum_{i=1}^{n} \sum_{j=1}^{n} w_{ij}} \tag{4-16}$$

$$I_{Li} = \frac{(x_i - \bar{x}) \displaystyle\sum_{j=1}^{n} w_{ij} (x_j - \bar{x})}{S^2} \tag{4-17}$$

$$w_{ij} = \begin{cases} 1/d_{ij} & (i \neq j) \\ 0 & (i = j) \end{cases} \tag{4-18}$$

其中, $I_G$ 表示全局 Moran's I 指数; $I_{Li}$ 表示局部 Moran's I 指数; $x_i$ 和 $x_j$ 分别表示变量在空间单元 $i$ 处和 $j$ 处的观测值; $n$ 为空间单元总数; $\bar{x}$ 和 $S^2$ 分别表示 $x$ 的平均值和方差; $w_{ij}$ 表示空间权重矩阵, 构建的目的是定义不同空间单元的相互邻近关系; $d_{ij}$ 表示 $i$ 省份和 $j$ 省份省会(首府)城市之间的经纬度距离; $w_{ij}$ 经过标准化处理使各行元素加总等于 1。当 $I_G$ 显著为正时, 表示变量在空间上存在显著正相关关系; 当 $I_G$ 显著为负时, 表示变量在空间上存在显著负相关关系。

## 4.3 物流业高质量发展水平的测度结果与分析

### 4.3.1 综合水平测度结果与分析

#### 4.3.1.1 省域层面的测度结果

2004~2019 年中国 30 个省份物流业高质量发展水平的测度结果如表 4-2 所示。由表 4-2 可知, 2004~2019 年物流业高质量发展水平均值大于全国均值 0.197 的有上海、北京、天津、浙江等 9 个省份, 其中 8 个省份来自东部, 仅内蒙古属于西部地区, 其余省份物流业高质量发展水平均值介于 0.1~0.2, 排名后 10 位的省份来自中部和西部地区。排名第一位的上海（0.476），其物流业高质量发展水平均值是排名末位云南（0.117）的 4.068 倍，表明中国物流业高质量发展水平的省域差异明显，呈现两极分化态势。从具体年份看，2004 年排名前三位的上海、北京、天津的物流业高质量发展水平分别是末位贵州（0.120）的 3.408 倍、2.808 倍和 2.583 倍；2019 年排名前三位的上海、北京和浙江的物流业高质量发展水平分别是末位甘肃（0.133）的 4.880 倍、4.256 倍和 3.805 倍，领先省份与落后省份之间的"鸿沟"随时间推移不断扩大。即使在同一区域内的不同省份之间也存在差距，比如同属东部的海南物流业高质量发展水平不足上海的 1/2。

表 4 - 2 　　　　　　　2004～2019 年中国各省份物流业高质量发展水平

| 省份 | 2004 年 | 2006 年 | 2008 年 | 2010 年 | 2012 年 | 2014 年 | 2016 年 | 2018 年 | 2019 年 | 平均值 | 排序 |
|---|---|---|---|---|---|---|---|---|---|---|---|
| 上海 | 0.409 | 0.398 | 0.403 | 0.423 | 0.430 | 0.473 | 0.582 | 0.679 | 0.649 | 0.476 | 1 |
| 北京 | 0.337 | 0.348 | 0.354 | 0.363 | 0.393 | 0.436 | 0.469 | 0.560 | 0.566 | 0.414 | 2 |
| 天津 | 0.310 | 0.294 | 0.331 | 0.335 | 0.345 | 0.316 | 0.340 | 0.374 | 0.392 | 0.330 | 3 |
| 浙江 | 0.175 | 0.178 | 0.192 | 0.206 | 0.233 | 0.266 | 0.349 | 0.445 | 0.506 | 0.266 | 4 |
| 江苏 | 0.170 | 0.194 | 0.218 | 0.233 | 0.252 | 0.253 | 0.267 | 0.301 | 0.326 | 0.241 | 5 |
| 内蒙古 | 0.211 | 0.207 | 0.223 | 0.219 | 0.232 | 0.235 | 0.239 | 0.272 | 0.268 | 0.231 | 6 |
| 广东 | 0.182 | 0.178 | 0.191 | 0.179 | 0.196 | 0.223 | 0.278 | 0.338 | 0.381 | 0.226 | 7 |
| 福建 | 0.202 | 0.187 | 0.198 | 0.192 | 0.202 | 0.215 | 0.240 | 0.275 | 0.299 | 0.217 | 8 |
| 河北 | 0.187 | 0.189 | 0.207 | 0.203 | 0.212 | 0.205 | 0.203 | 0.233 | 0.253 | 0.208 | 9 |
| 辽宁 | 0.192 | 0.175 | 0.184 | 0.174 | 0.190 | 0.181 | 0.210 | 0.237 | 0.240 | 0.194 | 10 |
| 河南 | 0.183 | 0.167 | 0.166 | 0.175 | 0.189 | 0.207 | 0.218 | 0.210 | 0.236 | 0.194 | 11 |
| 山西 | 0.197 | 0.190 | 0.208 | 0.176 | 0.188 | 0.176 | 0.168 | 0.218 | 0.211 | 0.188 | 12 |
| 安徽 | 0.183 | 0.156 | 0.166 | 0.166 | 0.177 | 0.195 | 0.201 | 0.230 | 0.239 | 0.183 | 13 |
| 海南 | 0.137 | 0.141 | 0.164 | 0.196 | 0.230 | 0.194 | 0.189 | 0.190 | 0.188 | 0.180 | 14 |
| 山东 | 0.154 | 0.148 | 0.159 | 0.171 | 0.188 | 0.188 | 0.201 | 0.223 | 0.231 | 0.180 | 15 |
| 重庆 | 0.167 | 0.166 | 0.173 | 0.163 | 0.171 | 0.167 | 0.184 | 0.236 | 0.245 | 0.180 | 16 |
| 湖北 | 0.138 | 0.134 | 0.147 | 0.156 | 0.167 | 0.170 | 0.183 | 0.224 | 0.233 | 0.168 | 17 |
| 湖南 | 0.163 | 0.146 | 0.151 | 0.150 | 0.177 | 0.186 | 0.168 | 0.205 | 0.198 | 0.167 | 18 |
| 陕西 | 0.137 | 0.135 | 0.144 | 0.142 | 0.171 | 0.182 | 0.184 | 0.207 | 0.215 | 0.164 | 19 |
| 吉林 | 0.182 | 0.170 | 0.162 | 0.155 | 0.170 | 0.149 | 0.144 | 0.155 | 0.150 | 0.159 | 20 |

| 省份 | 2004 年 | 2006 年 | 2008 年 | 2010 年 | 2012 年 | 2014 年 | 2016 年 | 2018 年 | 2019 年 | 平均值 | 排序 |
|------|---------|---------|---------|---------|---------|---------|---------|---------|---------|--------|------|
| 江西 | 0.143 | 0.144 | 0.147 | 0.138 | 0.163 | 0.157 | 0.162 | 0.186 | 0.184 | 0.156 | 21 |
| 宁夏 | 0.138 | 0.139 | 0.137 | 0.130 | 0.145 | 0.149 | 0.152 | 0.190 | 0.199 | 0.149 | 22 |
| 新疆 | 0.145 | 0.139 | 0.141 | 0.138 | 0.150 | 0.149 | 0.152 | 0.169 | 0.176 | 0.148 | 23 |
| 黑龙江 | 0.152 | 0.136 | 0.134 | 0.127 | 0.136 | 0.126 | 0.129 | 0.148 | 0.158 | 0.136 | 24 |
| 青海 | 0.131 | 0.129 | 0.117 | 0.133 | 0.141 | 0.143 | 0.139 | 0.142 | 0.141 | 0.136 | 25 |
| 广西 | 0.139 | 0.123 | 0.122 | 0.123 | 0.134 | 0.135 | 0.139 | 0.153 | 0.159 | 0.134 | 26 |
| 甘肃 | 0.129 | 0.148 | 0.147 | 0.132 | 0.138 | 0.118 | 0.119 | 0.138 | 0.133 | 0.134 | 27 |
| 四川 | 0.121 | 0.120 | 0.104 | 0.098 | 0.117 | 0.129 | 0.146 | 0.173 | 0.174 | 0.127 | 28 |
| 贵州 | 0.120 | 0.105 | 0.115 | 0.111 | 0.113 | 0.116 | 0.122 | 0.141 | 0.143 | 0.118 | 29 |
| 云南 | 0.124 | 0.105 | 0.098 | 0.095 | 0.110 | 0.119 | 0.132 | 0.147 | 0.150 | 0.117 | 30 |
| 平均值 | 0.179 | 0.173 | 0.180 | 0.180 | 0.195 | 0.199 | 0.214 | 0.247 | 0.255 | 0.197 | — |

　　图 4-1 展示了 2004~2019 年中国 30 个省份物流业高质量发展水平的年均增长率。由图 4-1 可知，除吉林外的其他省份物流业高质量发展水平实现不同程度的增长，说明中国物流业高质量发展取得一定成效。进一步分析发现，各省份物流业高质量发展水平的年均增长率存在显著空间差异。年均增长率排名前 10 位的省份中有 7 个来自东部区域，排名后 10 位的均来自中西部地区。其中，浙江物流业高质量发展水平年均增长率超过 7%，而甘肃不足 0.2%。物流业高质量发展水平低的省份并不都意味着增速慢。比如，湖北、陕西、重庆、宁夏和四川物流业高质量发展水平不足 0.17，位居全国中下游水平，但这些省份的物流业高质量发展水平突破了 2% 的年均增长率，高于全国平均水平，这些省份未来将有可能实现赶超。另外，2004~2019 年吉林的物流业高质量发展水平以年均 1.282% 的速度下降。剖析其中的原因发现，考察期内吉林省物流业的运行质量和绿色发展水平均有不同程度的降低，从而导致物流业高质量发展水平下降。上述分析说明，物流业高质量发展水平存在较大的提升空间，但同时任务艰巨。

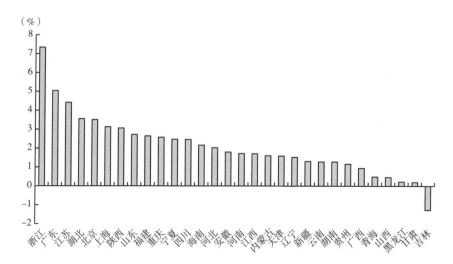

**图 4 - 1　2004 ~ 2019 年中国各省份物流业高质量发展水平的年均增长率**

图 4 - 2 显示 2004 ~ 2019 年全国及三大区域物流业高质量发展水平的变动趋势。从全国整体来看，物流业高质量发展水平均值由 2004 年的 0.179 上升至 2019 年的 0.255，年均增长率为 2.397% 。这一过程大致可以分为以下阶段：2004 ~ 2008 年总体呈现略微上升趋势，物流业高质量发展水平由 0.179 上升至 0.180，但有 15 个省份的物流业高质量发展水平低于起始年份。受国际金融危机影响，2009 年物流业高质量发展水平

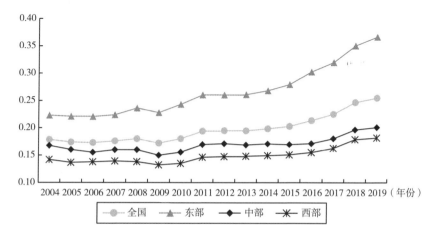

**图 4 - 2　2004 ~ 2019 年全国及三大区域物流业高质量发展水平的变动趋势**

出现明显下降。但是经过 2009 ~ 2013 年的物流业调整振兴期，物流业高质量发展水平明显提升。与 2009 年相比，2012 年中国物流业高质量发展水平提高了将近 15% 。随着物流业市场规模扩大，服务效率低下、成本偏高、环境污染严重等弊病也逐渐显露出来，2013 年物流业高质量发展水平再次出现下降。2013 年以后中国物流业进入转型升级阶段，物流业发展更加注重依靠技术，强调服务质量和效率，物流业高质量发展水平持续上涨，由 2014 年的 0. 199 提高至 2019 年的 0. 255。

　　三大区域物流业高质量发展水平呈现明显的区域特征。从变动趋势看，2004 ~ 2008 年，物流业高质量发展水平的年均增长率在东部、中部、西部地区分别为 1. 436% 、 - 1. 161% 、 - 0. 680% ，说明在物流业快速发展阶段（2001 ~ 2012 年）的初期，三大区域均未实现物流业高质量发展水平的快速提升。在经过金融危机导致的物流业高质量发展水平下降之后，2009 ~ 2012 年三大区域物流业高质量发展水平快速提升。步入转型升级阶段后的 2013 ~ 2019 年，东部、中部、西部物流业高质量发展水平逐年递增，年均增速分别为 5. 827% 、2. 971% 、3. 492% 。从水平大小看，2004 ~ 2019 年东部地区物流业高质量发展水平始终高于全国平均水平，均值为 0. 267，而中、西部地区始终处于全国平均水平之下，均值分别为 0. 169 和 0. 149。结合表 4 - 2 和图 4 - 2 可知，东部地区是物流业高质量发展的"引领者"，而中西部地区则是"追赶者"。因此，探究物流业高质量发展的驱动因素以及驱动因素在各省份所起作用的差异性，在进一步加快推进各省份物流业高质量发展的同时，对缩小省际物流业发展的差距至关重要。

### 4. 3. 1. 2　物流业高质量发展水平的区域差异

　　（1）物流业高质量发展水平的总体差异。

　　物流业高质量发展水平的总体基尼系数及变化如图 4 - 3 所示。总体基尼系数 $G$ 由 2004 年的 0. 167 上涨至 2019 年的 0. 243，呈现波动中上升的趋势，说明中国省际物流业高质量发展水平的差异逐步扩大。总体基尼系数 $G$ 的变化过程可以分为三个阶段：2004 ~ 2009 年总体基尼系数 $G$ 小幅度上升，这一时期中国物流业处于快速发展阶段的初期，各省份之间的物流业发展水平还未拉开明显差距。2010～2013 年总体基尼系数 *G* 逐年下降，这一时间段中国物流业处于调整振兴期，来自中部和西部省份的物流业高质量发展水平增速较快，缩小了地区间的差距。2013～2019 年总体基尼系数 *G* 逐年上升，北京、上海、浙江等东部省份物流业高质量发展水平大幅度提高，迅速与中西部落后省份拉开差距，从而导致差异扩大。

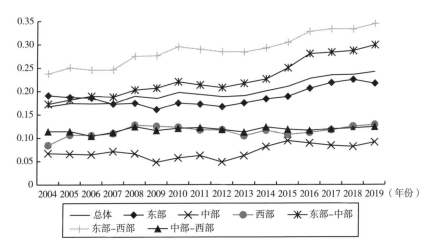

**图 4 - 3　2004～2019 年中国物流业高质量发展水平总体、**

**区域内和区域间基尼系数**

（2）物流业高质量发展水平的区域内差异。

根据图 4 - 3 可知，2004～2012 年东部地区的基尼系数基本呈下降态势，2012～2019 年快速上升，由 2012 年的 0.167 上升至 2019 年的 0.217，说明这一时期东部区域物流业高质量发展水平的差距在扩大。中部地区各省份物流业发展相对平衡，基尼系数始终最小，均值为 0.071。考察期内，西部地区的基尼系数整体呈上升走势，说明西部地区各省份之间的物流业高质量发展水平的差距也在扩大。总体而言，东部地区内的物流业高质量发展不平衡现象最为突出，可能的原因是，近年来上海、浙江、广东等省份物流业发展水平已处于全国绝对领先地位，与东部地区部分位于全国中等水平的省份如海南、山东之间的差距过大，使东部地区内物流业发展出现一定断层，形成较大差异。

（3）物流业高质量发展水平的区域间差异。

图 4 - 3 同时展示了物流业高质量发展水平的区域间差异。从差异演变看，区域间基尼系数均呈上升趋势。特别是东部和中部区域之间，两者的差异由 2004 年的 0.173 增加至 2019 年的 0.299，年均增长率为 3.730%。与 2004 年相比，2019 年东—西部区域间基尼系数的上升幅度为 44.686%，中—西部基尼系数的上升幅度为 8.701%。从差异大小看，东—西部基尼系数最大，折线位置在考察期内始终位于东—中部、中—西部地区之上。中—西部基尼系数最小，折线位置在考察期内始终位于东—中部、东—西部地区之下。总体来说，中国物流业高质量发展的区域不平衡现象依然突出，东部地区物流业的发展优势不断增强。

（4）物流业高质量发展水平的差异来源。

物流业高质量发展水平的差异来源及其贡献率如表 4 - 3 所示。从差异来源的演变看，与 2004 年相比，2019 年区域内和超变密度的贡献率有所下降，分别为 24.480% 和 6.188%，区域间贡献率则上升至 69.333%。从差异贡献的大小看，区域间差异是总体差异的主要来源，贡献率介于 63.137% ~ 71.234%，平均贡献率为 68.267%；相比区域间差异，区域内差异对总体差异的贡献率较小，变动区间介于 23.822% ~ 27.268%，平均贡献率为 25.120%；超变密度对总体差异的贡献率最小，平均贡献率为 6.613%，不足 10%。因此，要解决中国物流业高质量发展的区域不平衡问题，需要着重从缩小区域间差异的角度出发。

表 4 - 3　　2004 ~ 2019 年物流业高质量发展水平的差异来源及其贡献率

| 年份 | 区域内 $G_w$ | | 区域间 $G_{nb}$ | | 超变密度 $G_t$ | |
|---|---|---|---|---|---|---|
| | 来源 | 贡献率（%） | 来源 | 贡献率（%） | 来源 | 贡献率（%） |
| 2004 | 0.046 | 27.246 | 0.106 | 63.137 | 0.016 | 9.618 |
| 2005 | 0.048 | 27.179 | 0.113 | 64.473 | 0.015 | 8.348 |
| 2006 | 0.047 | 27.268 | 0.111 | 64.230 | 0.015 | 8.502 |
| 2007 | 0.046 | 26.495 | 0.112 | 64.628 | 0.015 | 8.877 |
| 2008 | 0.048 | 25.477 | 0.127 | 67.033 | 0.014 | 7.490 |
| 2009 | 0.045 | 24.042 | 0.129 | 69.728 | 0.012 | 6.230 |

续表

| 年份 | 区域内 $G_w$ | | 区域间 $G_{nb}$ | | 超变密度 $G_t$ | |
| | 来源 | 贡献率（%） | 来源 | 贡献率（%） | 来源 | 贡献率（%） |
|---|---|---|---|---|---|---|
| 2010 | 0.048 | 24.106 | 0.139 | 70.491 | 0.011 | 5.403 |
| 2011 | 0.047 | 24.120 | 0.136 | 70.347 | 0.011 | 5.533 |
| 2012 | 0.045 | 23.822 | 0.134 | 71.234 | 0.009 | 4.944 |
| 2013 | 0.046 | 24.136 | 0.134 | 70.494 | 0.010 | 5.370 |
| 2014 | 0.050 | 24.895 | 0.139 | 69.084 | 0.012 | 6.021 |
| 2015 | 0.051 | 24.334 | 0.147 | 69.931 | 0.012 | 5.735 |
| 2016 | 0.055 | 24.229 | 0.160 | 70.376 | 0.012 | 5.396 |
| 2017 | 0.058 | 24.788 | 0.162 | 69.391 | 0.014 | 5.821 |
| 2018 | 0.060 | 25.311 | 0.161 | 68.356 | 0.015 | 6.333 |
| 2019 | 0.059 | 24.480 | 0.168 | 69.333 | 0.015 | 6.188 |
| 平均值 | 0.050 | 25.120 | 0.136 | 68.267 | 0.013 | 6.613 |

### 4.3.1.3 物流业高质量发展水平的空间相关性

表 4-4 汇报了在地理距离空间权重下，2004～2019 年物流业高质量发展水平的全局 Moran's I 指数。由表 4-4 可知，物流业高质量发展水平的全局 Moran's I 指数最大值为 2009 年的 0.129，最小值为 2004 年的 0.094，均为正数且在 1% 的水平上显著，表明物流业高质量发展水平在空间分布上存在显著的正相关关系。全局 Moran's I 指数值总体呈上升趋势，说明物流业高质量发展水平的空间正相关的效果有所增强。

表 4-4　　2004～2019 年中国物流业高质量发展水平的全局 Moran's I 指数

| 年份 | Moran's I | Z 值 | P 值 | 年份 | Moran's I | Z 值 | P 值 |
|---|---|---|---|---|---|---|---|
| 2004 | 0.094 | 4.060 | 0.000 | 2012 | 0.125 | 4.840 | 0.000 |
| 2005 | 0.108 | 4.453 | 0.000 | 2013 | 0.111 | 4.545 | 0.000 |
| 2006 | 0.100 | 4.216 | 0.000 | 2014 | 0.117 | 4.695 | 0.000 |
| 2007 | 0.115 | 4.604 | 0.000 | 2015 | 0.117 | 4.680 | 0.000 |
| 2008 | 0.123 | 4.781 | 0.000 | 2016 | 0.112 | 4.598 | 0.000 |
| 2009 | 0.129 | 4.944 | 0.000 | 2017 | 0.115 | 4.659 | 0.000 |
| 2010 | 0.122 | 4.810 | 0.000 | 2018 | 0.108 | 4.457 | 0.000 |
| 2011 | 0.121 | 4.787 | 0.000 | 2019 | 0.122 | 4.717 | 0.000 |

为了揭示物流业高质量发展水平的局部空间关联模式，绘制 2004 年、2009 年、2014 年和 2019 年物流业高质量发展水平的局部 Moran's I 散点图，如图 4 - 4 所示。以 0 值为轴将散点图划分为 4 个象限，第一、第三象限分别属于 High-High 集聚区域和 Low-Low 集聚区域，表明空间正相关，第二、第四象限属于 Low-High 集聚区域和 High-Low 集聚区域，表明省份之间空间负相关。由图 4 - 4 可知，大部分省份属于和 High-High 型集聚和 Low-Low 型集聚，即物流业高质量发展水平高（低）的省份被水平高（低）的省份包围。2004 年、2009 年、2014 年和 2019 年位于第一、第三象限的省份数量分别为 25 个、21 个、24 个和 22 个，位于第二、第四象限的省份数量分别为 5 个、9 个、6 个和 8 个。其中，High-High 集聚模式主要表现在东部地区，如北京、天津、河北、上海、福建等 5 个省份始终属于 High-High 集聚型，说明这些省份和周边省份物流业高质量发

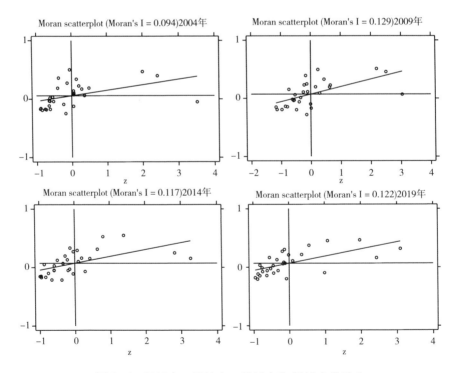

图 4 - 4   2004 年、2009 年、2014 年和 2019 年物流业
高质量发展水平的局部 Moran's I 散点图

展水平均较高。而 Low-Low 集聚模式主要表现在西部地区，如重庆、贵州、四川、云南等 10 个省份始终处于 Low-Low 水平集聚，自身及周边省份物流业高质量发展水平均较低，既无法发挥对周边省份的辐射带动作用，也不能从周边省份受益。山东长期属于 Low-High 集聚型，其周边省份物流业高质量发展水平较高，但扩散效应未能带动其发展水平的提高。广东物流业高质量发展水平位于全国前列，与周边省份如广西、江西、湖南物流业发展水平的差异较大，导致广东长期处于 High-Low 水平集聚。另外，考察期内大部分省份所落象限并未发生跃迁，说明物流业高质量发展水平的空间集聚特征具有较高的稳定性。

### 4.3.1.4  物流业由高速增长向高质量发展的转换特征

借鉴余泳泽等[32]的做法，本书利用物流业高质量发展水平与物流业增加值增速两个指标探讨物流业由高速增长向高质量发展的转换特征。本书将考察期划分为 2004 ～ 2012 年和 2013 ～ 2019 年两个阶段。2013 年之前物流业处于快速增长时期，物流业增加值增速在 4% 左右；2013 年以后，中国物流业开始追求高质量发展，增速持续放缓，2016 ～ 2019 年物流业增加值增速已不足 1%。根据 2004 ～ 2019 年各省份的具体数值特征，本书将物流业高质量发展水平的临界值设定为 0.20，物流业增加值增速的临界值设定为 4%。根据两个指标的临界值将散点图分为四个象限，分别表示高增速—高质量、低增速—高质量、低增速—低质量和高增速—低质量，如图 4 - 5 所示。

根据图 4 - 5，2004 ～ 2012 年大多数省份主要分布在第三象限和第四象限。具体而言，位于第一、第二、第四象限的样本数量分别为 22 个、36 个、96 个，表明该时期追求物流业高速增长的省份（第一象限和第四象限）占比为 43.704%，追求物流业高质量发展的省份（第一象限和第二象限）占比仅为 21.481%。第三象限涉及 116 个样本数量，占比为 42.963%，说明相当部分省份在追求物流业发展质量与速度的过程中均不容乐观。2013 ～ 2019 年大多数省份主要分布在第二象限和第三象限，第一象限最少。与 2004 ～ 2012 年相比，第二象限即低增速—高质量的省

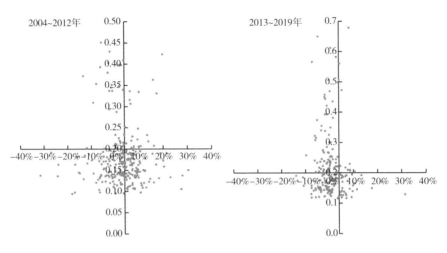

**图 4 – 5　物流业高速增长与高质量增长的空间特征**

份占比由 13.333% 上升为 38.571%，第三象限即低增速—低质量的省份占比由 42.963% 下降至 40.476%，幅度并不明显，第四象限即高增速低质量的省份占比由 35.556% 降低至 15.238%。该时期追求物流业高速增长的省份占比仅为 20.952%，追求物流业高质量发展的省份占比高达44.286%，这一分布特征与 2004～2012 年呈相反趋势。上述现象说明，在物流业发展过程中，政府逐步由追求数量规模扩张转向追求高质量发展，更注重物流业发展的"质"。值得注意的两个方面：一是，2013～2019 年高增速—高质量的省份占比下降，因此物流业高质量发展不是完全摒弃"量"，而是使数量与质量同步提升；二是，2013～2019 年低增速—低质量的省份占比仍超过 1/3，下降幅度并不明显，未来需要重点关注这些省份物流业的发展，至少使其物流业在某一方面得到提升。

### 4.3.2　分维度水平测度结果与分析

#### 4.3.2.1　时间变化趋势

图 4 – 6 刻画了 2004～2019 年全国物流业高质量发展水平四大维度的变化特征。考察期内，产出规模维度得分从 0.060 提升至 0.222，年均增

长率为 9.907%，说明中国物流业在规模方面发展迅速。运行质量维度得分由 2004 年的 0.277 下降至 0.242，年均增长率为 − 0.898%，导致物流业运行质量表现不佳的主要原因在于劳动生产率和资本生产率下降，而且运输结构也没有得到明显优化。虽然社会贡献维度得分在 2009 年和 2012 年略有下降，但整体呈现上升趋势，说明物流业实现自身发展的同时，也带动了农业和制造业的发展，为社会提供了就业岗位和税收贡献。绿色发展维度得分总体呈下降态势，由 2004 年的 0.777 下降至 2019 年的 0.475，年均增长率为 − 3.235%，说明当前中国物流业规模的快速增加仍以能源消耗和环境污染作为代价。总体而言，中国物流业高质量发展过程中，产出规模和社会贡献得到较快增长，运行质量和绿色发展表现欠佳。

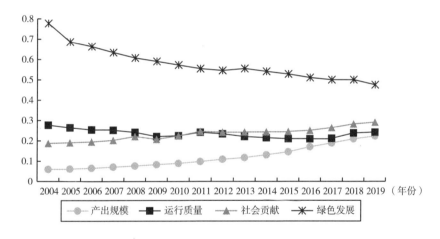

图 4 − 6　2004 ~ 2019 年物流业高质量发展分维度水平的变动趋势

### 4.3.2.2　空间分布特征

表 4 − 5 汇报了 2004 ~ 2019 年各省份物流业高质量发展四大维度平均得分及排名。产出规模维度的空间分布特征为东部 > 中部 > 西部。其中，上海得分最高，为 0.309；黑龙江得分最低，为 0.050。东部地区在物流业规模方面表现最佳，这主要得益于雄厚的经济基础和完善的交通运输网络。经济越发达的地区，自身生产活动、货物流通、居民消费越频繁，

与周边地区贸易往来越密切，从而催生出更多物流需求，而完善的运输网络保障了物流需求得以满足。2019 年，浙江和广东的人均快递业务量分别是青海的 69 倍和 12 倍。黑龙江排名靠后的原因在于人均货运量、人均物流业增加值和物流业贡献率排名居全国倒数第二位。10 个省份（标＊）物流业产出规模水平的得分排名低于物流业高质量发展综合水平的得分排名，其中 6 个属于东部地区。进一步分析发现，除河北省外，其他 5 个省份物流业增加值占 GDP 比重较小，在全国排名较为靠后。2019 年，北京物流业增加值占 GDP 比重仅高于黑龙江。这也说明东部地区部分省份物流业对国民经济的贡献有待提升。

表 4 – 5　　2004～2019 年中国各省份物流业高质量发展四大维度平均得分及排名

| 省份 | 产出规模维度 | | 运行质量维度 | | 社会贡献维度 | | 绿色发展维度 | |
|---|---|---|---|---|---|---|---|---|
| | 得分 | 排名 | 得分 | 排名 | 得分 | 排名 | 得分 | 排名 |
| 上海 | 0.309 | 1 | 0.592 | 1 | 0.602 | 2 * | 0.308 | 29 * |
| 北京 | 0.241 | 3 * | 0.352 | 3 * | 0.699 | 1 # | 0.498 | 21 * |
| 天津 | 0.187 | 5 * | 0.480 | 2 # | 0.334 | 3 | 0.771 | 4 * |
| 浙江 | 0.256 | 2 # | 0.288 | 7 * | 0.223 | 10 * | 0.664 | 8 * |
| 江苏 | 0.153 | 7 * | 0.314 | 4 # | 0.243 | 7 * | 0.736 | 5 |
| 内蒙古 | 0.179 | 6 | 0.221 | 13 * | 0.277 | 6 | 0.593 | 16 * |
| 广东 | 0.188 | 4 # | 0.264 | 8 * | 0.208 | 13 * | 0.581 | 18 * |
| 福建 | 0.148 | 8 | 0.294 | 6 # | 0.189 | 18 * | 0.714 | 6 # |
| 河北 | 0.118 | 11 * | 0.297 | 5 # | 0.182 | 19 * | 0.870 | 1 # |
| 辽宁 | 0.108 | 12 * | 0.255 | 9 * | 0.233 | 8 # | 0.392 | 25 * |
| 河南 | 0.123 | 10 # | 0.220 | 14 * | 0.317 | 4 # | 0.784 | 3 # |
| 山西 | 0.106 | 14 * | 0.226 | 12 | 0.225 | 9 # | 0.610 | 14 * |
| 安徽 | 0.128 | 9 # | 0.236 | 11 # | 0.159 | 26 * | 0.795 | 2 # |
| 海南 | 0.074 | 21 * | 0.211 | 15 * | 0.197 | 17 * | 0.317 | 28 * |
| 山东 | 0.105 | 15 | 0.247 | 10 # | 0.214 | 11 # | 0.660 | 9 # |
| 重庆 | 0.108 | 13 # | 0.205 | 17 * | 0.171 | 23 * | 0.608 | 15 # |

续表

| 省份 | 产出规模维度 | | 运行质量维度 | | 社会贡献维度 | | 绿色发展维度 | |
|---|---|---|---|---|---|---|---|---|
| | 得分 | 排名 | 得分 | 排名 | 得分 | 排名 | 得分 | 排名 |
| 湖北 | 0.102 | 16# | 0.207 | 16# | 0.181 | 20* | 0.575 | 19* |
| 湖南 | 0.085 | 19* | 0.183 | 21* | 0.288 | 5# | 0.650 | 10# |
| 陕西 | 0.098 | 17# | 0.178 | 22* | 0.197 | 16# | 0.636 | 12# |
| 吉林 | 0.071 | 22* | 0.186 | 19# | 0.208 | 14# | 0.650 | 11# |
| 江西 | 0.085 | 18# | 0.184 | 20# | 0.175 | 22* | 0.707 | 7# |
| 宁夏 | 0.084 | 20# | 0.202 | 18# | 0.120 | 30* | 0.618 | 13# |
| 新疆 | 0.070 | 23 | 0.166 | 24* | 0.154 | 27* | 0.282 | 30* |
| 黑龙江 | 0.050 | 30* | 0.161 | 25* | 0.210 | 12# | 0.333 | 27* |
| 青海 | 0.070 | 24# | 0.127 | 29* | 0.203 | 15# | 0.474 | 24# |
| 广西 | 0.067 | 25# | 0.158 | 26 | 0.168 | 25# | 0.489 | 22# |
| 甘肃 | 0.065 | 26# | 0.177 | 23# | 0.142 | 28# | 0.590 | 17# |
| 四川 | 0.061 | 27# | 0.138 | 28 | 0.168 | 24# | 0.543 | 20# |
| 贵州 | 0.057 | 29 | 0.148 | 27# | 0.137 | 29 | 0.483 | 23# |
| 云南 | 0.058 | 28# | 0.114 | 30 | 0.175 | 21# | 0.385 | 26# |
| 东部 | 0.172 | 1 | 0.327 | 1 | 0.302 | 1 | 0.592 | 2* |
| 中部 | 0.094 | 2 | 0.200 | 2 | 0.220 | 2 | 0.638 | 1# |
| 西部 | 0.083 | 3 | 0.167 | 3 | 0.174 | 3 | 0.518 | 3 |

注：#和 * 分别表示物流业高质量发展的有利因素和薄弱环节。

运行质量维度呈现东部 > 中部 > 西部的分布特征。其中，上海得分最高，为 0.592；云南得分最低，为 0.114。东部地区物流业生产率普遍较高，西部地区物流业 TFP 偏低、运输结构不合理问题突出。2019年，上海的劳动生产率、资本生产率、土地生产率分别是云南的 1.670倍、7.179 倍和 25.001 倍；上海公路货运周转量占总货运周转量的比重不足 3%，宁夏则超过 67%；青海物流业供给与需求的差距是辽宁的115 倍。12 个省份（标 *）物流业运行质量的得分排名低于物流业高质量发展综合水平的得分排名，但是每个省份的制约因素存在差异。

比如，北京、浙江、广东和重庆的突出问题是资本生产率较低；海南、黑龙江、新疆和内蒙古则是土地生产率偏低，而且海南物流供需差距较大；河南、湖南和陕西的短板在于物流业 TFP 和运输结构在全国排名靠后。

社会贡献维度的空间分布规律为东部 > 中部 > 西部。其中，北京得分最高，为 0.699；宁夏得分最低，为 0.120。东部地区内部差异显著，北京得分是河北得分的 3.841 倍。2019 年，北京制造业生产率、产业高级化和物流业税收收入占比分别是河北的 3.711 倍、3.869 倍和 5.028 倍。中部地区表现不佳的主要原因在于制造业生产效率偏低，在税收贡献和吸纳就业方面不如西部地区。西部地区在产业支撑方面表现不佳，各项指标在全国排名靠后。14 个省份（标 * ）物流业社会贡献水平的得分排名低于物流业高质量发展综合水平的得分排名，其中一半省份来自东部地区。上海和海南的突出问题分别是产业高级化和制造业生产率指标偏低。浙江、江苏、广东、河北和福建等 5 个省份在吸纳就业方面表现较差，说明虽然东部地区物流业相对发达，但就业吸纳能力有待提升。湖北、江西和安徽物流业就业人数占比偏低。另外，江西的制造业生产效率也偏低，是物流业高质量发展的制约因素。

绿色发展维度的空间分布表现出中部 > 东部 > 西部的特点。其中，河北得分最高，为 0.870；新疆得分最低，为 0.282。西部地区物流业人才相对匮乏，技术创新能力不足，导致物流业发展方式粗放，只能依靠大规模资源投入促进物流业发展。因此，物流业能源消耗强度高，碳排放量也相对较大。2019 年，西部地区平均物流业能源消耗强度分别是东部和中部的 1.196 倍和 1.186 倍，碳排放强度分别是东部和中部的 1.160 倍和 1.198 倍。虽然东部地区技术水平更为先进，也更可能采用清洁生产技术降低能源消耗，但是部分省市交通拥堵现象不容忽视。比如，百度地图发布的《2020 年度中国城市交通报告》显示，北京和上海的拥堵指数在全国分别居第三位和第五位。交通拥堵无疑会增加物流运输环节不必要的能源消耗和碳排放。

## 4.4　双向 FDI 影响物流业高质量发展的逻辑框架

前文介绍了中国物流业双向 FDI 和高质量发展水平的现实情况。由此可知，中国物流业双向 FDI 已经逐步进入"快车道"，物流业高质量发展水平呈现逐年上升的态势。因此，从发展趋势看，双向 FDI 与物流业高质量发展之间存在正相关关系。那么，双向 FDI 是否有效提升了物流业高质量发展水平呢？另外，在时间和空间维度上，中国物流业高质量发展水平存在较大差异，双向 FDI 也具有较大的不平衡性，这是否会导致双向 FDI 对物流业高质量发展的影响随时间和地理位置的变动而有所变化？与此同时，双向 FDI 具有明显的技术外溢性，物流业高质量发展水平也存在显著的空间自相关，本地区物流业双向 FDI 和高质量发展水平变化是否会引起周边地区物流业高质量发展水平的变化？这些问题需要进一步的理论分析和实证检验后才能得到科学的定论。接下来，本书将从三个方面对双向 FDI 与物流业高质量发展之间的关系进行全面系统的考察。双向 FDI 与物流业高质量发展关系的逻辑框架如图 4 - 7 所示。

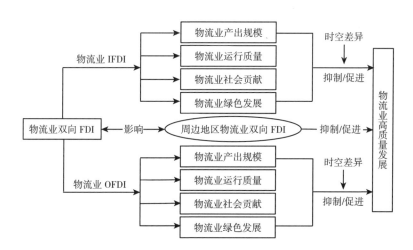

**图 4 - 7　双向 FDI 与物流业高质量发展关系的逻辑框架**

# 4.5   本章小结

本章依据第 2 章界定的物流业高质量发展的内涵及其构成,从产出规模、运行质量、社会贡献和绿色发展四个维度构建评价指标体系,运用改进熵权法测度了 2004～2019 年中国 30 个省份的物流业高质量发展水平和分维度水平。在此基础上,利用 Dagum 基尼系数和 ESDA 方法揭示物流业高质量发展水平的区域差异和空间自相关性特征,进一步剖析物流业由高速增长向高质量发展的转换特征。本章的主要结论如下所述。

(1) 从全国层面看,2004～2019 年中国物流业高质量发展水平整体上升趋势明显,平均值为 0.197,年均增长率为 2.397%。从省份层面看,除吉林省外,其他 29 个省份的物流业高质量发展水平均实现了不同程度增长。从区域层面看,三大区域物流业高质量发展水平均表现出波动上升趋势,东部物流业高质量发展水平及其增速高于中西部地区。

(2) 物流业高质量发展水平的总体基尼系数、区域内以及区域间基尼系数均呈现波动中上升趋势,表明中国区域内和区域间物流业高质量发展水平的差距随时间推移而扩大。与中西部地区相比,东部地区物流业高质量发展水平的非平衡现象更为突出。区域间差异是总体差异的主要来源,贡献率介于 63.137%～71.234%。

(3) 从全局自相关看,物流业高质量发展水平存在显著的全局空间正相关,且这种相关性随时间推移有所强化。从局部自相关看,表现出以 High-High 型集聚和 Low-Low 型集聚为主的正向空间集聚特征。High-High 集聚模式主要表现在北京、天津、河北、上海等东部地区,这些省份物流业高质量发展水平较高且向周边省份辐射,Low-Low 集聚模式主要表现在重庆、贵州、四川、云南等西部地区,自身及周边省份物流业高质量发展水平均较低。

(4) 2004～2012 年,中国大部分省份追求物流业高速增长,对物流业质量重视不足,追求物流业高质量发展的省份占比仅为 21.481%;

2013～2019 年，追求物流业高质量发展的省份占比高达 44.286%，物流业发展逐步由以数量为主导转向以质量为主导。然而，中国仍有超过 1/3 的省份物流业高速增长与高质量发展均较弱，需要得到重点关注，加快实现数量与质量的同步提高。

（5）从四大维度看，时间上，产出规模和社会贡献维度呈波动中上升趋势，而运行质量和绿色发展维度呈波动中下降趋势；空间上，产出规模、运行质量和社会贡献维度呈现"东高西低"的空间分布特征，而绿色发展维度则呈现中部 > 东部 > 西部的特点。

# 第 5 章　双向 FDI 对物流业高质量发展的总体效应

城市化的持续推进、电子商务的异军突起以及互联网、大数据和人工智能的研发应用使中国物流业发展迅速[205]。随着生产要素价格上涨和资源环境约束加强，近年来，物流业以要素低成本打造的竞争优势不再。根据第 4 章可知，中国仍有 1/3 的省份在物流业发展质量和数量两方面均表现不佳。中国物流业总体发展水平与建设现代化"物流强国"存在一定差距。为了提高物流业的效率，减少物流活动对环境的负面影响，发挥推动经济高质量发展的重要支撑作用，推动物流业高质量发展的任务迫切而艰巨。作为国际资本流动的主要形式和技术溢出的重要载体，IFDI 和 OFDI 在经济高质量发展过程中所扮演的角色问题，已经受到学术界的关注。然而，由于研究视角和样本数据不同，目前学术界并未得到一致结论。根据第 3 章相关数据的可视化分析得知，2004 ~ 2020 年中国物流业双向 FDI 整体呈现增长态势。那么，快速增长的双向 FDI① 是否真的能够推动物流业高质量发展？如果答案是肯定的，IFDI 和 OFDI 哪种途径所起的作用更大？

由于物流业高质量发展水平是一个整体指标，无法反映较多内容，因此，片面研究双向 FDI 对物流业高质量发展综合水平的影响难以揭示双向 FDI 对物流业高质量发展的具体作用机制。物流业高质量发展评价

---

① 这里的双向 FDI 指的是物流业双向 FDI，为了避免重复，把物流业双向 FDI 简述为双向 FDI。下文同。

指标体系由四个维度组成，如果要对双向 FDI 对物流业高质量发展的影响有更系统更深入的了解，还需要进一步从物流业高质量发展的不同维度加以考量，进行实证检验。

基于此，本章首先从理论层面阐述双向 FDI 及其两者互动影响物流业高质量发展的内在机理，进而利用 2006～2015 年中国 27 个省份的面板数据，将物流业 IFDI、OFDI 和双向 FDI 交互项同时纳入分析框架，实证检验双向 FDI 对物流业高质量发展综合水平的影响。为剖析双向 FDI 影响物流业高质量发展的作用机制，本章进一步从分维度层面考察双向 FDI 对物流业高质量发展的影响，以弥补物流业高质量发展综合水平研究的不足。本章旨在从行业视角拓宽双向 FDI 对经济高质量发展影响的研究，使相应研究结果的政策含义更加明确。

## 5.1　理论分析与研究假设

本书研究双向 FDI 对物流业高质量发展的影响，旨在依据物流业发展的实际需求，更合理地引进外资，推动物流业"走出去"。因此，本章不局限于聚焦在影响的结果上，也需要在对双向 FDI 与物流业高质量发展之间的关系进行全面实证检验之前，厘清双向 FDI 影响物流业高质量发展的内在机理，并提出研究假设，为后续实证检验奠定坚实的理论基础。鉴于物流业高质量发展指标体系由产出规模、运行质量、社会贡献和绿色发展组成，本章从这四个维度探讨双向 FDI 影响物流业高质量发展的内在机理。

### 5.1.1　IFDI 影响物流业高质量发展的内在机理

#### 5.1.1.1　IFDI 对物流业产出规模的影响

新古典生产函数表示为 $Y = F(K, L)$。其中，$Y$、$K$ 和 $L$ 分别表示产出、资本和劳动力，这意味着在技术水平不变的情况下，经济产出受到资本和劳动力的影响。作为国际资本流动的主要方式，IFDI 首先影响东道国的资本形成，进而对东道国的经济产出产生作用。因此，本节分析 IFDI 对物流业产出规模的作用机理是从 IFDI 资本形成效应的角度出发。然而，IFDI 对东道国资本的形成似乎是一把"双刃剑"。现有文献把 IFDI 对国内投资的正向影响和负向影响分别称为"挤入效应"和"挤出效应"。

现有文献对 IFDI 挤入或挤出东道国国内投资尚未得到一致的研究结论。比如，艾波吉斯（Apergis）等[206]、任丽君和李红芹[207]、昂（Ang）[208]的研究结果表明，IFDI 与东道国国内投资之间存在互补关系，IFDI 表现为挤入效应。也有部分研究指出，IFDI 挤占了东道国国内投资。詹森（Jansen）认为，当本土企业与外资企业之间因为使用国内稀缺资源（例如熟练劳动者）展开竞争时，IFDI 可能会挤占国内投资[209]。李艳丽研究了不同来源国的 IFDI 对中国国内投资的影响，结果显示 IFDI 整体上挤出了国内投资[210]。莫里西（Morrissey）和乌多姆克德蒙科尔（Udomkerdmongkol）对 IFDI 与国内投资的关系进行调查，结果表明 IFDI 挤占了国内投资，特别是在治理薄弱的国家[211]。除此之外，还有一些不同的研究结论。王（Wang）的研究结果显示，尽管 IFDI 挤出了国内投资，然而这种不利影响在四年后逐渐消失[212]。萨拉姆（Saglam）和雅尔塔（Yalta）研究发现，IFDI 与国内投资之间不存在显著的关系[213]。段文斌和余泳泽通过数理推导和门槛回归模型验证出 IFDI 对国内投资的挤入挤出效应存在"门槛特征"[214]。沙阿（Shah）等以巴基斯坦作为考察对象，研究结果表明，在制造业和服务业中，IFDI 挤占了国内投资，而在初级部门，IFDI 对国内投资的影响并不显著[215]。

本章从挤入和挤出两方面分析物流业 IFDI 资本形成效应的内在机理，具体如图 5 - 1 所示。

IFDI 对国内物流业投资产生挤入效应主要有三个方面的原因：第一，弥补资金缺口。中国物流业发展初期，企业缺乏资金。特别是传统储运企业转变为第三方物流企业需要资金的持续投入，否则企业发展将受限。IFDI 的流入一定程度上解决了资金不足问题，促进企业服务能力提升，

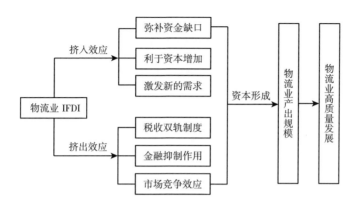

**图 5 – 1　IFDI 影响物流业产出规模的内在机理**

从而有助于扩大行业规模，增加就业，更为企业研发投入提供资金来源。第二，利于国内资本增加。IFDI 的流入有利于增加国内资本总存量。跨国物流企业以独资方式进入中国，直接促进资本形成，引发东道国企业扩大投资。虽然跨国并购的投资方式没有直接增加资本，但也盘活部分资产，提高资本利用率，有利于增加国内资本[216]。作为基本的生产要素，资本的形成能够使东道国物流企业提供更多服务，创造更多利润，进而进行再投资以扩大规模。外资企业可能因为自身规模的扩大而追加投资，也可能把经营所得利润在东道国进行再投资，从而扩大投资规模，加速资本形成。资本的形成和增加，意味着能够为物流业再生产提供物质资料，进而再扩大规模，循环往复。第三，激发新的需求。首先，跨国物流企业在中国搭建物流网络，布局服务网点，使物流业的服务范围得以扩展，服务密度得以增加[217]，更多物流需求得到满足；其次，跨国物流企业的进入带来了新的服务方式，在与本土物流企业合作竞争的过程中，中国物流业分工逐步得到细化，产品种类增多，更多消费潜力被激发出来，必然使市场规模增加。

　　IFDI 对国内物流业投资的挤出效应主要表现在以下三个方面：第一，内外有别的双轨制度。各地政府为了吸引外资，通常在税收、土地、租金等政策方面给予外资企业"超国民待遇"，无疑加剧了内外资企业之间的不公平竞争，可能造成内资企业被排挤出市场，从而减少投资。第二，金融抑制作用。中国金融机构的体制性倾向较为严重。因此，当 IFDI 与国内企业展开投资竞争时，民营物流企业很可能因为无法获得外部金融支持而丧失投资机会，加剧民营物流企业的融资约束，从而导致它们减少经济活动，本土物流企业市场萎缩[218]。第三，市场竞争效应。IFDI 加剧市场竞争，可能会激发企业投资意愿，但也存在另一种可能性，即规模小和技术水平低的内资企业难以与具备更好融资和最新技术能力的外资企业进行竞争，导致国内投资的市场空间被压缩。

### 5.1.1.2    IFDI 对物流业运行质量的影响

2010 年以后中国物流业增速明显放缓，如果不提高质量，则物流主体难以从传统业务中获得较大利润。科技创新是高质量发展的第一动力，要提高物流业质量，必须依靠技术，以先进技术作为依托提高服务效率，变革服务模式，优化产业结构[48]。因此，本节分析 IFDI 对物流业运行质量的作用机理是从 IFDI 的技术溢出效应的角度出发。IFDI 的技术溢出效应主要包括产业内的水平溢出效应和产业间的垂直溢出效应[219]。IFDI 对物流业运行质量的影响主要通过产业内的水平技术溢出效应实现，包括以下三种途径。

第一，示范—模仿效应。"示范—模仿效应"是指在创新能力、技术水平、投资经验、管理水平等具有比较优势的外资企业进入东道国，对东道国企业起到示范作用。IFDI 的流入无疑拉近了跨国企业与本土企业的空间距离，跨国企业为东道国带来了新技术、新知识、先进的管理经验，通过与东道国企业的竞争和合作，为东道国企业接触新技术，汲取先进管理经验提供渠道。东道国企业通过学习和模仿外资企业以提升技术水平、生产效率和管理技能，进而为消费者提供更优质的服务。然而，IFDI 技术溢出效应提升东道国技术水平的正向影响存在制约因素，比如，如果东道国自身吸收能力不足，可能也无法从中受益[220]。

第二，市场竞争效应。"市场竞争效应"是指外资企业使东道国同行业企业面临更激烈的市场竞争和更大的竞争压力。IFDI 的市场竞争效应对东道国经济同时具有正向影响和负向影响。正向影响的作用机理是，跨国企业对东道国同行业企业经营形成竞争，为了能在竞争中不被淘汰，本土企业不得不提升技术创新能力，改善管理流程，更加合理地利用资源，在降低"X 非效率"的同时可以提高服务质量。就负面影响而言，拥有技术优势的跨国企业进入东道国后，迅速占领市场，当本土企业特别是中小企业生产率普遍处于劣势时，可能会在长期的竞争中被挤压市场份额，从而增加其平均成本，不利于生产率提升。

第三，人员培训效应。"人员培训效应"强调劳动力在 IFDI 技术溢出过程中的重要传播作用。跨国企业进入东道国，需要具备一定技术能力的劳动者操作其先进的设施设备，也需要高素质管理人员协助管理企业的日常运营。跨国企业自身从母国带来的劳动力有限，因此需要使用当地的劳动者。当本土劳动者难以与跨国企业先进设备和管理制度相匹配时，跨国企业就必须对当地原有的劳动人员进行培训以满足企业各层次要求。当这些经过教育和培训的劳动力掌握跨国公司的某种技能，通过劳动力流动把跨国企业先进技术和管理经验转移到本土企业，从而推动本土企业技术进步和效率改善，有助于提高物流效率和客户满意度。

### 5.1.1.3　IFDI 对物流业社会贡献的影响

物流业的社会贡献体现在产业支撑和改善民生两个方面。因此，本节从这两个方面分析 IFDI 对物流业社会贡献的影响。图 5 - 2 刻画了 IFDI 产业支撑效应的内在机理，图 5 - 3 则刻画了 IFDI 影响物流业社会贡献的内在机理。

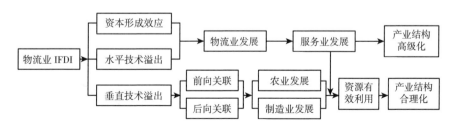

**图 5 - 2　IFDI 产业支撑效应的内在机理**

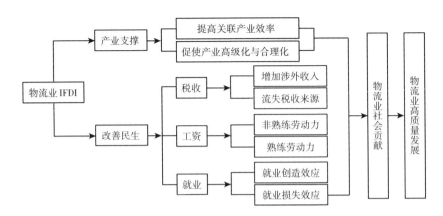

**图 5 – 3　IFDI 影响物流业社会贡献的内在机理**

（1）产业支撑。

其一，物流业 IFDI 对服务业的影响。物流业是服务业的重要组成部分，IFDI 通过引起物流业发展的变化而对服务业产生影响。第一，IFDI 通过资本形成效应和技术溢出效应，扩大了物流业产出规模，提高了物流效率，必然推动服务业产出总量增加和技术含量提升，有助于增加服务业在国内生产总值中的比重。第二，物流业发展可以衍生出新兴业态，比如物流金融、物流咨询、冷链物流等，这些会成为服务业新的增长点，也推动传统物流业向现代物流业转变。第三，货物的流动必然伴随着信息、资金和人员流动，物流业与服务业中的其他行业，如金融业、信息业、商务服务业等关联性强，物流业发展也可以带动这些产业的发展。需要指出，这种分析的前提是 IFDI 促进物流业发展。反之，如果 IFDI 进入中国物流业后，通过"市场攫取效应"挤压本土物流企业市场份额，导致其生产成本上升，生产效率下降，不利于本土物流业发展，进而也会给服务业带来不良影响。

其二，物流业 IFDI 对农业和制造业的影响。物流业 IFDI 对农业和制造业等其他产业的影响主要通过 IFDI 的垂直溢出效应实现。根据跨国企业所关联企业在生产链中所处的位置，垂直溢出效应分为前向关联效应和后向关联效应。

第一，前向关联效应。物流服务作为一种中间投入，前向关联效应是指跨国物流企业向生产链下游企业提供物流服务而产生的溢出效应。首先，与本土企业相比，跨国物流企业在技术能力和管理水平方面具有优势，能够为下游关联企业提供更优质的服务，下游企业利用高质量的物流服务可以提高生产效率，降低生产成本。陈明和魏作磊研究了细分生产性服务行业对外开放与制造业生产率之间的影响，结果表明物流业开放对制造业生产率的促进作用最强[221]。马里奥蒂（Mariotti）等对进入意大利的服务企业进行了调查，结果显示跨国服务企业对当地供应商和客户具有积极的溢出效应[222]。其次，物流业 IFDI 能够提高关联企业的创新能力。下游关联企业利用跨国物流企业的先进技术获得价格优势，从而可以增加研发投入。下游关联企业通过与跨国物流企业的协同合作，比如研发新产品、开拓新市场等，进行知识和技术的交流，也能提升自身的创新能力[223]。沙文兵和汤磊考察了细分生产性服务行业 IFDI 对制造业创新能力的影响，结果显示物流业 IFDI 对制造业创新能力的促进作用仅次于租赁和商务服务业 IFDI[224]。创新能力的提高是提升行业生产率的重要因素[225]。最后，物流服务作为中间产品投入到下游企业的生产中，外资企业高质量的物流服务使生产厂商的产品质量提升，增加了消费者需求，引发更多企业加入该产品的生产中，加剧市场竞争，可能会导致竞争力弱的生产企业被迫退出市场，从而削弱 IFDI 的前向关联效应[226]。

　　第二，后向关联效应。"后向关联效应"是外资企业向当地上游供应商购买原材料和零部件等产生的溢出效应。首先，跨国物流企业的日常运营需要上游供应商提供大量设备，特别是对于重资产物流企业而言，如运输车辆、包装设备、仓储设备等。这些设备的质量、能效、技术含量直接影响到跨国物流企业的工作效率和服务水平。因此，物流业 IFDI 需要上游关联企业相配合。换言之，跨国物流企业为提供优质服务对上游制造商提出了更高要求，倒逼上游制造企业改进技术，改良工艺，优化生产流程，从而提高生产效率。其次，物流业外商投资企业为了获取符合自身需求的产品，可能会在技术支持、管理实践、人员培训等方面给予上游供应企业帮助，使上游供应企业从中受益[227]。最后，物流业

IFDI 的流入不仅会增加同行业市场竞争程度，也会加剧供应商之间的竞争。实力雄厚的外资企业是供应商们相互争夺的客户，为了获取外资企业的青睐，供应商们通过升级工艺流程、加快技术进步以提高产品质量、降低产品成本。

（2）改善民生。

第一，IFDI 对物流业税收的影响。IFDI 对政府税收收入具有正向和负向两种影响。外资企业进入东道国开展经营直接增加了涉外税收收入，还可以通过推动经济发展和提高国民收入间接增加东道国税收收入。但是，各地方政府为了吸引 IFDI 流入，会采取税收减免、现金补贴、低价出租土地等优惠政策，这种政策不可避免地造成税源流失和社会福利损失[228]。

第二，IFDI 对物流业工资的影响。IFDI 对不同类型劳动力工资的影响是不同的。对非熟练劳动力而言，即使外资企业增加了对此类劳动力的需求，但是由于此类劳动力供给弹性较小，导致对他们工资的影响也较小[229]。杨泽文和杨全发分行业研究 IFDI 对中国工资水平的影响，结果表明 IFDI 对物流业工资水平的提升作用并不显著[230]，这可能是因为中国物流业仍属于劳动密集型产业。一个地区熟练劳动力的数量短期供给是稳定的，因此外资企业的进入会和本土企业在吸引高素质劳动力方面展开竞争，为了吸引人才，它们通常会提高工资水平[231]。

第三，IFDI 对物流业就业的影响。首先，IFDI 通过就业创造效应增加就业数量。在市场未饱和的情况下，以绿地投资形式进入的 IFDI 可在短期内直接创造就业机会，以跨国并购方式进入的 IFDI 无法快速提供就业机会，但随着后续的扩大再生产也会增加对劳动力的需求[232]。此外，接受外资企业教育和培训的本土劳动力也可以创办新企业，以便从所获得的知识和专长中获利[233]，进而提供就业机会。其次，IFDI 通过就业损失效应减少就业数量。IFDI 的进入加剧了物流市场的竞争程度，在优胜劣汰机制下，部分处于劣势的国内企业退出市场，导致原有就业数量减少[234]。另外，IFDI 通过技术溢出效应提升本土物流企业的技术水平和生产效率，也可能一定程度上造成就业数量的减少。

### 5.1.1.4　IFDI 对物流业绿色发展的影响

IFDI 与东道国绿色发展关系的研究主要围绕"污染天堂"假说展开，因此可以从 IFDI 与东道国环境污染关系视角剖析 IFDI 对物流业绿色发展的影响[235]。现有文献关于 IFDI 与东道国环境污染之间关系的研究结论主要有两种，第一种观点认为，发展中国家通常以降低环境门槛的做法吸引 IFDI，从而导致发展中国家污染物排放量增加，即"污染天堂"假说。金春雨和王伟强[236]、萨普克塔（Sapkota）和巴斯托拉（Basto-la）[237]、邵（Shao）[238]、阿勒（Aller）等[239]的研究支持"污染天堂"假说。第二种观点认为，外资企业带来的绿色技术不仅降低自身碳排放强度，也通过技术溢出效应带动当地企业进行清洁生产，提升当地企业能源效率[240]，即"污染光环"假说。朱（Zhu）等[241]、王晓岭等[242]、张（Zhang）等[243]的研究支持"污染光环"假说。

需要指出，也有部分文献得到其他研究结论，主要分为以下四种：第一，IFDI 对东道国环境污染的影响具有非线性特征。包群等的实证检验显示，IFDI 对东道国污染物排放的影响呈倒"U"型[244]。刘渝琳等的研究结果表明，IFDI 与工业污染物排放之间呈"N"型关系[245]。第二，IFDI 对东道国环境的影响存在地区异质性。齐绍洲等考察 IFDI 知识溢出对中国能源强度的区域异质性影响，结果显示 IFDI 知识溢出对中国东部、中部和西部能源强度的影响分别为不显著、提高和降低[246]。马哈德万（Mahadevan）和孙（Sun）同样以中国作为研究对象，考察结果发现 IFDI 在东部和西部表现为"污染光环"效应[247]。第三，IFDI 的环境效应受地区吸收能力的影响。汗（Khan）和拉娜（Rana）指出，改善制度质量可以弱化 IFDI 对东道国碳排放的促进作用[248]。郝（Hao）等的研究结果表明，知识产权保护水平上升使 IFDI 进一步促进碳排放增加[249]。第四，IFDI 的环境效应是多方面共同作用的结果。帕齐恩扎（Pazienza）[250]和卡图里亚（Kathuria）[251]把 IFDI 与东道国能源的关系分解为规模、技术与结构效应，IFDI 的环境效应是三种效应叠加的结果。本书借鉴这两位学者的思想，认为 IFDI 对物流业绿色发展的影响是多方面共同作用的结果。

由于结构效应反映 IFDI 流向不同产业而对东道国环境质量的影响,据此,本书主要从规模效应和技术效应两个方面分析 IFDI 对物流业绿色发展的影响。

(1) 规模效应。

规模效应是指 IFDI 通过作用于东道国的经济规模进而对东道国的环境产生影响。一方面,IFDI 通过弥补资金、技术和税收缺口扩大国内物流业的生产规模,增加物流服务产品的产量。如果沿用原来的生产设备和生产技术,就必须增加相应的生产要素投入,意味着消耗更多的自然资源,从而导致污染物排放增加,无疑增加了当地的环境压力。另一方面,IFDI 扩大经济规模进而引致的规模经济可以提高生产效率,降低单位劳动能源消耗,提升碳排放效率,推动物流业绿色发展,有利于东道国生态环境保护。

(2) 技术效应。

技术效应是指 IFDI 通过技术转移和扩散影响东道国环境。一方面,跨国企业的母国通常执行严格的环境标准,因此跨国企业的环保意识和技术水平高于东道国。跨国企业把绿色理念和环境友好型技术向本土企业转移,促进本土企业绿色技术的进步[252]。另外,当 IFDI 带来的生态技术对东道国产生较强的溢出效应时,能够推动当地企业进行清洁生产,减少碳排放强度,提高碳排放效率,发挥正向环境效应。另一方面,地方政府为短期收益降低 IFDI 的进入门槛,导致 IFDI 不必然带来先进绿色技术,也可能是过时和非生态友好的技术,产生技术溢出负效应。而且,在利益的驱使下,跨国企业更关注自身经营和利润,忽视污染治理,不愿进行绿色技术创新。

根据以上分析,IFDI 通过作用于物流业产出规模、运行质量、社会贡献和绿色发展,对物流业高质量发展的影响具有正向和负向两面性。基于此,本书提出研究假设 5 - 1。

H5 - 1:IFDI 影响中国物流业高质量发展。

H5 - 1a:IFDI 对中国物流业高质量发展具有促进效应;

H5 - 1b:IFDI 对中国物流业高质量发展具有抑制效应。

## 5.1.2　OFDI 影响物流业高质量发展的内在机理

### 5.1.2.1　OFDI 对物流业产出规模的影响

与 IFDI 作用机理的分析过程类似，本节从资本形成效应的角度出发分析 OFDI 对物流业产出规模的作用机理。作为国际资本流动的另一重要形式，OFDI 对母国资本形成的影响也受到了学术界的关注。不少文献从理论和实证角度进行分析论证，得到的研究结论可以分为资本挤入和资本挤出两种观点。

第一种观点，如赫策（Herzer）和斯霍滕（Schooten）[253]、辛晴和邵帅[254]认为，OFDI 对国内资本形成挤入效应，两者存在互补关系。母公司通过境外子公司获取廉价的原材料和半成品，满足国内生产，获得超额利润，从而促使国内资本形成。其中，赫策和斯霍滕分析了美国和德国 OFDI 与国内投资的关系，结果显示美国 OFDI 对国内投资具有长期的积极影响，这种互补关系在德国仅在短期内存在，长期内两者表现为替代关系。辛晴和邵帅以中国 15 个省份作为考察对象，分析 OFDI 的资本形成效应，检验结果显示 OFDI 每上升 1%，国内投资就上升 0.64%。第二种观点，如史蒂文斯（Stevens）和利普西（Lipsey）[255]、宋林和谢伟[256]认为，OFDI 对国内资本形成产生挤出效应，两者存在替代关系。他们认为，在国内资本稀缺的情况下，将有限资源投资到国外会降低在国内进行投资的可能性。项本武对中国 OFDI 和国内投资的关系进行了实证分析，结论是中国 OFDI 每增加 1%，国内投资就减少 0.93%[257]。刘海云和聂飞的检验结果显示，劳动密集型制造业 OFDI 的资本挤出效应明显[258]。另外，部分文献认为 OFDI 对国内资本的影响存在区域差异和门槛效应。魏庆广的实证分析表明，中国东部、中部、西部 OFDI 对国内资本的挤入效应系数明显不同，且存在受出口规模影响的门槛效应[259]。李兰的研究结果同样显示，OFDI 的资本挤入效应存在区域差异，东中部地区的挤入效应强于西部[260]。宫汝凯和李洪亚的检验表明，与发展中国家相比，OFDI 与国内投资的互促效应在发达国家更强[261]。

参考大多数文献的做法，本书从资本挤入和资本挤出两个方面分析物流业 OFDI 的资本形成效应。OFDI 资本形成效应的内在机理如图 5 – 4 所示。

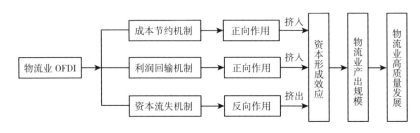

**图 5 – 4　OFDI 影响物流业产出规模的内在机理**

OFDI 对国内投资的挤入效应表现在两个方面：第一，成本节约机制。OFDI 使企业能够在世界范围内寻求资源，有助于企业更容易获取比母国成本更低的中间投入资源。物流业属于服务业，但也需要来自三大产业的中间产品投入。境外投资企业如果能在东道国获取同等质量但价格更低的产品，节约母公司资本，便可以获取超额利润以扩大母公司投资和生产规模。第二，利润回输机制。通过 OFDI 扩大市场，获取利润，再输回母公司以扩大资本。OFDI 特别是市场寻求型 OFDI，更加注重境外市场的寻求，扩大经营规模并获取利润。境外子公司将利润输回母公司，拓展母公司收入来源，刺激母公司加大投资。

OFDI 对母国国内投资的挤出效应主要表现为资本流失机制。一方面，企业开展任何形式的对外直接投资都会造成资本的跨境流出。跨国企业进入东道国的早期，面临高昂的初始投资成本、政治和社会风险，在企业内部资金有限的情况下，OFDI 会减少国内资本，甚至可能抑制国内物流业的供给，也会影响企业的研发资金投入。特别是物流业发展早期，自身面临着资金不足的制约，物流业资本的跨境流失若无法及时通过 IFDI 或其他融资渠道得到补充，可能会造成"钱荒"，从而产生"规模空心化"效应[258]。另一方面，部分准备"走出去"和正在"走出去"的物流企业对自身发展认识不明确，对国外市场把握不够全面，面对在什么国家或地区投资、可能面临的潜在风险、如何应对等方面缺乏全面可操作的战略规划，导致物流企业在国外市场开展业务时困难重重，影响了对外直接投资绩效。境外子公司经营失败不仅不能通过利润回输机制增加母公司资本，可能还会影响母公司正常经营，挤压国内投资。

### 5.1.2.2　OFDI 对物流业运行质量的影响

本节同样从技术溢出效应的角度出发分析 OFDI 对物流业供给质量的作用机理。OFDI 的逆向技术溢出效应比 IFDI 更迂回，包括产业内的水平溢出效应和产业间的垂直溢出效应。OFDI 对物流业供给质量的影响主要通过产业内的水平技术溢出效应实现，包括学习—模仿、市场竞争、人才流动三种途径。

第一，学习—模仿效应。通过 OFDI 在世界范围内进行知识和技术搜索，使企业更容易获得学习机会。物流业对外直接投资，特别是当投资目的地为发达国家时，境外子公司通过与利益相关者（东道国的供应商、客户、政府和非营利组织）互动能够接触到先进技术、管理方式、前沿信息，进而将新知识和新技术回输到母公司[143]，为母公司提升技术水平和降低研发投入提供渠道。示范和模仿效应促使母国其他企业技术进步，进而提升母国物流业生产效率和服务水平。

第二，市场竞争效应。对外投资企业一旦走出国门进入海外市场，不仅要面临外来者劣势带来的种种挑战，而且需要正面迎击东道国同行业竞争对手。为应对激烈的市场竞争，企业需要改善经营管理，提升自身技术水平和服务效率，提供满足东道国消费者需求的高质量服务。对外进行投资企业能力的提升，会给国内同行业企业带来竞争压力，加剧行业内竞争程度，刺激同行业企业加快改革创新，优化资源配置，强化自身核心竞争力。在这种国内外竞争效应下，行业的整体素质和质量将得到提升。

第三，人才流动效应。东道国前沿的技术知识、先进的管理经验、优秀的企业文化等，随着境外子公司与母公司人员流动和交流反馈到母公司，完成企业层面的逆向技术溢出效应，进而带动母国同行业技术进步。在此基础上，国内同行业企业进行模仿创新、二次改进和完善以提升技术水平和生产效率。

### 5.1.2.3  OFDI 对物流业社会贡献的影响

本节从产业支撑和改善民生两方面分析 OFDI 对物流业社会贡献的影响，作用机理如图 5-5 所示。

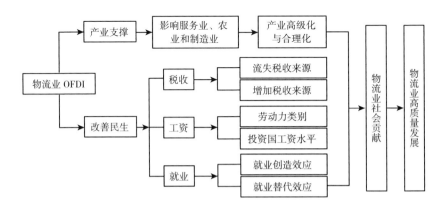

**图 5-5  OFDI 影响物流业社会贡献的内在机理**

（1）产业支撑。

第一，物流业 OFDI 对服务业的影响。根据上述分析可知，当 OFDI 对母国物流业产生正向影响时，有利于扩大物流产出规模，提高物流业生产效率和技术水平，从而增加服务业的产出总量以及技术含量，提高服务业对国民经济的贡献率，有利于产业结构高级化。

第二，物流业 OFDI 对制造业的影响。首先，物流业在发展过程中需要的中间品投入包括制造业的产出，OFDI 的逆向技术溢出效应使物流业得到发展的同时，物流业对国内配套产业提出了更高的生产要求，因为这些设备的质量直接关系到企业提供服务的效率和水平，从而引发上游制造企业改革创新，提高自身生产效率。其次，物流企业专业化服务水平和能力的提高，可以帮助制造企业快速响应客户需求，提高其生产效率和运营绩效。最后，物流业 OFDI 有追随制造业 OFDI 投资的动机[186]，对外直接投资的制造企业倾向于选择那些来自母国的物流企业，使海外制造企业降低对物流服务需求的搜寻和交易成本，提升自身国际竞争力，反过来对制造企业的国内母公司发展也产生更有利的影响。

第三，物流业 OFDI 对农业的影响。消费升级对农业提出了更高的要求，消费者期望能够更便利、安全、高效地获得农产品，这就离不开物流业的支持。物流业通过对外直接投资提升自身的服务水平和服务质量，进而帮助农产品在空间上快速移动，有利于实现农产品价值和提升农户收入，也为农业规模化产业化经营提供可能性。

（2）改善民生。

第一，OFDI 对物流业税收的影响。OFDI 对政府税收收入具有正向和负向两种影响。一方面，对外直接投资是母国企业在东道国进行生产运营，增加了东道国的涉外税收收入，相应地减少了企业对母国税收的贡献。特别是流向"避税天堂"的 OFDI 对公司利润进行转移，从而造成了税基侵蚀[262]。另一方面，OFDI 可以通过资本挤入效应和逆向技术溢出效应刺激母公司扩大生产规模，进而增加地方政府税收额度。

第二，OFDI 对物流业工资的影响。为了应对国外新市场所增加的需求，企业倾向于通过提高员工工资水平的方式减少跳槽率，维护生产活动的稳定性[263]。OFDI 也通过逆向技术溢出效应促进母国生产效率提高和生产成本下降，进而提高母国劳动力的工资水平[264]。然而，企业生产效率的提升意味着对非熟练劳动力的需求下降，对熟练劳动力需求增加，从而可能会导致前者工资水平下降，而后者工资水平上升[265]。OFDI 对母国工资的影响也会因投资目的国不同而有所差异[266][267]。当投资目的地为工资水平较高的国家时，企业出于风险防控考虑，会倾向于提高国内员工工资；反之，如果投资国的工资水平较低，企业提高国内员工工资的意愿就会下降[266]。

第三，OFDI 对物流业就业的影响。从有利的角度来说，OFDI 对母国就业具有"刺激效应"。OFDI 的利润回输机制或逆向技术溢出效应会引致企业生产规模扩大，进而提高对国内劳动力的需求，增加就业；境外子公司中接触到新技术、新知识和先进管理经验的人员可能会回母国创业，使 OFDI 的逆向技术溢出效应以人员创业的形式产生，也会增加就

业[268]。从不利的角度来说，OFDI 对母国就业具有"替代效应"。OFDI
的资本转移效应导致国内投资减少，就业机会减少。

### 5.1.2.4　OFDI 对物流业绿色发展的影响

本节同样是从环境污染的角度出发分析 OFDI 对物流业绿色发展的影响。较早文献关注的焦点在于 IFDI 对东道国环境的影响。随着中国 OFDI 数量不断增加甚至超过 IFDI，OFDI 与母国环境之间的关系也逐渐得到学术界的关注，相关的研究结果并不统一，主要存在"抑制论"和"促进论"两种观点。第一种观点认为，由于逆向技术溢出效应不明显，OFDI 增加了碳排放量，从而抑制母国环境质量的改善。许可和王瑛[269]、易艳春等[270]、郝（Hao）等[249]的研究结论支持这一观点。第二种观点认为，OFDI 有利于节约国内能源资源，显著降低污染物排放，进而改善母国环境。龚梦琪和刘海云[271]、江洪和纪成君[272]、白（Bai）等[273]的研究支持这一观点。

另外，部分的研究结论与以上两种观点均不同，基本可以分为以下四种：第一，OFDI 与母国环境质量之间呈"U"型关系。韩永辉等理论上分析了 OFDI 对母国环境的短期效应机制和长期效应机制，并通过实证检验验证了 OFDI 短期内抑制生态环境的改善，长期内则有利于推动环境改善[274]。第二，OFDI 对母国环境的影响存在地区异质性。潘（Pan）等的研究结果显示，OFDI 仅对中国东部地区碳生产率产生了积极影响[275]。第三，OFDI 的母国环境效应存在门槛。在门槛变量不同取值范围，OFDI 对母国环境的影响不同。比如，聂飞和刘海云的研究结果显示，OFDI 的碳排放效应存在城镇化门槛[276]。蔡（Cai）等构建非线性门槛回归模型验证中国双向 FDI 对碳排放的影响，回归结果显示 OFDI 对碳排放的作用存在基于人口规模、经济发展水平、技术水平和环境法规的阈值效应[277]。第四，OFDI 的环境效应是多方面共同作用的结果。郝（Hao）等从规模、技术和结构效应考察 OFDI 对环境污染的影响，结果显示 OFDI 通过提升技术水平和优化产业结构两种途径改善母国环境质量[278]。

与 IFDI 影响物流业绿色发展的机理相似，本书从规模效应和技术效应分析 OFDI 对物流业绿色发展的影响。

（1）规模效应。

一方面，OFDI 通过利润回输机制和逆向技术溢出效应扩大母公司的产出规模，也刺激了母国物流业发展，支撑物流业能够更充分更高效地服务于生产和消费，促使实体经济和电子商务等行业业务规模呈几何增长。在这一过程中，物流业规模扩大，导致能源消耗和污染物排放增多，恶化了母国环境。另一方面，规模扩大引致的规模收益递增效应可以提高企业生产效率和治污效率，降低平均生产成本，减少单位产出对能源的消耗，从而减少经营活动对母国环境的负面影响。

（2）技术效应。

一方面，物流业 OFDI 将技术先进的发达国家作为投资目的地，通过逆向技术溢出效应反哺母公司，提高技术水平和生产效率，提升资源利用率，从而减少单位物流业增加值碳排放和能源消耗。特别地，当东道国实施严格的环境规制或当地消费者偏好绿色消费时，这种制度同构压力会迫使境外子公司采取有利于环境保护的活动和绿色创新[279]，能够对母公司产生间接绿色技术溢出效应，进而向同行业其他企业扩散，提高母国环境质量。另一方面，OFDI 不必然带来绿色逆向技术溢出效应，非友好生态型技术也可能被传输回母国。在母国没有实施严格环境监管的情况下，OFDI 可能会对当地环境产生消极影响。

根据以上分析，OFDI 通过作用于物流业产出规模、运行质量、社会贡献和绿色发展对物流业高质量发展的影响具有正向和负向两面性。基于此，本书提出研究假设 5 - 2。

H5 - 2：OFDI 影响中国物流业高质量发展。

H5 - 2a：OFDI 对中国物流业高质量发展具有促进效应；

H5 - 2b：OFDI 对中国物流业高质量发展具有抑制效应。

### 5.1.3　双向 FDI 影响物流业高质量发展的互促效应

IFDI 通过示范—模仿、市场竞争和人员培训等渠道溢出先进技术和知识，有利于提升东道国本土企业的技术水平和经营效率，而生产率越高的企业越倾向于对外直接投资[280]。这是因为生产率越高的企业对境外运行风险和成本的承受能力越强，而且外资企业也带来与其母国和其他海外市场相关的信息和投资经验，这些有利条件会促使物流企业"走出去"。企业通过 OFDI 开拓新市场，扩大经营规模，提升了技术水平。一方面，对外投资企业一旦进入境外市场，不仅要面临外来者劣势带来的种种挑战，还需要正面迎击东道国同行业竞争对手。为了应对激烈的市场竞争和复杂多变的市场环境，企业不得不加大研发投入，提升创新能力。另一方面，企业通过 OFDI 获得成本更低的生产要素、更前沿的技术和知识，通过回输机制传回母公司，帮助母公司扩大生产规模，提高生产效率，进而推动母国物流业生产效率提高、技术水平提升、服务质量改善。因此，IFDI 通过促使本土企业 OFDI 进而提高物流业高质量发展水平。

IFDI 通过促使本土企业 OFDI 推动物流业高质量发展，又可能吸引外资流入。这主要是因为 OFDI 促进物流业比较优势的形成和产业规模的扩大，产业发展反过来增加对资本、技术、资源等要素的需求，从而吸引外资流入。而且，物流业技术水平的提高也有助于增强对技术含量高的 IFDI 的吸引力。此外，OFDI 为投资企业提供了获取稀缺技术、资本和自然资源等要素的机会，有助于投资企业经过不断累积形成提供高质量高水平服务所需的知识和能力，提高在国内市场中的竞争力。本土物流企业竞争力的增强也会迫使外资企业提高技术水平和生产效率，从而使 IFDI 溢出更先进的技术，增强对物流业高质量发展水平的提升作用。IFDI 溢出的更先进技术被国内企业所吸收，促使国内企业"走出去"，引发新一轮 OFDI 的逆向技术溢出效应，推动母国物流业高质量发展。如此循环往复，IFDI 和 OFDI 相互作用从而不断推动母国物流业高质量发展。基于此，本书提出研究假设 5 – 3。

H5 – 3：双向 FDI 对物流业高质量发展的影响存在互促效应。

## 5.2　研 究 设 计

### 5.2.1　计量模型设定

为了实证检验双向 FDI 对物流业高质量发展的影响，本章设定如下的基准回归模型：

$$\ln hqua_{it} = \alpha_0 + \alpha_1 \ln ifdi_{it} + \alpha_2 \ln ofdi_{it} + \alpha Z_{it} + \varepsilon_{it} \qquad (5-1)$$

其中，$i$ 表示考察对象即某一省份；$t$ 代表年份；$hqua$ 表示物流业高质量发展水平；$ifdi$ 和 $ofdi$ 分别表示物流业 IFDI 和物流业 OFDI；$Z$ 代表控制变量；$\varepsilon$ 为随机扰动项。特别地，为了考察双向 FDI 互动发展是否有利于物流业高质量发展，在模型中引入物流业双向 FDI 的交互项，并对交互项进行去中心化处理[281]。构建如下的含有交互项的面板模型：

$$\ln hqua_{it} = \alpha_0 + \alpha_1 \ln ifdi_{it} + \alpha_2 \ln ofdi_{it} + \alpha_3 \ln ifdi_{it} \times \ln ofdi_{it} + \alpha Z_{it} + \varepsilon_{it}$$

$$(5-2)$$

为了考察双向 FDI 影响物流业高质量发展的作用机制，分别以物流业高质量发展分维度水平作为被解释变量，构建如下的面板模型：

$$\ln hqsd_{it} = \beta_0 + \beta_2 \ln ifdi_{it} + \beta_2 \ln ofdi_{it} + \beta_3 \ln ifdi_{it} \times \ln ofdi_{it} + \beta Z_{it} + \varepsilon_{it} \qquad (5-3)$$

其中，$hqsd$ 表示物流业高质量发展分维度水平，具体包括物流业高质量发展的产出规模水平（lnscale）、运行质量水平（lnsuqu）、社会贡献水平（lncontri）和绿色发展水平（lngreen）；其他变量的含义同式（5-1）。

### 5.2.2　变量选取

#### 5.2.2.1　被解释变量

本书的被解释变量是物流业高质量发展水平。中国每个省份对物流业 IFDI 统计的起始时间不相一致。为了尽可能扩大样本数量，选择 2006 年作为起始时间，同时排除缺少数据的吉林、青海、宁夏、西藏、香港、澳门和台湾。物流业 OFDI 则主要根据《名录》相关数据计算得到，但《名录》只统计 1983 ~ 2015 年的企业数据。因此，本书仅搜集 2006 ~ 2015 年中国 27 个省份的物流业双向 FDI 相关数据。基于此，本章利用第 4 章所构建的指标体系，以 2006 年为基期重新测算 2006 ~ 2015 年中国 27 个省份的物流业高质量发展水平，将其作为被解释变量。此外，从第 4 章的测算结果中直接选取 27 个省份在 2006 ~ 2015 年相对应的物流业高质量发展水平作为被解释变量，27 个省份的物流业双向 FDI 作为核心解释变量，进行稳健性检验。

### 5.2.2.2 核心解释变量

本书的核心解释变量是物流业双向 FDI。关于双向 FDI 值采用何种指标，不同文献根据研究需要采用不同衡量方法。本书采用物流业双向 FDI 存量作为核心解释变量，主要有以下四个原因：（1）双向 FDI 是境外资本与境内生产的长期联系，不能仅用当期流量衡量 IFDI（OFDI）对东道国（母国）经济的影响[237][282]；（2）当期流量值无法排除如股份估值、汇率、分类变化等异动因素的影响，可能会造成流量值波动性较强[283]，这一点也符合物流业双向 FDI 的特点；（3）当期双向 FDI 流量不会马上发生作用，存在一定滞后性[284]；（4）双向 FDI 对物流产业升级的影响是一个长期持续的过程。因此，采用存量指标更加全面客观。

（1）物流业 IFDI 存量。

相关部门没有披露物流业 IFDI 存量这一数据，通常采用永续盘存法估算物流业 IFDI 存量[237][285]。在采用当年汇率（美元兑人民币）对物流业双向 FDI 流量进行转换后，物流业 IFDI 存量的具体测算过程如下：

$$ifdi_{i2006}^{z} = ifdi_{i2006}^{sf}/(g_i + \delta) \qquad (5-4)$$

其中，$ifdi_{i2006}^{z}$ 表示 2006 年 $i$ 省份 IFDI 存量[①]；$ifdi_{i2006}^{sf}$ 表示 2006 年 $i$ 省份

---

[①] 2006 年个别省份物流业 IFDI 流量为 0，若直接采用式（5-4）计算 2006 年物流业 IFDI 存量则不太合理。因此，本书先计算出各地区总的 IFDI 存量，然后在借鉴相关文献的基础上，计算 2006 年物流业 IFDI 存量。

IFDI 流量；$g_i$ 表示考察期内 $i$ 省份 IFDI 流量的平均增长率；$\delta$ 为折旧率，取值为 9.6%[196]。借鉴陈艳莹和董旭的做法[286]，2006 年第 $i$ 个省份物流业 IFDI 存量以 2006 年 $i$ 省份 IFDI 存量总额为基础，按照 2006 ~ 2015 年物流业 IFDI 流量累计额占总 IFDI 流量累计额的比例进行估算。2006 年以后各省份的物流业 IFDI 存量则采用永续盘存法计算：

$$ifdi_{it} = (1 - \delta)ifdi_{it-1} + ifdi_{it}^f / p_{it} \qquad (5-5)$$

其中，$ifdi_{it}$ 为 $i$ 省份 $t$ 年的物流业 IFDI 存量；$ifdi_{it}^f$ 为 $i$ 省份 $t$ 年的物流业 IFDI 流量；$p$ 为固定资产投资价格指数，以 2006 年为基期对 IFDI 流量进行平减。

（2）物流业 OFDI 存量。

《中国对外直接投资统计公报》披露了中国分省份 OFDI 存量，但没有进一步针对每一个省份进行分行业统计，所以本书依然按照永续盘存法的思想估算分省份物流业 OFDI 存量，估算过程与物流业 IFDI 存量保持一致。

$$ofdi_{it} = (1 - \delta)ofdi_{it-1} + ofdi_{it}^f / p_{it} \qquad (5-6)$$

其中，$ofdi_{it}$ 表示 $i$ 省份 $t$ 年的物流业 OFDI 存量；$ofdi_{it}^f$ 表示 $i$ 省份 $t$ 年的物流业 OFDI 流量。基期物流业 OFDI 存量的计算方式同物流业 IFDI 存量。

由于无法直接获取物流业 OFDI 流量的省际面板数据，本书利用第 3.2.2 节提出的四种方法来获取与物流业投资相关的事件，根据母公司的所属省份对每一笔投资进行省份归属的划分，进而可以得到 27 个省份每年的物流业 OFDI 项目数，部分未说明归属省份的企业（《名录》中备注的中央企业）经过手动查找后进行补足。进一步，借鉴刘海云和毛海欧提出的测算方法[287]，计算出 2006 ~ 2015 年 27 个省份的物流业 OFDI 流量。

假设 $i$ 省份 $t$ 年 OFDI 总流量为 $Flow_{it}$，$n_{it}$ 为 $i$ 省份 $t$ 年总的 OFDI 项目数，$n_{it}^l$ 为 $i$ 省份 $t$ 年物流业 OFDI 项目数，则 $i$ 省份 $t$ 年物流业 OFDI 流量为：

$$Flow_{it}^l = Flow_{it} \times \frac{n_{it}^l}{n_{it}} \qquad\qquad (5-7)$$

关于基期双向 FDI 存量的计算还有另一种方法，即假设 2006 年各地区物流业双向 FDI 存量为当年流量的 3 倍[288]。本书把这种方法测算出的双向 FDI 存量作为核心解释变量进行稳健性检验。

### 5.2.2.3 控制变量

为了防止遗漏变量导致估计结果的偏误，本章引入 5 个控制变量。（1）数字化水平。数字技术已经渗入物流业各个作业环节，不仅改变了物流业传统的运营模式和组织形态，而且通过促使物流活动的无缝隙链接和有效贯通，优化物流流程，降低物流成本，提高运行效率。借鉴黄群慧等的做法[289]，选取互联网普及率、移动电话普及率、人均电信业务量、计算机服务与软件业就业人员数占城镇单位就业人员数比重，采用因子分析法将四个指标拟合为一个指标表征数字化水平。（2）物流业集聚水平。单个企业难以形成规模经济，从而导致企业运营成本较高，先进技术难以推广应用，物流服务层次较低。产业集聚的外部性效应，如知识和技术溢出、规模经济效应、模仿创新效应等是实现产业高质量发展的重要路径[66]，但当集聚规模不断扩大并超过一定的"门槛"时，可能会产生负外部性的"拥挤效应"，反而不利于 TFP 的提升[290]。本书用区位熵指数衡量物流业集聚水平[291]。（3）人力资本水平。一方面，人力资本可以作为投入要素作用于物流活动中，特别是在信息化时代，对物流业从业人员专业知识和素质能力的要求越来越高[292]；另一方面，人力资本流动是双向 FDI 技术溢出的重要扩散载体，对本地区和周边地区物流业发展可能都起着重要作用。采用平均受教育年限衡量这一指标，公式为：（小学 ×6 + 初中 ×9 + 高中 ×12 + 大专 ×15 + 大学 ×16 + 研究生及以上 ×19）÷6 岁以上总人口。（4）自主创新能力。创新能力是经济高质量发展的重要基石，也是核心动力[293][294]。专利是创新竞争力的具体表征[295]，考虑到专利授权存在一定的时滞性，所以采用每万人拥有物流业专利申请量衡量某地区的自主创新能力。（5）交通基础设施水平。采用（铁路营运里程 + 内河航道里程 + 公路里程）÷ 地区面积进行衡量。
完善的交通基础设施不仅有利于资本、劳动力等资源的快速自由流动，
提升要素配置效率，促进 TFP 增长，还可以加强区域间的沟通与协作，
打破地区封锁，逐渐实现区域一体化[296]。

### 5.2.3 数据来源

基于第 5.2.1 节构建的实证模型，选取 2006 ~ 2015 年中国 27 个省份
的面板数据，实证检验双向 FDI 对物流业高质量发展的影响。其中，物
流业双向 FDI 数据主要来源于《中国对外直接投资统计公报》《中国外商
投资报告》《中国商务年鉴》《境外投资企业（机构）名录》和地方统计
年鉴；数字化水平、产业集聚水平、交通基础设施水平等数据来源于地
方统计年鉴；人力资本数据来源于《中国劳动统计年鉴》；专利申请量通
过国家重点产业专利信息服务平台的物流业专栏搜索获取。为了尽可能
消除异方差和减少数据波动，除数字化水平外的变量均做对数化处理。
所有变量的描述性统计如表 5 - 1 所示。

表 5 - 1　　　　　　　　　　变量的描述性统计

| 变量类型 | 变量名称 | 变量符号 | 最小值 | 最大值 | 平均值 | 标准差 |
|---|---|---|---|---|---|---|
| 被解释变量 | 物流业高质量发展水平 | lnhqua | - 2.673 | - 0.403 | - 1.958 | 0.399 |
| 核心解释变量 | 物流业 IFDI 存量 | lnifdi | 5.419 | 14.320 | 11.900 | 1.741 |
| | 物流业 OFDI 存量 | lnofdi | 4.502 | 13.722 | 11.130 | 1.787 |
| 交互项 | 物流业双向 FDI 交互项 | lntidl | - 2.636 | 30.319 | 1.982 | 3.947 |
| 控制变量 | 数字化水平 | dige | - 0.976 | 2.405 | 0.022 | 0.828 |
| | 物流产业集聚水平 | lnagg | - 0.611 | 0.610 | - 0.017 | 0.252 |
| | 人力资本水平 | lnhum | 1.901 | 2.648 | 2.287 | 0.136 |
| | 自主创新能力 | lninno | - 3.577 | 1.796 | - 1.194 | 1.235 |
| | 交通基础设施水平 | lntran | - 2.428 | 0.919 | - 0.243 | 0.724 |

# 5.3 实证结果与分析

首先采用图示法对双向 FDI 与物流业高质量发展之间的关系进行考察。图 5 – 6 直观地显示双向 FDI 与物流业高质量发展之间呈现正相关关系，并随着存量规模的扩大呈增强趋势；双向 FDI 交互项对物流业高质量发展同样具有正向影响。但图 5 – 6 中也存在部分边缘观测点，表明双向 FDI 与物流业高质量发展之间的关系可能具有时空差异和非线性特点。矩阵散点图只能简单地描绘变量值之间的关系，下面利用省际面板数据进行系统的实证检验。

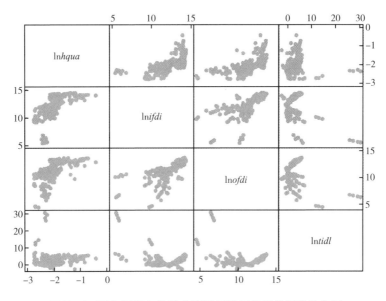

图 5 – 6 双向 FDI 与物流业高质量发展关系的矩阵散点图

## 5.3.1 双向 FDI 影响物流业高质量发展综合水平的实证检验

### 5.3.1.1 基准估计结果与分析

首先使用方差膨胀因子（VIF）对各变量进行多重共线性检验，结果

显示 VIF 的最大值为 5. 49 < 10，变量间不存在严重多重共线问题。本节
分别利用普通最小二乘法（OLS）、固定效应模型（FE）、随机效应模型
（RE）对式（5 – 2）进行回归，并判断采用哪种模型最合适。根据回归
结果可知，F 统计量为 21. 37，P 值为 0. 000，表明 FE 明显优于 OLS；
Hausman 检验的 P 值为 0. 001 < 0. 05，表明应该使用固定效应模型；年份
虚拟变量的联合显著性检验 P 值为 0. 000，拒绝"无时间效应"的原假
设，因此应该选择个体和时间双固定效应模型。基准回归结果如表 5 – 2
所示。

表 5 – 2　　　双向 FDI 影响物流业高质量发展水平的基准回归结果

| 变量 | OLS | RE | FE | | | |
| --- | --- | --- | --- | --- | --- | --- |
| | 模型（1） | 模型（2） | 模型（3） | 模型（4） | 模型（5） | 模型（6） |
| ln$ifdi$ | 0. 028 *<br>（1. 75） | 0. 050 ***<br>（3. 06） | 0. 021 **<br>（2. 25） | | 0. 159 ***<br>（4. 97） | 0. 044 **<br>（2. 21） |
| ln$ofdi$ | 0. 020 **<br>（2. 52） | 0. 016 ***<br>（2. 63） | | − 0. 002<br>（− 0. 28） | 0. 042 ***<br>（5. 28） | 0. 017 ***<br>（3. 44） |
| ln$tidl$ | 0. 020 ***<br>（6. 01） | 0. 012 ***<br>（5. 64） | | | 0. 014 ***<br>（4. 78） | 0. 014 ***<br>（4. 82） |
| $dige$ | 0. 079 ***<br>（3. 01） | 0. 114 ***<br>（2. 75） | 0. 012 ***<br>（3. 56） | 0. 012<br>（0. 18） | | 0. 044 ***<br>（3. 20） |
| ln$agg$ | 0. 102 ***<br>（7. 44） | − 0. 013<br>（− 0. 19） | 0. 155 *<br>（1. 87） | 0. 143<br>（1. 40） | | 0. 082 *<br>（1. 87） |
| ln$hum$ | 1. 541 *<br>（1. 74） | 0. 618 ***<br>（2. 90） | 0. 238<br>（0. 89） | 0. 269<br>（1. 05） | | 0. 516<br>（1. 31） |
| ln$inno$ | 0. 040 ***<br>（2. 99） | 0. 035 **<br>（2. 07） | 0. 113 ***<br>（3. 50） | 0. 117 ***<br>（3. 62） | | 0. 070 ***<br>（3. 16） |
| ln$tran$ | 0. 078 ***<br>（3. 25） | 0. 049<br>（0. 69） | − 0. 365<br>（− 0. 60） | − 0. 347<br>（− 1. 35） | | 0. 149<br>（1. 32） |
| 常数项 | − 5. 856 ***<br>（− 12. 97） | − 4. 079 ***<br>（− 8. 57） | − 2. 809 ***<br>（− 4. 10） | − 2. 584 ***<br>（− 4. 14） | − 4. 335 ***<br>（− 12. 71） | − 3. 855 ***<br>（− 7. 08） |
| $R^2$ | 0. 785 | 0. 749 | 0. 610 | 0. 612 | 0. 619 | 0. 657 |

注：*** 、** 、* 分别表示在 1%、5% 和 10% 的水平上显著；所有回归均使用稳健标准
误；模型（2）括号内是 Z 值，其他列括号内是 t 值。

由表 5 - 2 模型（3）的结果可以看出，在不加入变量 lnofdi 的情况下，lnifdi 的估计系数为 0.021 且在 5% 的水平上显著，表明 IFDI 有利于物流业高质量发展。模型（4）的结果显示，当物流业只进行对外投资，而不引进外资时，OFDI 存量的增加对物流业高质量发展水平的影响为负，这与矩阵散点图的初步结论相反，但是没有通过显著性检验，说明"走出去"并没有为物流业带来"空心化"问题。模型（5）的结果显示，在不加控制变量的情况下，双向 FDI 及其交互项的估计系数在 1% 的水平上显著为正。模型（6）是在模型（5）的基础上加入控制变量的回归结果，以模型（6）为主，对变量的回归结果进行具体分析。

根据模型（6）的结果可知，双向 FDI 显著促进了物流业高质量发展，IFDI 对物流业高质量发展的促进作用明显大于 OFDI，验证了研究假设 H5 - 1a 和 H5 - 2a。这也说明中国积极引进物流业外资，鼓励物流业"走出去"是符合产业发展需求的。具体地，IFDI 对物流业高质量发展的影响在 5% 的水平上显著为正。IFDI 进入东道国后会产生一系列效应，最直接的是有效弥补了物流业发展所需的资金缺口。物流业在发展初期，面临"资本短缺"与"大规模投资"的矛盾，IFDI 流入为物流业发展提供了新的资金来源，一定程度上缓解了这种矛盾，有助于物流业脱离"落后的恶性循环"。另外，跨国企业进入中国物流市场，带来了先进设备、技术、人才等生产资料，有效弥补了物流业发展所需的技术缺口。在同时引进外资的情况下，OFDI 对物流业高质量发展的影响在 1% 的水平上显著为正。OFDI 可以通过利润输回帮助母公司扩大生产规模、加大对技术的研发投入，也可以通过打破资源限制瓶颈，缓解国内物流业发展的资源刚性约束。而且 OFDI 的逆向技术溢出能够提升物流业技术水平，改善物流业服务质量。双向 FDI 交互项 lntidl 的估计系数在 1% 的水平上显著为正，说明物流业双向 FDI 之间存在互促效应，IFDI（OFDI）正向调节 OFDI（IFDI）对物流业高质量发展的积极影响，验证了研究假设 H5 - 3。物流业通过引进外资提升自身的技术水平和经营效率，生产率越高的行业越倾向对外直接投资[280]，进而通过 OFDI 推动物流业高质量发展。然而对外投资企业一旦进入海外市场，为了应对激烈的市场竞争和复杂多变的国际环境，企业不得不进一步通过引进外资的方式获得先进的资本、技术和设备等，拉动物流业外资规模的不断扩大，而 IFDI 规模扩大有利于物流业高质量发展。从现实的角度看，中国坚持"引进来"和"走出去"相结合的战略更有利于推动物流业高质量发展。

数字化水平 *dige* 的估计系数为 0.044，且在 1% 的水平上显著，说明利用数字技术赋能物流业，对物流业高质量发展具有促进作用。当前基于数字技术的信息红利不断向物流业扩散。第一，数字技术使信息流在物流各个环节被高速地收集、交换和传递，全方位提升物流业服务效率，通过满足消费者实时追踪、查询与反馈交流[297]，提高服务质量。第二，数字技术削弱了地理距离和信息不对称的影响，有利于物流业上下游和区域间的协同运作，加强了生产要素以及供给和需求的有效整合与精准匹配，从而有利于物流业降本增效。第三，数字技术推动物流业向标准化、网络化和智能化转型，不断催生新的运营模式和业态，推动物流业向高质量方向发展。

产业集聚水平每增加 1%，物流业高质量发展水平提升 0.082%。由此可以发现，产业集聚起着比双向 FDI 对物流业高质量发展更强的积极影响。产业集聚可以从三个方面带动物流业高质量发展水平的提升。第一，相同产业在地理空间上的集聚同时意味着资本、劳动力、技术等生产要素的集聚，易于形成规模经济，提高规模效率。第二，产业集聚不仅有利于企业降低劳动力搜寻成本，还有利于物流设施的集约化建造和共享，降低企业单位使用成本[298]。第三，集聚区内企业间的竞争效应和技术溢出效应，使企业被动或主动提升自身技术水平和服务效率，最终促进产业高质量发展[65]。

人力资本水平的估计系数不显著为正。一般而言，产业高质量发展必然需要大量人才支撑，而表 5 - 2 显示的估计结果没有验证这一点。随着物流业的快速发展，从业人员的工作范围从运输、仓储和配送等低端领域向信息系统开发、咨询规划等高端物流服务扩展，市场对劳动力的需求从"量"逐渐转为"质"，纯粹劳动力"量"的提升已经不能满足产业发展的需求，反而会因劳动力资源的恶性竞争抑制物流业发展[54]。

虽然近年来中国大力实施教育振兴计划，人均受教育年限明显提升，然而中国物流业从业人员整体素质和技能水平偏低[299]，物流业仍面临人才匮乏且流动性大的困境，不能发挥对物流业高质量发展的支撑作用。

自主创新能力估计系数虽然低于产业集聚的估计系数，但也显著推动了物流业高质量发展。新技术和新产品被应用到物流业中，落后、低效的技术和设备设施被淘汰，有利于提高物流业机械化水平，提升服务效率，降低服务成本，推动物流业向更高层次演进。比如自动分拣系统和分拣机器人大幅度提升了物流分拣环节的效率，减少分拣错误；无人机配送和自动驾驶技术能够降低物流运输成本和运输时间。物流从业人员借助高端技术和智能产品，增强自身素质和技能，提高劳动效率和劳动质量。高素质劳动者与知识、技术、信息等高级生产要素的进一步结合推动物流业跨越式高质量发展。

交通基础设施对物流业高质量发展并没有产生显著的推动作用，这与预期结论不符。出现该结果可能有两方面的原因：一是因为本书的数据截至 2015 年，这一时期东部地区交通运输网络比较完善，对中西部地区而言，交通基础设施仍是物流业发展的短板，对物流业高质量发展的提振作用有限；二是受"条块分割"管理模式和地方保护主义的影响，中国交通基础设施难以实现地区内部协调布局和地区之间有效衔接，不利于货物的快速流动和物流资源的优化配置。因此，在交通基础设施建设过程中，应该强调基础设施之间的互联互通，打造便捷高效的交通运输体系，提升畅通资源要素的能力。

### 5.3.1.2 稳健性检验

前文得出双向 FDI 对物流业高质量发展具有显著推动作用，IFDI 与 OFDI 在影响物流业高质量发展时存在互促效应。然而，这一结论是否可靠呢？后文采用多种方法对上述结果进行稳健性检验，以保证研究结论的可靠性。

（1）改变被解释变量。从第 4 章的测算结果中选取 2006～2015 年相对应 27 个省份的物流业高质量发展水平作为被解释变量，双向 FDI 存量作为核心解释变量再次进行检验，回归结果如表 5 − 3 模型（1）所示。由结果可知，双向 FDI 及其交互项的估计系数的方向和显著性未发生明显变化。

表 5 − 3　　　双向 FDI 影响物流业高质量发展水平的稳健性检验

| 变量 | 模型（1） | 模型（2） | 模型（3） | 模型（4） | 模型（5） | 模型（6） |
|---|---|---|---|---|---|---|
| *L. lnhqua* | | | | | 0. 282 *<br>（1. 90） | |
| ln*ifdi* | 0. 043 **<br>（2. 30） | 0. 062 ***<br>（4. 00） | 0. 013 *<br>（2. 02） | 0. 031 **<br>（2. 53） | 0. 148 ***<br>（2. 57） | 0. 036 ***<br>（3. 10） |
| ln*ofdi* | 0. 012 **<br>（2. 14） | 0. 043 *<br>（1. 78） | 0. 003 **<br>（2. 50） | 0. 012 **<br>（2. 25） | 0. 090 **<br>（2. 27） | 0. 023 *<br>（1. 80） |
| ln*tidl* | 0. 010 ***<br>（6. 08） | 0. 028 ***<br>（3. 46） | 0. 002 ***<br>（3. 07） | 0. 005 **<br>（2. 44） | 0. 046 ***<br>（3. 67） | 0. 008 ***<br>（7. 68） |
| *dige* | 0. 058 **<br>（2. 24） | 0. 007 *<br>（1. 92） | 0. 080 ***<br>（3. 15） | 0. 042 **<br>（2. 32） | 0. 073 *<br>（1. 70） | 0. 077 ***<br>（2. 67） |
| ln*agg* | 0. 018 *<br>（1. 82） | − 0. 457<br>（− 1. 32） | 0. 143 **<br>（2. 42） | 0. 169<br>（1. 65） | 0. 339 **<br>（2. 05） | 0. 116 *<br>（1. 72） |
| ln*hum* | 0. 499<br>（1. 02） | 1. 151<br>（1. 67） | 0. 632 ***<br>（3. 59） | 0. 532<br>（0. 59） | 1. 055<br>（1. 43） | 1. 607<br>（0. 28） |
| ln*inno* | 0. 030 *<br>（1. 94） | 0. 147 *<br>（1. 77） | 0. 013<br>（0. 50） | 0. 004 ***<br>（3. 55） | 0. 058 *<br>（1. 70） | 0. 081 ***<br>（3. 31） |
| ln*tran* | − 0. 122<br>（− 0. 60） | − 0. 0001<br>（− 0. 33） | 0. 529<br>（0. 88） | 0. 540<br>（0. 15） | 0. 038<br>（0. 34） | 0. 084<br>（1. 07） |
| 常数项 | − 2. 591 ***<br>（− 3. 75） | − 3. 890 *<br>（− 1. 81） | − 3. 711 ***<br>（− 9. 84） | − 3. 469 ***<br>（− 6. 34） | − 7. 807 ***<br>（− 4. 82） | − 5. 950 ***<br>（− 12. 21） |
| Hansen-p | | | | | 0. 452 | |
| AR（1）-p | | | | | 0. 005 | |
| AR（2）-p | | | | | 0. 918 | |
| 不可识别检验<br>［P 值］ | | | | | 36. 833 ***<br>［0. 000］ | |
| 弱工具变量检验<br>［10% 偏误临界值］ | | | | | 25. 322<br>［7. 03］ | |

注：Kleibergen-Paap rk LM 统计量的 P 值拒绝了不可识别检验，Kleibergen-Paap rk Wald F 统计量大于 10% 偏误的临界值，不存在弱工具变量问题。模型（1）~模型（4）括号内是估计系数对应的 t 值，模型（5）~模型（6）括号内是估计系数对应的 Z 值。

（2）改变被解释变量。考虑了资源与环境约束的 GTFP 能够体现高质量发展的核心内涵[60]。以物流业从业人员、资本存量和能源消耗作为投入指标，增加值作为合意产出，碳排放为非合意产出，基于 SBM 模型和 GML 指数测度物流业 GTFP。以物流业 GTFP 作为物流业高质量发展水平的代理指标进行回归，回归结果如表 5 - 3 模型（2）所示。由模型（2）的结果可以看出，双向 FDI 及其交互项的估计系数与表 5 - 2 模型（6）相比略大，但均显著为正。

（3）改变核心解释变量。第一种是改变双向 FDI 存量的计算方法，即参考柯善咨和赵曜的做法[288]，假设 2006 年双向 FDI 存量为当年流量的 3 倍，进而采用永续盘存法重新计算 2007～2015 年物流业双向 FDI 存量，回归结果如表 5 - 3 模型（3）所示。第二种是为了消除人口因素的影响，以人均双向 FDI 存量作为核心解释变量，回归结果如表 5 - 3 模型（4）所示。由模型（3）和模型（4）的回归结果可知，虽然少数控制变量估计系数的符号和显著性发生了变化，但双向 FDI 及其交互项的估计系数显著为正。

（4）改变计量模型。物流业高质量发展是一个持续过程，为了刻画物流业高质量发展过程中存在的"自我强化效应"，在式（5 - 2）的基础之上加入物流业高质量发展水平的滞后一期（$L.\ lnhqua$）构建动态面板模型。由于 $L.\ lnhqua$ 被纳入模型，使模型因为动态面板偏差产生内生性问题，因此采用两步法系统 GMM 方法对动态面板模型进行回归，以克服模型的内生性问题[300]。回归结果如表 5 - 3 模型（5）所示。$L.\ lnhqua$ 的估计系数在 10% 的水平上显著为正，说明物流业高质量发展具有"自我强化"效应。同时，双向 FDI 及其交互项的系数显著为正。

（5）改变计量模型。双向 FDI 可以推动物流业高质量发展，物流业高质量发展水平高的地区对 IFDI 也更具有吸引力，进行对外直接投资的可能性也更高，从而导致双向 FDI 与物流业高质量发展水平之间可能存在双向因果关系，进而导致表 5 - 2 的固定效应估计结果可能存在内生性偏误问题。借鉴郭琪等的做法[301]，以双向 FDI 滞后两期作为工具变量，采用两阶段最小二乘法（2SLS）对模型进行回归，结果如表 5 - 3 模型

（6）所示。在考虑了内生性问题以后，双向 FDI 及其交互项的估计系数仍显著为正。

此外，由于样本单元涉及 27 个省份，既包括北京、上海、广东等双向 FDI 规模偏高的省份，也包括云南、新疆等双向 FDI 规模偏低的省份，过高或过低的样本值可能会使研究结果产生偏误。本书对所有变量进行缩尾处理，剔除极端值后再次进行检验，回归结果显示双向 FDI 及其交互项估计系数显著为正。

本书还采用传统熵权法[56]重新测度物流业高质量发展水平，以此结果作为被解释变量数据进行实证检验，回归结果显示双向 FDI 及其交互项估计系数显著为正。由此可见，上述 8 种方法所得到的研究结论与基准回归结果一致，说明表 5 - 2 的回归结果是稳健可靠的。

### 5.3.2 双向 FDI 影响物流业高质量发展分维度的实证检验

#### 5.3.2.1 双向 FDI 影响物流业产出规模的实证检验

表 5 - 4 显示了以物流业产出规模水平（lnscale）为被解释变量，双向 FDI 存量为核心解释变量的基准回归结果。根据回归结果可知，F 统计量为 9.76，P 值为 0.000，表明 FE 明显优于 OLS；Hausman 检验的 P 值为 0.021 < 0.05，年份虚拟变量的联合显著性检验的 P 值为 0.000，因此应该选择个体和时间双固定效应模型。以表 5 - 4 模型（6）为主，对变量的回归结果进行具体分析。

表 5 - 4    双向 FDI 影响物流业产出规模的基准回归结果

| 变量 | OLS | RE | FE | | | |
|---|---|---|---|---|---|---|
| | 模型（1） | 模型（2） | 模型（3） | 模型（4） | 模型（5） | 模型（6） |
| lnifdi | 0.088*<br>(1.70) | 0.106<br>(0.39) | 0.065***<br>(3.07) | | 0.116***<br>(5.43) | 0.098***<br>(3.20) |
| lnofdi | 0.050***<br>(3.22) | 0.031***<br>(3.74) | | 0.043***<br>(3.60) | 0.086***<br>(3.05) | 0.050***<br>(4.06) |

续表

| 变量 | OLS | RE | FE | | | |
|---|---|---|---|---|---|---|
| | 模型（1） | 模型（2） | 模型（3） | 模型（4） | 模型（5） | 模型（6） |
| ln*tidl* | 0.022 ** (2.42) | 0.016 *** (4.30) | | | 0.012 *** (3.72) | 0.030 *** (4.23) |
| *dige* | 0.115 ** (2.11) | 0.149 * (1.65) | 0.146 *** (2.72) | 0.136 (0.95) | | 0.104 ** (2.25) |
| ln*agg* | 0.040 ** (2.25) | 0.104 (0.64) | 0.487 *** (2.82) | 0.501 *** (3.16) | | 0.217 ** (2.39) |
| ln*hum* | 2.097 *** (4.15) | 1.440 ** (2.18) | 1.575 * (1.73) | 1.271 (1.46) | | 0.679 (0.83) |
| ln*inno* | 0.154 *** (3.14) | 0.221 *** (3.21) | 0.069 (0.56) | 0.072 ** (2.27) | | 0.243 ** (2.41) |
| ln*tran* | 0.046 * (1.81) | 0.072 (0.36) | 0.329 (0.49) | 0.170 ** (2.29) | | 0.107 * (1.91) |
| 常数项 | −9.416 *** (−8.01) | −7.642 *** (−4.34) | −6.591 *** (−3.32) | −6.901 *** (−3.19) | −5.983 *** (−3.84) | −5.805 *** (−6.00) |
| $R^2$ | 0.678 | 0.674 | 0.785 | 0.787 | 0.771 | 0.800 |

注：*** 、** 、* 分别表示在 1%、5% 和 10% 的水平上显著；所有回归均使用稳健标准误；模型（2）括号内是 Z 值，其他列括号内是 t 值。

由表 5 - 4 可知，双向 FDI 的估计系数均显著为正，说明物流业通过"引进来"和"走出去"有利于扩大规模。IFDI 和 OFDI 的估计系数分别为 0.098 和 0.050，表明 IFDI 对物流业规模提升的促进作用更强烈。物流业具有投资周期长和投资回收慢的特点，资金不足是物流企业特别是中小物流企业扩大规模面临的主要难题。通过合资进入中国物流业的 IFDI，为中国物流业扩大规模注入了资本。2006 年以后，外资企业可以以独资方式在中国经营物流业务，建立辐射全国的物流网络，激发了中国物流市场活力，扩大了市场交易范围。外资流入有利于提升物流业的技术含量，更好地服务于生产和生活需要，增加物流业务量。中国物流业在境外布局网点，开拓国际物流业务，虽然没有直接扩大国内市场规模，但间接也会对物流业发展产生影响。一方面，企业可以利用境外业务利润反哺母公司扩大经营规模，支撑母公司开发新的业务板块和增长引擎。

另一方面，国际物流是国内物流的延伸。物流企业在境外进行直接投资，构筑世界性的物流网络，连接国内市场和国外市场，无疑扩大了企业的经营范围和运营规模。作为国内快递行业巨头——顺丰 2010 年已经在新加坡设立了营业网点。2020 年，顺丰国际业务的不含税营业收入达 59.73 亿元[①]，境外收入对顺丰在国内加大资源投入、扩大网络产能提供资金支持。双向 FDI 交互项的估计系数在 1% 的水平上显著为正，说明物流业坚持"引进来"和"走出去"并举的开放战略更有利于物流业扩大规模。

数字化水平 $dige$ 的估计系数为 0.104，在 5% 的水平上显著。数字技术的应用无疑加快了物流企业处理货物的速度，意味着在同样数量的劳动力和劳动时间内完成更多业务量，创造更多价值。产业集聚估计系数显著为正，表明产业集聚的正向集聚效应能够显著提升企业的初始规模[302]。人力资本水平的估计系数不显著为正。人均受教育年限只反映了人们受教育程度的高低，受教育者只有把所学知识应用于特定行业才能发挥其作用[93]。而物流业人才短缺是不争事实，因此无法持续对物流业产出规模的扩大提供动力。不同于人力资本水平，自主创新对物流业产出规模的扩大起到显著的正向促进作用。物流业规模扩大是建立在物流需求增加的基础上，而物流需求提升对物流的自动化、机械化和智能化提出更高的要求。随着物流业创新能力的提升，新的信息技术软件和设施设备硬件被应用，支撑物流业把潜在需求转化为现实需求，最终实现业务量增加和规模扩大。虽然交通基础设施对物流业高质量发展综合水平的影响不显著，但对物流业产出规模的提升发挥了积极作用。货物在地理空间上的位移需要依靠公路、铁路、航空等交通基础设施，如果没有健全的交通基础设施，货物无法实现大规模和远距离的自由流动，物流业规模必然受到限制。

更进一步地，采用多种方法对表 5-4 的回归结果进行稳健性检验。第一，改变被解释变量。(1) 从第 4 章的测算结果中选取 2006~2015 年相对应 27 个省份的物流业产出规模水平作为被解释变量，双向 FDI 存量

---

① 资料来源：顺丰控股（代码 002352）《2020 年年度报告》。

作为核心解释变量进行检验, 回归结果如表 5 - 5 模型 (1) 所示。(2)
采用传统熵权法重新测度物流业产出规模水平, 以此结果为被解释变量
数据进行实证检验, 回归结果如表 5 - 5 模型 (2) 所示。

表 5 - 5　　　　　　双向 FDI 影响物流业产出规模的稳健性检验

| 变量 | 模型 (1) | 模型 (2) | 模型 (3) | 模型 (4) | 模型 (5) | 模型 (6) |
|---|---|---|---|---|---|---|
| *L.* lnscale | | | | | 0. 605 *** <br> (5. 63) | |
| ln*ifdi* | 0. 084 *** <br> (3. 62) | 0. 182 * <br> (1. 95) | 0. 029 *** <br> (2. 82) | 0. 062 ** <br> (2. 31) | 0. 087 ** <br> (2. 40) | 0. 096 ** <br> (2. 39) |
| ln*ofdi* | 0. 030 ** <br> (2. 26) | 0. 149 * <br> (1. 73) | 0. 026 * <br> (2. 04) | 0. 016 * <br> (1. 78) | 0. 019 * <br> (1. 87) | 0. 052 ** <br> (2. 36) |
| ln*tidl* | 0. 019 *** <br> (4. 82) | 0. 018 ** <br> (2. 26) | 0. 012 *** <br> (3. 18) | 0. 009 *** <br> (2. 92) | 0. 017 *** <br> (3. 28) | 0. 020 *** <br> (3. 11) |
| 其他变量 | 控制 | 控制 | 控制 | 控制 | 控制 | 控制 |
| 常数项 | − 3. 303 *** <br> ( − 3. 54) | − 6. 183 *** <br> ( − 3. 29) | − 4. 701 ** <br> ( − 2. 51) | − 8. 469 *** <br> ( − 7. 07) | − 2. 408 <br> ( − 1. 24) | − 8. 753 *** <br> ( − 9. 06) |
| Hansen-p | | | | | 0. 558 | |
| AR(1)-p | | | | | 0. 004 | |
| AR(2)-p | | | | | 0. 372 | |
| 不可识别检验 <br> [P 值] | | | | | | 36. 833 *** <br> [0. 000] |
| 弱工具变量检验 <br> [10% 偏误临界值] | | | | | | 25. 322 <br> [7. 03] |

　　注: Kleibergen-Paap rk LM 统计量的 P 值拒绝了不可识别检验, Kleibergen-Paap rk Wald F 统
计量大于 10% 偏误的临界值, 不存在弱工具变量问题。模型 (1) ~模型 (4) 括号内是估计系
数对应的 t 值, 模型 (5) ~模型 (6) 括号内是估计系数对应的 Z 值。

　　第二, 改变核心解释变量。(1) 改变双向 FDI 存量的计算方法, 假
设 2006 年双向 FDI 存量为当年流量的 3 倍, 进而采用永续盘存法重新计
算 2007 ~2015 年的物流业双向 FDI 存量, 回归结果如表 5 - 5 模型 (3)
所示。(2) 以人均双向 FDI 存量作为核心解释变量, 回归结果如表 5 - 5
模型 (4) 所示。

　　第三, 改变计量模型。(1) 为了考察物流业规模在增加过程中是否
存在 "自我强化" 效应, 在式 (5 - 3) 的基础之上加入物流业产出规模

水平的滞后一期（ *L.* lnscale ）构建动态面板模型，采用两步法系统 GMM 方法对动态面板模型进行回归，结果如表 5 - 5 模型（5）所示。*L.* lnscale 的估计系数通过 1% 的显著性水平检验，说明物流业规模具有"自我强化"效应，企业也是在原有规模基础之上进行扩张。（2）以双向 FDI 滞后两期作为工具变量，采用 2SLS 对模型进行回归，结果如表 5 - 5 模型（6）所示。

由表 5 - 5 模型（1）~模型（6）汇报的回归结果可知，双向 FDI 及其交互项的估计系数显著为正，与基准回归结果一致。

此外，本书对式（5 - 3）中涉及的所有变量进行缩尾处理，剔除极端值后再次进行检验，回归结果显示双向 FDI 及其交互项的估计系数仍显著为正。

上述 7 种方法所得到的研究结论与表 5 - 4 的基准回归结果一致，由此说明表 5 - 4 的回归结果是稳健可靠的，即双向 FDI 有利于扩大物流业的规模，而且双向 FDI 在发挥这一有利作用时存在互促效应。

### 5.3.2.2  双向 FDI 影响物流业运行质量的实证检验

表 5 - 6 显示了以物流业运行质量水平（lnsuqu）为被解释变量，双向 FDI 存量为核心解释变量的基准回归结果。根据回归结果可知，F 统计量为 48.70，P 值为 0.000，表明 FE 明显优于 OLS；Hausman 检验的 P 值为 0.000 < 0.05，年份虚拟变量的联合显著性检验的 P 值为 0.000，因此应该选择个体和时间双固定效应模型。以表 5 - 6 模型（6）为主，对变量的回归结果进行具体分析。

表 5 - 6　　　　双向 FDI 影响物流业运行质量的基准回归结果

| 变量 | OLS | RE | FE | | | |
|---|---|---|---|---|---|---|
| | 模型（1） | 模型（2） | 模型（3） | 模型（4） | 模型（5） | 模型（6） |
| ln*ifdi* | 0.083 * (1.90) | 0.045 (1.49) | 0.022 *** (3.12) | | 0.047 *** (3.07) | 0.027 ** (2.18) |
| ln*ofdi* | 0.035 ** (2.30) | 0.039 *** (5.24) | | 0.022 ** (2.54) | 0.043 *** (4.49) | 0.021 ** (2.19) |

| 变量 | OLS | RE | FE | | | |
|---|---|---|---|---|---|---|
| | 模型（1） | 模型（2） | 模型（3） | 模型（4） | 模型（5） | 模型（6） |
| ln$tidl$ | 0.029 ***<br>(4.03) | 0.019 ***<br>(6.76) | | | 0.016 ***<br>(6.49) | 0.011 **<br>(2.57) |
| $dige$ | 0.221 ***<br>(3.49) | 0.121 **<br>(2.06) | 0.032 ***<br>(5.54) | 0.050 *<br>(1.84) | | 0.048 *<br>(1.90) |
| ln$agg$ | 0.185<br>(1.39) | −0.142<br>(−1.41) | 0.236<br>(1.13) | −0.208<br>(−1.03) | | −0.209<br>(−1.53) |
| ln$hum$ | 0.667<br>(1.21) | −0.071<br>(−0.21) | 0.023<br>(0.80) | 0.604<br>(1.54) | | 0.255<br>(0.80) |
| ln$inno$ | 0.166 ***<br>(3.66) | 0.018<br>(0.59) | 0.030 *<br>(1.91) | 0.024 *<br>(1.95) | | 0.063 *<br>(1.84) |
| ln$tran$ | 0.243 ***<br>(3.52) | 0.108<br>(1.06) | −0.561<br>(−1.04) | −0.395<br>(−1.34) | | −0.614<br>(−0.63) |
| 常数项 | −4.466 ***<br>(−3.16) | −2.046 ***<br>(−2.95) | −3.298<br>(−1.36) | −0.383<br>(−0.49) | −2.164 ***<br>(−3.41) | −2.766 **<br>(−2.36) |
| $R^2$ | 0.602 | 0.621 | 0.586 | 0.595 | 0.601 | 0.640 |

注：***、**、* 分别表示在 1%、5% 和 10% 的水平上显著；所有回归均使用稳健标准误；模型（2）括号内是 Z 值，其他列括号内是 t 值。

IFDI 和 OFDI 的估计系数均为正值且通过 5% 的显著性水平检验，说明物流业利用外资和对外投资有利于运行质量的提升，同时也说明中国物流业需要坚持"引进来"和"走出去"并重。与表 5 - 4 相比，双向 FDI 的估计系数略小，表明双向 FDI 对物流业运行质量的影响小于对物流业产出规模的影响。由表 4 - 1 可知，物流业运行质量维度可以细分为产出效率、结构优化和运行稳定三个方面。从产出效率看，双向 FDI 的技术溢出效应使中国物流企业得以接触和学习发达国家前沿技术，进而带动母公司技术进步和生产效率提升。从结构优化看，跨国企业在中国构建物流网络以及中国物流业在全球构筑服务网络有利于对运输方式进行合理选用和联合运输，也有利于物流服务向偏远地区下沉。从运行稳定看，双向 FDI 通过扩大市场规模有利于物流业在数量上满足社会需求，通过提高产出效率和技术水平有利于物流业在质量上满足社会需求，增加物流业的有效供给。

双向 FDI 交互项的估计系数在 5% 的水平上显著为正，说明同时"引进来"和"走出去"可以加快物流业运行质量的提升速度。数字化水平增加 1 单位，物流业运行质量将提升 4.8%。数字经济本质上是新一代信息技术在实体经济中的应用。通过数字化手段不仅可以支撑物流企业改造业务流程、改进服务水平、丰富物流服务内容，还能够打通不同企业间的数据"壁垒"，提高端到端的整体流转效率。产业集聚并不能提升物流业运行质量水平，可能是由两个方面的原因造成的。一是规模效应与拥挤效应是产业集聚的两面，当集聚进入拥挤时期，不利于提高产业运行质量；二是中国当前物流业集聚是低质量的，特别是作为物流业集聚发展重要载体的物流园区存在空间布局不合理、重复建设、利用率低等问题，导致产业集聚的正向效应不明显。人力资本水平的估计系数不显著为正。自主创新能力的估计系数高于双向 FDI，且通过 10% 的显著性水平检验。创新带来的技术进步可以使物流作业流程节省人力成本，也可以解决仓储、运输、金融、交易等各环节效率难题，从而提高运行质量。交通基础设施对物流业运行质量的影响不显著为负。当前，中国交通基础设施存在重复建设、区域差异大、运输各环节缺乏有效衔接等问题，严重损害了物流业运行效率。

为了确保表 5-6 所反映的回归结果的真实性和可靠性，后文采用多种方法进行稳健性检验。第一，改变被解释变量。（1）从第 4 章的测算结果中选取 2006~2015 年相对应 27 个省份的物流业运行质量水平作为被解释变量，双向 FDI 存量作为核心解释变量再次进行检验，回归结果如表 5-7 模型（1）所示。（2）采用传统熵权法重新测度物流业运行质量水平，以此结果作为被解释变量的数据进行实证检验，回归结果如表 5-7 模型（2）所示。（3）考虑到技术溢出效应是双向 FDI 影响物流业运行质量的主要渠道，以物流业 TFP 作为运行质量的替代指标重新进行检验，回归结果如表 5-7 模型（3）所示。由表 5-7 前 3 列汇报的结果可知，双向 FDI 及其交互项的估计系数至少在 10% 的水平上显著为正。这也说明中国物流业双向 FDI 的确存在技术溢出效应，从而有利于提升物流业运行质量。

表 5 – 7　　　　　　双向 **FDI** 影响物流业运行质量的稳健性检验

| 变量 | 模型（1） | 模型（2） | 模型（3） | 模型（4） | 模型（5） | 模型（6） | 模型（7） |
|---|---|---|---|---|---|---|---|
| *L*. ln*suqu* | | | | | | 0. 124 **<br>(2. 12) | |
| ln*ifdi* | 0. 013 **<br>(2. 31) | 0. 060 *<br>(1. 94) | 0. 062 *<br>(1. 92) | 0. 017 ***<br>(3. 45) | 0. 030 **<br>(2. 30) | 0. 104 **<br>(2. 48) | 0. 054 ***<br>(2. 70) |
| ln*ofdi* | 0. 010 **<br>(2. 25) | 0. 020 ***<br>(4. 65) | 0. 028 *<br>(1. 78) | 0. 009 **<br>(2. 11) | 0. 021 **<br>(2. 23) | 0. 095 *<br>(1. 84) | 0. 040 ***<br>(2. 83) |
| ln*tidl* | 0. 009 **<br>(2. 60) | 0. 019 ***<br>(2. 84) | 0. 043 ***<br>(3. 46) | 0. 008 **<br>(2. 16) | 0. 011 **<br>(2. 52) | 0. 044 ***<br>(4. 89) | 0. 038 ***<br>(9. 78) |
| 其他变量 | 控制 | 控制 | 控制 | 控制 | 控制 | 控制 | 控制 |
| 常数项 | − 2. 055 **<br>（− 2. 52） | − 1. 878 **<br>（− 2. 24） | − 3. 890 *<br>（− 1. 77） | − 2. 143 ***<br>（− 2. 81） | − 2. 213 ***<br>（− 2. 97） | − 5. 380 ***<br>（− 3. 94） | − 5. 649 ***<br>（− 8. 89） |
| Hansen-p | | | | | | 0. 206 | |
| AR(1)-p | | | | | | 0. 009 | |
| AR(2)-p | | | | | | 0. 521 | |
| 不可识别检验<br>［P 值］ | | | | | | | 36. 833 ***<br>［0. 000］ |
| 弱工具变量检验<br>［10% 偏误临界值］ | | | | | | | 25. 322<br>［7. 03］ |

注：Kleibergen-Paap rk LM 统计量的 P 值拒绝了不可识别检验，Kleibergen-Paap rk Wald F 统计量大于 10% 偏误的临界值，不存在弱工具变量问题。模型（1）～模型（5）括号内是估计系数对应的 t 值，模型（6）～模型（7）括号内是估计系数对应的 Z 值。

第二，改变核心解释变量。（1）改变双向 FDI 存量的计算方法，假设 2006 年双向 FDI 存量为当年流量的 3 倍，进而采用永续盘存法重新计算 2007～2015 年的物流业双向 FDI 存量，回归结果如表 5 – 7 模型（4）所示。（2）以人均双向 FDI 存量作为核心解释变量，回归结果如表 5 – 7 模型（5）所示。由模型（4）和模型（5）的回归结果可知，双向 FDI 及其交互项的估计系数显著为正。

第三，改变计量模型。（1）为了考察物流业运行质量提升过程中是否存在"自我强化效应"，在式（5 – 3）的基础之上加入物流业运行质量水平的滞后一期（*L*. ln*suqu*）构建动态面板模型，采用两步法系统 GMM

方法对动态面板模型进行回归,回归结果如表 5 - 7 模型(6)所示。
*L. lnsuqu* 的估计系数通过 5% 的显著性水平检验,说明物流业运行质量在
时间维度上表现出明显的"滚雪球"效应,如果上一期物流业运行质量
处于较高水平,则下一期的物流业运行质量可能会持续走高。需要指出,
双向 FDI 及其交互项的估计系数同样显著为正。(2)以双向 FDI 滞后两
期为工具变量,采用 2SLS 对模型进行回归,结果如表 5 - 7 模型(7)所
示。在考虑了内生性问题以后,双向 FDI 及其交互项的估计系数仍显著
为正。

此外,本书对式(5 - 3)中涉及的所有变量进行缩尾处理,剔除极
端值后再次进行检验,回归结果显示双向 FDI 及其交互项估计系数仍显
著为正。上述 8 种方法表明表 5 - 6 的回归结果是稳健可靠的,即双向
FDI 有利于提升物流业运行质量,而且双向 FDI 在发挥这一有利作用时存
在互促效应。

### 5.3.2.3 双向 FDI 影响物流业社会贡献的实证检验

表 5 - 8 显示了以物流业社会贡献水平(lncontri)为被解释变量,双
向 FDI 存量为核心解释变量的基准回归结果。根据回归结果可知,F 统计
量为 37.18,P 值为 0.000,表明 FE 明显优于 OLS;Hausman 检验的 P 值
为 0.040 < 0.05,年份虚拟变量的联合显著性检验的 P 值为 0.000,因此
应该选择个体和时间双固定效应模型。

表 5 - 8    双向 FDI 影响物流业社会贡献的基准回归结果

| 变量 | OLS | RE | FE | | | |
|------|-----|-----|-----|-----|-----|-----|
| | 模型(1) | 模型(2) | 模型(3) | 模型(4) | 模型(5) | 模型(6) |
| ln*ifdi* | 0.024 ** (2.23) | 0.040 ** (2.28) | 0.074 *** (2.86) | | 0.081 * (1.95) | 0.072 ** (2.32) |
| ln*ofdi* | 0.012 (0.85) | 0.009 (0.89) | | -0.011 (-0.87) | -0.017 (-1.12) | 0.008 (0.77) |
| ln*tidl* | 0.005 (0.86) | 0.008 * (1.86) | | | 0.009 (1.24) | 0.007 (1.42) |

| 变量 | OLS | RE | FE | | | |
|---|---|---|---|---|---|---|
| | 模型（1） | 模型（2） | 模型（3） | 模型（4） | 模型（5） | 模型（6） |
| *dige* | 0.064 ** (2.08) | 0.056 (1.48) | 0.082 (1.66) | 0.044 * (2.02) | | 0.071 ** (2.17) |
| ln*agg* | 0.309 ** (2.53) | 0.261 *** (3.10) | 0.170 (1.48) | 0.192 * (1.81) | | 0.181 ** (2.37) |
| ln*hum* | 1.898 *** (2.77) | 0.988 *** (3.36) | 0.578 * (2.01) | 0.421 * (1.75) | | 0.784 ** (2.19) |
| ln*inno* | 0.085 * (1.80) | 0.107 *** (3.18) | 0.139 *** (3.55) | 0.025 *** (3.85) | | 0.118 *** (2.90) |
| ln*tran* | 0.046 (0.70) | 0.007 (0.12) | 0.032 (0.16) | 0.135 (0.58) | | 0.027 (0.13) |
| 常数项 | −5.728 *** (−3.90) | −4.148 *** (−5.63) | −3.543 *** (−4.05) | −2.528 *** (−4.34) | −6.370 *** (−10.55) | −4.027 *** (−3.96) |
| $R^2$ | 0.761 | 0.717 | 0.846 | 0.845 | 0.840 | 0.848 |

注：***、**、* 分别表示在 1%、5% 和 10% 的水平上显著；所有回归均使用稳健标准误；模型（2）括号内是 Z 值，其他列括号内是 t 值。

根据表 5-8 中模型（3）、模型（5）和模型（6）的回归结果可知，IFDI 的估计系数至少在 10% 的水平上显著为正，表明 IFDI 对物流业社会贡献增长具有显著促进作用。根据物流业高质量发展评价指标体系可知，社会贡献维度由产业支撑和改善民生两个方面组成。产业支撑方面反映的是 IFDI 对物流业关联产业和产业结构的影响。物流成本居高不下已经严重制约农业和制造业的效率与竞争力。根据前文的分析和实证检验可知，外资流入使物流业供给规模、供给效率和供给质量不断提升，从而使农业和制造业企业购买到质量更好、价格更低的物流服务[303]，改善自身效率。物流业 IFDI 通过使第一产业、第二产业优质发展，以及第三产业比重增加从而有利于整体产业结构升级[304]。改善民生反映的是 IFDI 对物流业就业、工资、税收方面的影响。以绿地投资方式进入中国物流业的 IFDI 可以直接创造就业机会，跨国并购形式的 IFDI 虽然短期内未能直接增加就业，但通过后续的扩大再生产长期也能增加就业[249]。另外，

IFDI 通过促进物流业发展可以增加税收。

但表 5 - 8 中模型（4）～模型（6）的回归结果均显示 OFDI 的估计系数不显著，说明物流业社会贡献水平并未受到 OFDI 的影响。虽然 OF-DI 可以通过规模效应和逆向技术溢出效应提升物流业产出规模和运行质量，但这一积极影响可能还无法向其他产业渗透，不足以提高农业和制造业的生产效率，推动产业结构优化升级。与此同时，OFDI 是国内资本的跨境流出，资本减少会导致劳动力投入需求减少，而且国内物流业效率的提升可能也会减少对非熟练劳动力的需求。另外，对外直接投资企业境外活动增加也会减少对国内劳动力的雇用和税收贡献。正向作用和负向作用博弈的结果导致 OFDI 对物流业社会贡献的影响并不显著。

以表 5 - 8 模型（6）为主，对其他变量的回归结果进行具体分析。双向 FDI 交互项的估计系数不显著为正，外资的流入并未缓解 OFDI 对物流业社会贡献带来的负向冲击，物流业"引进来"和"走出去"仍需要加强彼此之间的协同效应。数字经济对物流业社会贡献表现出显著的促进作用。以互联网、大数据等为代表的数字技术不仅已经融入了物流业，也融入了农业和制造业的各个领域，助推一二三产业不断优化升级。产业集聚水平显著提升了物流业的社会贡献程度。从产业支撑来看，基于前向联动规律，物流业作为关联产业的上游产业，其专业化集聚将会通过供给质量影响联动产业升级[305][306]。从改善民生来看，产业集聚能够扩大物流业生产规模，意味着可以增加劳动力需求和税收。人力资本水平和自主创新能力的提高有利于物流业对社会作出贡献，交通基础设施的正向影响则不显著。

后文采用多种方法对表 5 - 8 的回归结果进行稳健性检验。第一，改变被解释变量。（1）从第 4 章的测算结果中选取 2006～2015 年相对应 27 个省份的物流业社会贡献水平作为被解释变量，双向 FDI 存量为核心解释变量再次进行检验，回归结果如表 5 - 9 模型（1）所示。由表 5 - 9 模型（1）汇报的结果可知，IFDI 和 OFDI 估计系数分别显著为正和不显著为正，与基准回归结果一致。（2）分别以社会贡献维度中的产业支撑和改善民生作为被解释变量进行检验，回归结果如表 5 - 9 模型（2）和模型（3）所示。回归结果表明 IFDI 既可以支撑关联产业发展，同时又有利于改善民生。OFDI 对产业支撑和改善民生方面的影响均不显著。

表 5 - 9　　　　双向 FDI 影响物流业社会贡献的稳健性检验

| 变量 | 模型（1） | 模型（2） | 模型（3） | 模型（4） | 模型（5） | 模型（6） | 模型（7） |
|---|---|---|---|---|---|---|---|
| L. lncontri | | | | | | 0.475 *** (3.35) | |
| lnifdi | 0.069 *** (3.42) | 0.080 ** (2.40) | 0.033 *** (4.04) | 0.013 * (1.77) | 0.016 * (1.88) | 0.074 ** (2.08) | 0.059 *** (2.69) |
| lnofdi | 0.018 (0.77) | 0.015 (0.77) | 0.004 (0.24) | 0.004 (0.94) | 0.019 (1.43) | 0.004 (0.11) | -0.020 (-1.28) |
| lntidl | 0.011 (1.42) | 0.005 * (1.83) | 0.007 (1.43) | 0.002 (1.34) | 0.001 (0.86) | 0.012 (1.23) | 0.005 (1.34) |
| 其他变量 | 控制 | 控制 | 控制 | 控制 | 控制 | 控制 | 控制 |
| 常数项 | -3.054 *** (-3.69) | -1.315 ** (-2.32) | -0.909 (-0.90) | -3.085 *** (-3.53) | -2.604 *** (-4.37) | -7.582 *** (-2.74) | -5.751 *** (-8.54) |
| Hansen-p | | | | | | 0.438 | |
| AR（1）-p | | | | | | 0.002 | |
| AR（2）-p | | | | | | 0.831 | |
| 不可识别检验 [P 值] | | | | | | 36.833 *** [0.000] | |
| 弱工具变量检验 [10% 偏误临界值] | | | | | | 25.322 [7.03] | |

注：Kleibergen-Paap rk LM 统计量的 P 值拒绝了不可识别检验，Kleibergen-Paap rk Wald F 统计量大于 10% 偏误的临界值，不存在弱工具变量问题。模型（1）～模型（5）括号内是估计系数对应的 t 值，模型（6）～模型（7）括号内是估计系数对应的 Z 值。

第二，改变核心解释变量。（1）改变双向 FDI 存量的计算方法，假设 2006 年双向 FDI 存量为当年流量的 3 倍，进而采用永续盘存法重新计算 2007～2015 年的物流业双向 FDI 存量，回归结果如表 5 - 9 模型（4）所示。（2）以人均双向 FDI 存量作为核心解释变量，回归结果如表 5 - 9 模型（5）所示。模型（4）和模型（5）的结果显示双向 FDI 估计系数符号和显著性与基准回归结果保持一致。

第三，改变计量模型。（1）在式（5 - 3）的基础之上加入物流业社会贡献水平的滞后一期（*L. lncontri*）构建动态面板模型，采用两步法系统 GMM 方法进行回归，回归结果如表 5 - 9 模型（6）所示。*L. lncontri* 的估计系数通过 1% 的显著性水平检验，说明物流业社会贡献在时间维度上具有路径依赖特征。（2）以双向 FDI 滞后两期作为工具变量，采用 2SLS 对模型进行回归，结果如表 5 - 9 模型（7）所示。模型（6）和模型（7）的回归结果显示，在考虑了动态效应和内生性问题以后，IFDI 的估计系数仍显著为正，而 OFDI 与交互项的估计系数均不显著。

本书对式（5 - 3）中涉及的所有变量进行缩尾处理，剔除极端值后再次进行检验。另外，还采用传统熵权法重新测度物流业社会贡献水平，以此结果作为被解释变量数据进行实证检验。这两种方法的回归结果与基准回归结果一致。

上述 8 种方法说明表 5 - 8 的回归结果是稳健可靠的，即 IFDI 有助于物流业为社会作出贡献，而 OFDI 与双向 FDI 互动发展对物流业社会贡献没有起到显著的推动作用。

### 5.3.2.4　双向 FDI 影响物流业绿色发展的实证检验

表 5 - 10 显示了以物流业绿色发展水平（lngreen）为被解释变量，双向 FDI 存量为核心解释变量的基准回归结果。根据回归结果可知，F 统计量为 14.90，P 值为 0.000，表明 FE 明显优于 OLS；Hausman 检验的 P 值为 0.023 < 0.05，年份虚拟变量的联合显著性检验的 P 值为 0.000，因此应该选择个体和时间双固定效应模型。以表 5 - 10 模型（6）为主，对变量的回归结果进行具体分析。

表 5 - 10　　　　双向 FDI 影响物流业绿色发展的基准回归结果

| 变量 | OLS | RE | FE | | | |
|---|---|---|---|---|---|---|
| | 模型（1） | 模型（2） | 模型（3） | 模型（4） | 模型（5） | 模型（6） |
| ln*ifdi* | 0.066<br>(0.91) | 0.049<br>(0.77) | 0.089<br>(0.60) | | 0.049<br>(0.36) | 0.086<br>(0.59) |
| ln*ofdi* | -0.069<br>(-0.42) | 0.040<br>(1.27) | | -0.016<br>(-0.90) | 0.050<br>(1.58) | 0.025<br>(1.30) |

| 变量 | OLS | RE | FE | | | |
|---|---|---|---|---|---|---|
| | 模型（1） | 模型（2） | 模型（3） | 模型（4） | 模型（5） | 模型（6） |
| ln*tidl* | 0.021 *<br>(1.92) | 0.009<br>(0.98) | | | 0.019 **<br>(2.08) | 0.026 **<br>(2.22) |
| *dige* | 0.108 **<br>(2.28) | 0.014 **<br>(2.17) | 0.058 **<br>(2.54) | 0.054<br>(1.60) | | 0.030 **<br>(2.34) |
| ln*agg* | − 0.692<br>( − 1.24) | − 0.629 *<br>( − 1.71) | − 0.630<br>( − 1.18) | − 0.591<br>( − 1.23) | | − 0.600<br>( − 1.21) |
| ln*hum* | 0.568<br>(0.56) | 0.027<br>(0.02) | 0.071<br>(0.11) | 0.253<br>(0.32) | | 0.987<br>(0.96) |
| ln*inno* | 0.021 **<br>(2.12) | 0.088<br>(1.52) | 0.152<br>(1.02) | 0.150 ***<br>(3.00) | | 0.111 *<br>(1.71) |
| ln*tran* | 0.203<br>(1.14) | 0.261<br>(1.45) | 0.476<br>(0.83) | 0.536<br>(0.92) | | 0.603<br>(0.98) |
| 常数项 | − 1.901<br>( − 0.76) | − 0.830<br>( − 0.83) | − 1.034 ***<br>( − 2.94) | − 0.235<br>( − 1.13) | − 1.410 ***<br>( − 2.80) | − 3.314 *<br>( − 1.93) |
| $R^2$ | 0.268 | 0.241 | 0.198 | 0.196 | 0.170 | 0.226 |

注：***、**、* 分别表示在 1%、5% 和 10% 的水平上显著；所有回归均使用稳健标准误；模型（2）括号内是 Z 值，其他列括号内是 t 值。

IFDI 的估计系数不显著为正，说明引进外资对物流业绿色发展水平的提升并不存在积极影响，同时也表明"污染天堂"假说在中国物流业利用外资过程中不成立。这与滕泽伟利用服务业全行业数据得出的结论是一致的[102]。但是臧新和潘国秀的研究结果却显示 IFDI 有利于中国物流业碳减排[307]。IFDI 对物流业节能减排的积极影响不显著可能有两方面的原因：一是，进入中国物流市场的外资企业的业务范围主要集中在快递、海运、货代等运输领域，而交通运输行业是能源消耗和碳排放的大户[308]。二是，虽然中国在 2015 年之前也重视环境问题，但环境规制体系仍不健全，即使有明确的环境规制标准，但执行力度偏弱。地方政府通常以牺牲生态环境为代价吸引外资，更注重外资带来的经济效益，导致 IFDI 流入在促进当地物流业发展的同时提高了碳排放强度，不利于物流业绿色发展。OFDI 对物流业绿色发展水平的影响不显著为正，也就是说物流业对外直接投资同样不必然带来节能减排效应。根据前文的实证检验可知，OFDI 扩大了物流业规模，但当产出增长的排放效应大于规模效应时，不利于节能减排。另外，OFDI 的确存在逆向技术溢出效应，可以提高物流业 TFP，但是被传输回母国的不一定是生态技术。事实上，寻求生态技术并不是企业开展 OFDI 活动的主要动机，除非投资者面临满足来自母国特定环保要求的压力[141]。因此，当中国各地环境规制力度较小时，技术进步并不必然伴随物流业污染的下降。双向 FDI 交互项的估计系数在 5% 的水平上显著为正，表明中国物流业 IFDI（OFDI）能够正向调节 OFDI（IFDI）对物流业绿色发展的影响。

从控制变量看，首先数字化水平的估计系数为 0.030，通过 5% 的显著性水平检验。数字经济具有网络化及智能化的特点，可以快速地获取信息资源，降低信息传输过程中的数据失真，为物流企业优化管理、减少空载、提高效率带来新契机，有助于减少物流活动过程中的碳排放量。国际能源署的数据显示，将数字解决方案应用于卡车运营可以将公路货运的能源消耗减少 20% ~ 25%。产业集聚水平的估计系数不显著为负，说明物流业集聚水平的提高无法节能减排。产业集中度提升通过规模效应、知识溢出等正向外部性促进产业发展，也可能因为同行业企业争夺资源造成的拥堵效应和淘汰效应不利于产业发展，两种影响的博弈结果导致产业集聚的估计系数不显著。人力资本水平的估计系数为正但不显著。在"科教兴国"战略下，中国人口受教育水平不断提升，但物流业的"人才红利"并不明显。这是因为绿色发展需要绿色技术创新，而绿色创新更多地依靠高素质人才队伍。然而当前中国物流从业人员队伍主力军的素质和能力普遍不高。自主创新能力的估计系数在 10% 的水平上显著为正，表明专利发明能够助推物流业绿色发展。交通基础设施水平的估计系数不显著为正，完善的交通基础设施可以提高省域的可达性，在扩大物流业规模的同时也增加了碳排放量，不必然引致能源使用强度和碳排放强度的降低。

为了确保表 5 - 10 所反映的回归结果的真实性和可靠性，后文采用多种方法进行稳健性检验。第一，改变被解释变量。（1）从第 4 章的测算结果中选取 2006~2015 年相对应 27 个省份的物流业绿色发展水平作为被解释变量再次进行检验，回归结果如表 5-11 模型（1）所示。根据模型（1）显示的结果可知，仅双向 FDI 交互项提升了物流业绿色发展水平。（2）分别采用物流业能源使用强度和碳排放强度的原始数据进行检验，回归结果如表 5-11 中模型（2）和模型（3）所示，由此可知，双向 FDI 估计系数为负但不显著，表明物流业双向 FDI 的节能减排效应并不明显，双向 FDI 交互项的估计系数则显著为负，节能减排效应明显。

第二，改变核心解释变量。（1）改变双向 FDI 存量的计算方法，假设 2006 年双向 FDI 存量为当年流量的 3 倍，进而采用永续盘存法重新计算 2007~2015 年的物流业双向 FDI 存量，回归结果如表 5-11 模型（4）所示。（2）以人均双向 FDI 存量作为核心解释变量，回归结果如表 5-11 模型（5）所示。模型（4）和模型（5）的结果显示双向 FDI 及其交互项的显著性与基准回归结果一致。

表 5-11　　　　双向 FDI 影响物流业绿色发展的稳健性检验

| 变量 | 模型（1） | 模型（2） | 模型（3） | 模型（4） | 模型（5） | 模型（6） | 模型（7） |
|---|---|---|---|---|---|---|---|
| $L.\mathrm{ln}green$ | | | | | | 0.524 **<br>(2.17) | |
| $\mathrm{ln}ifdi$ | 0.062<br>(0.52) | −0.036<br>(−0.48) | −0.052<br>(−0.66) | −0.021<br>(−1.06) | 0.034<br>(0.81) | 0.205<br>(0.85) | 0.041<br>(1.27) |
| $\mathrm{ln}ofdi$ | 0.012<br>(0.70) | −0.016<br>(−1.13) | −0.017<br>(−1.11) | 0.004<br>(0.04) | −0.044<br>(−1.59) | 0.074<br>(0.89) | −0.143<br>(−0.93) |
| $\mathrm{ln}tidl$ | 0.023 **<br>(2.43) | −0.011 ***<br>(−3.76) | −0.012 **<br>(−2.19) | 0.021 *<br>(2.03) | 0.002 **<br>(2.33) | 0.031<br>(1.16) | 0.023 ***<br>(3.47) |
| 其他变量 | 控制 | 控制 | 控制 | 控制 | 控制 | 控制 | 控制 |
| 常数项 | −3.233<br>(−1.03) | 1.114<br>(0.72) | 2.425<br>(1.59) | −1.926<br>(−0.83) | −0.340<br>(−0.15) | −2.583<br>(−0.86) | −5.423 ***<br>(−4.52) |
| Hansen-p | | | | | | 0.458 | |
| AR(1)-p | | | | | | 0.004 | |
| AR(2)-p | | | | | | 0.144 | |

| 变量 | 模型（1） | 模型（2） | 模型（3） | 模型（4） | 模型（5） | 模型（6） | 模型（7） |
|---|---|---|---|---|---|---|---|
| 不可识别检验<br>［P 值］ |  |  |  |  |  |  | 36.833 ***<br>［0.000］ |
| 弱工具变量检验<br>［10% 偏误临界值］ |  |  |  |  |  |  | 25.322<br>［7.03］ |

注：Kleibergen-Paap rk LM 统计量的 P 值拒绝了不可识别检验，Kleibergen-Paap rk Wald F 统计量大于 10% 偏误的临界值，不存在弱工具变量问题。模型（1）～模型（5）括号内是估计系数对应的 t 值，模型（6）～模型（7）括号内是估计系数对应的 Z 值。

第三，改变计量模型。（1）在式（5-3）的基础之上加入物流业绿色发展水平的滞后一期（*L. lngreen*）构建动态面板模型，采用两步法系统 GMM 方法对动态面板模型进行回归，回归结果如表 5-11 模型（6）所示。*L. lngreen* 估计系数通过 5% 的显著性水平检验，但双向 FDI 及其交互项的估计系数均不显著。（2）以双向 FDI 滞后两期为工具变量，采用 2SLS 对模型进行回归，结果如表 5-11 模型（7）所示。在考虑了内生性问题以后，双向 FDI 交互项的估计系数仍显著为正。

本书对式（5-3）中涉及的所有变量进行缩尾处理，剔除极端值后再次进行检验。另外，还采用传统熵权法重新测度物流业绿色发展水平，以此结果作为被解释变量数据进行实证检验。这两种方法的回归结果与基准回归结果一致。上述 8 种方法说明表 5-10 的回归结果是稳健可靠的，即双向 FDI 不能有效推动物流业绿色发展，但是双向 FDI 交互项有利于提升物流业绿色发展水平。

# 5.4　本章小结

随着中国"引进来"和"走出去"战略的稳步推进，双向 FDI 规模的不断扩大已经成为中国物流业的主要表现之一。立足这一现实，本章从理论上分析了双向 FDI 影响物流业高质量发展的内在机理，并且基于 2006～2015 年中国 27 个省份的面板数据，运用个体和时间双固定效应模型实证检验了双向 FDI 对物流业高质量发展综合水平和分维度水平的总体影响。本章的主要结论如下所述。

（1）从物流业高质量发展综合水平来看，IFDI 和 OFDI 对物流业高质量发展均具有显著的推动作用，IFDI 的推动作用较 OFDI 更强。IFDI 和 OFDI 在推动物流业高质量发展过程中存在显著的互促效应，IFDI（OFDI）可以增强 OFDI（IFDI）对物流业高质量发展的积极影响。在考虑了动态效应、内生性、不同的双向 FDI 指标和物流业高质量发展水平指标以后，这一结论依然成立。控制变量中，人力资本和交通基础设施不能推动物流业高质量发展，数字化水平、物流业集聚水平和自主创新能力是提升物流业高质量发展水平的重要因素，说明中国物流业高质量发展依赖于技术，需要切实提高技术创新能力。

（2）从物流业高质量发展分维度水平来看，首先，双向 FDI 有利于提升物流业产出规模水平，IFDI 的提升作用较 OFDI 更强，IFDI 和 OFDI 在扩大物流业规模的过程中存在显著的互促效应。其次，物流业利用外资和对外投资有利于自身运行质量的提升，而且 IFDI 的提升效应更大，IFDI 和 OFDI 在提升物流业运行质量的过程中存在显著的互促效应。再次，IFDI 对物流业社会贡献增长具有显著的促进作用，OFDI 的正向影响则不显著，双向 FDI 的交互作用也无法发挥对物流业社会贡献的正向效应。最后，双向 FDI 对物流业绿色发展的影响均不显著为正，但是双向 FDI 交互项的估计系数显著为正，说明 IFDI 和 OFDI 在推动物流业绿色发展过程中存在良性互动。

总体而言，IFDI 和 OFDI 是推动物流业高质量发展的重要途径。从具体的作用机制看，IFDI 通过提升物流业产出规模、运行质量和社会贡献水平对物流业高质量发展发挥正向作用，而 OFDI 则通过扩大物流业规模和提高物流业运行质量推动物流业高质量发展。

# 第6章 双向FDI对物流业高质量发展的时空异质效应

第5章在构建普通面板模型的基础上，基于2006～2015年中国27个省份的面板数据实证检验了双向FDI对物流业高质量发展的总体影响。然而，由于地理位置、政策调整以及经济基础等原因，不同时空维度下物流业双向FDI存在差异，物流业高质量发展综合水平和分维度水平也不尽相同，可能会导致双向FDI对物流业高质量发展的影响存在明显的时空异质性特征。换言之，随着地理位置的变化，相同因素也会对物流业高质量发展产生不同的影响，且这种影响在时间上具有不同的发展趋势，因此有必要考虑解释变量的估计系数为非常数这种可能性的存在。事实上，已有部分文献站在全行业角度检验双向FDI影响经济高质量发展的空间差异，并得到肯定的结果。然而，大部分文献只是简单根据某一标准（如地理位置、高质量发展水平等）将研究样本划分为几大区域，以此检验空间异质性[106][107][147]。虽然这些研究也能在一定程度上说明双向FDI对经济高质量发展的作用存在空间差异，但实际上得到的结果仍是某种意义上的"全局"估计，导致研究结果的政策含义有限。

双向FDI对物流业高质量发展的影响可能会随着时间变化而产生差异。但是，现有文献鲜少对"IFDI对东道国经济的影响或OFDI对母国经济的影响随时间动态变化"展开研究。部分文献尝试在模型中加入双向FDI滞后项以反映早期双向FDI对经济高质量发展的影响[106]，但是加入滞后项也不能反映双向FDI对一国经济发展的影响随时间变化而动态变化的特征。还有一些研究也认为，IFDI对东道国经济发展的影响随时间推移而发生变化。霍伟东等把 2004～2016 年划分为经济发展初期和经济转型期两个阶段，考察不同阶段 IFDI 对中国经济绿色发展的影响，研究结果表明，在经济发展初期，IFDI 加剧了中国环境污染；在经济转型时期，IFDI 则改善了中国环境污染[309]。季颖颖等以制造业为例，利用外资企业年龄的一次项、二次项和三次项研究 IFDI 技术溢出效应的时间变化，研究结果显示，IFDI 的技术溢出呈现"挤出效应—挤入效应—挤入效应减弱"的扁"S"型变化趋势[310]。任长秋认为，农产品加工业 IFDI 的技术溢出效应随时间而变化，借助外商投资企业存续时间及其二次项进行实证检验，研究结果发现，IFDI 的技术溢出效应对农产品加工业产值和创新能力的正向影响呈现出边际递减趋势[311]。张（Zhang）等认为，IFDI 进入东道国的时间越长，东道国企业越有机会向外资企业学习并提高自身生产效率，而且利用中国制造行业数据证实了这一观点。他们还发现，IFDI 对制造企业 TFP 的正向影响呈递减趋势[312]。实际上，上述文献将考察期划分为不同时段或采用某一变量的平方项只能获得 IFDI 技术溢出效应的大致走向，未能刻画 IFDI 在不同时间对一国经济发展的影响具体是什么样的。

　　鉴于以上分析，有待进一步深入挖掘双向 FDI 对物流业高质量发展影响的时空异质性特征。传统实证模型如最小二乘法没有考虑空间距离因素，空间计量模型则忽略时间非平稳性，且二者的估计参数不随样本个体变动而变动，无法有效刻画双向 FDI 对物流业高质量发展在时间和空间双重维度的异质性影响。与线性回归模型不同，时空地理加权回归模型（GTWR）是局部变系数模型，观测单元的时空特征（数据）被嵌入到 GTWR 模型中，可以反映不同时间回归系数的异质性，并识别区域特质因素的影响强度[313]。本章基于中国物流业双向 FDI 及物流业高质量发展水平时空不均衡的客观事实，利用 2006～2015 年中国 27 个省份的面板数据，运用 GTWR 模型对双向 FDI 影响物流业高质量发展的时空差异展开研究，使差异化的政策价值更为明显，可以为中国各地区因时制宜、因地制宜地制定引资政策和"走出去"的鼓励扶持政策提供依据。

# 6.1　理论分析与研究假设

　　双向 FDI 对物流业高质量发展的影响随时间变化而改变。无论是外资企业进入中国物流市场抑或是中国企业"走出去",均面临如何融入当地市场的问题,这是一个时间约束性较强的活动。"引进来"或"走出去"的企业需要花费时间学习当地的法律法规,适应当地的文化和社会风俗,还需要花费时间对产品进行改造以符合当地消费者的需求。如果企业选择绿地投资的方式进入东道国市场,必然缺乏一定的消费者基础,这也需要大量的时间去培养。这一时期,双向 FDI 对物流业高质量发展的影响较小。当外资企业融入中国物流市场并与本土物流企业展开竞争时,才会刺激和迫使本土企业采取方法加以应对,比如加快采用新技术和先进管理模式以提高生产率。本土企业也在与外资企业竞争与合作的过程中,接触到外资企业的先进技术、高端服务模式和企业组织管理方式,并进行学习和模仿,从而达到提升自身技术水平和效率的目的。但是,外资企业的技术、知识和信息在东道国扩散需要较长时间,本土企业进行学习也需要花费一定时间。同样的,"走出去"的物流企业也只有融入境外市场并正常展开经营活动时,才能逐渐与当地企业建立联系并展开互动,经过一段时间获取利润和生产要素,学习和吸收他国先进的技术和知识,进而把这些资金、技术、知识、人才输回母公司。外资企业与东道国本土上游供应商和下游企业的互动是提升关联产业生产效率的重要渠道。对于刚进入东道国的物流企业而言,首先会和它们在母国熟悉的企业展开合作,并为它们提供物流服务。在适应了东道国环境并步入稳定运行阶段时,才开始逐步与本土农业和制造企业展开合作,利用自身优势为这些企业提供更优质的服务,进而提高它们的生产效率。但是外资物流企业与东道国本土企业建立长久信任的合作关系需要一定时间。另外,外资物流企业为提供优质服务对上游制造商提出了更高要求,上游制造企业也需要花费时间去学习和适应外资物流企业提出的要求，进而提高自身技术水平和产品质量。"走出去"的物流企业先通过影响母公司进而给母国相关联产业产生影响更需要一个漫长的过程。总体而言，经过一定的时间，双向 FDI 对物流业高质量发展的促进作用逐渐增强。然而，双向 FDI 的技术溢出效应会在本土企业技术水平加快提升过程中变得缓慢[314]，可能导致双向 FDI 对物流业高质量发展的促进作用也呈现逐渐下降趋势。根据以上分析，本书提出研究假设 6 - 1。

H6 - 1：从时间上看，双向 FDI 对物流业高质量发展的推动作用呈现"先上升后下降"的倒"V"型趋势。

中国东部地区是改革开放的排头兵，也是物流业对外开放最早的区域，凭借其优越的地理位置、坚实的经济基础、完备的基础设施，吸引了大量物流业外资的流入。相比东部地区，中西部地区物流业外资流入较晚。"中部崛起"和"西部大开发"战略的实施才使中西部地区引进外资的速度加快。根据第 3 章分析可知，跨国物流企业进入中国的区位选择先以北京和东部沿海省份为主，再向中部省会城市和经济较为发达的城市布局，进而向西部省会城市延伸。较少的外资企业进入中部和西部地区，意味着本土企业接触外资企业的概率就会降低[311]，没有接触自然学习的可能性就小。中国物流业"走出去"起步较早，但开展 OFDI 活动的企业是以国有物流企业或国际竞争力强的民营企业为主，而中西部地区国际竞争力强的物流企业较为缺乏，企业"走出去"积极性不高。即使中西部物流业发展提高了企业对外直接投资的能力和意愿，"一带一路"倡议更为中西部物流业"走出去"提供了新契机，但是与东部相比，中西部地区物流业 OFDI 规模仍然较小。另外，双向 FDI 的技术溢出是否发生以及效应大小与接受主体的吸收能力有关，企业只有具备一定的吸收能力才能够认知、消化并应用新技术和新知识。因此，双向 FDI 对东部地区物流业高质量发展的促进作用更强。根据以上分析，本书提出研究假设 6 - 2。

H6 - 2：从空间上看，双向 FDI 对物流业高质量发展的积极影响呈"东部 > 中部 > 西部"的分布格局。

# 6.2　研究方法与模型设定

## 6.2.1　研究方法

传统的计量模型得到的全局估计结果仅仅只是某种意义上的"平均"，不能有效反映空间异质性。为了更好地观测样本随空间位置变动的规律，地理加权回归模型（GWR）在 1996 年被提出并广泛应用于不同领域[315]。GWR 将观测点的空间位置嵌入回归系数中，进而得到每个区域对应的估计值，是一种局部变系数模型，但 GWR 模型忽略了时间异质性，不能观测估计结果在不同时间节点的变化。黄（Huang）等把时间因素纳入 GWR 模型中，提出了 GTWR 模型[313]。GTWR 模型可以从时空双维度捕捉观测对象的参数变化趋势。与 GWR 相比，GTWR 模型具有更高的估计效率以及模型优良性[316][317]。

GTWR 模型的一般方程形式如下：

$$y_i = \beta_0(u_i, v_i, t_i) + \sum_{k=1}^{n} \beta_k(u_i, v_i, t_i) x_{ik} + \varepsilon_i \qquad (6-1)$$

其中，$y_i$ 表示被解释变量；$u_i$，$v_i$，$t_i$ 分别表示第 $i$ 个样本点的经纬度和观测时点；$x_{ik}$ 为第 $k$ 个变量在第 $i$ 个样本点处的观测值；$\varepsilon_i$ 表示误差项；$\beta_k(u_i, v_i, t_i)$ 表示第 $k$ 个变量在 $(u_i, v_i, t_i)$ 处的回归系数，其估计值如下：

$$\hat{\beta}(u_i, v_i, t_i) = [X^T W(u_i, v_i, t_i) X]^{-1} X^T W(u_i, v_i, t_i) Y \qquad (6-2)$$

其中，$X$、$Y$ 分别为 $x_i$ 和 $y_i$ 构成的矩阵；$W(u_i, v_i, t_i) = diag(w_{i1}, w_{i2}, \cdots, w_{in})$ 为时空权重矩阵。本书采用高斯函数作为空间权函数来计算时空权重矩阵，即：

$$w_{ij} = \exp\{-d_{ij}^2/h^2\} \qquad (6-3)$$

$$d_{ij} = \sqrt{\lambda[(u_i - u_j)^2 + (v_i - v_j)^2] + \mu(t_i - t_j)^2} \qquad (6-4)$$

$$w_{ij} = \exp\left\{ -\left( \frac{\lambda\left[(u_i - u_j)^2 + (v_i - v_j)^2\right] + \mu(t_i - t_j)^2}{h^2} \right) \right\} \quad (6-5)$$

其中，$d_{ij}$ 表示样本 $i$ 和 $j$ 的时空距离；$\lambda$ 和 $\mu$ 是用于平衡时空距离的尺度参数；$\mu = 0$ 时，表示不存在时间效应，模型退化为 GWR；$\lambda = 0$ 时，表示不存在空间效应，模型退化为时间加权回归模型（TWR）；$h$ 表示带宽，反映时空权重随时空距离增加的衰减速度。最优带宽的确定方法主要有赤池信息量准则 AIC 和交叉验证法 CV。与 CV 相比，AIC 具有更强的兼容性[193]，本书采用 AIC 准则法。

### 6.2.2　模型构建

与第 5 章选取的变量一致，本章分别以物流业高质量发展综合水平和分维度水平作为被解释变量，物流业双向 FDI 作为核心解释变量，数字化水平、产业集聚水平、人力资本水平、自主创新能力和交通基础设施作为控制变量，构建双向 FDI 影响物流业高质量发展的 GTWR 模型：

$$\ln hqua_i = \beta_0(u_i, v_i, t_i) + \beta_1(u_i, v_i, t_i)\ln ifdi_i + \beta_2(u_i, v_i, t_i)\ln ofdi_i$$
$$+ \beta_3(u_i, v_i, t_i)\ln ifdi \times \ln ofdi + \beta(u_i, v_i, t_i)Z_i + \varepsilon_i \quad (6-6)$$

$$\ln hqsd_i = \alpha_0(u_i, v_i, t_i) + \alpha_1(u_i, v_i, t_i)\ln ifdi_i + \alpha_2(u_i, v_i, t_i)\ln ofdi_i$$
$$+ \alpha_3(u_i, v_i, t_i)\ln ifdi \times \ln ofdi + \alpha(u_i, v_i, t_i)Z_i + \varepsilon_i \quad (6-7)$$

其中，$hqua$ 表示物流业高质量发展综合水平；$hqsd$ 表示物流业高质量发展分维度水平，包括物流业高质量发展的产出规模水平（$\ln scale$）、运行质量水平（$\ln suqu$）、社会贡献水平（$\ln contri$）和绿色发展水平（$\ln green$）。其他变量的含义同式（5-1）和式（5-2）。

本章还基于以上所选的变量分别从全局、时间和空间三个角度构建 OLS 模型、TWR 模型和 GWR 模型，并通过比较四种模型回归结果的相关参数，验证 GTWR 模型的优良性。表 6-1 汇报了包括 GTWR 在内的四种不同模型的估计结果。由表 6-1 可知，OLS 模型的 $R^2$ 为 0.785，拟合优度在四种模型中最低，说明该回归模型所涵盖的被解释变量方差的比例较小；TWR 和 GWR 模型的 $R^2$ 分别为 0.822 和 0.944，均优于 OLS 模型；GTWR 模型的 $R^2$ 为 0.955，明显优于其他三种模型。此外，SSR 和 Sigma 分别表示残差平方和以及残差的估计标准差，值越小说明模型越拟合观测数据。GTWR 模型的 SSR 和 Sigma 值在四种模型中最小，分别为 1.954 和 0.085，精确度最高。同时，具有更小 AIC 值的模型性能更优[318]，GTWR 模型的 AIC 值为 -328.447，远低于 OLS、TWR 和 GWR 模型。综上，同时考虑时空异质性的 GTWR 模型更优。因此，本章采用 GTWR 模型剖析物流业双向 FDI 及其他变量对物流业高质量发展的时空异质性影响。

表 6-1　　　　　　　　　　模型诊断性信息

| 指标 | OLS | TWR | GWR | GTWR |
|---|---|---|---|---|
| $R^2$ | 0.785 | 0.822 | 0.944 | 0.955 |
| SSR | 9.234 | 7.677 | 2.399 | 1.954 |
| Sigma | 0.185 | 0.169 | 0.094 | 0.085 |
| AICc | -127.178 | -103.646 | -258.116 | -328.447 |

## 6.3　双向 FDI 对物流业高质量发展综合水平的时空异质效应

根据式（6-6），对 2006～2015 年影响物流业高质量发展综合水平的驱动因素进行时空地理加权回归。GTWR 模型同时从时间和空间两个维度进行参数估计，本小节样本个数为 $27 \times 10 \times 8$，可以得到 2160 个估计系数（不包含截距项），选取最小值、下四分位数 Q1、中位数、上四分位数 Q3、最大值、平均值和变异系数对解释变量的估计系数进行描述性统计，如表 6-2 所示。

表 6-2　　　　　　　　GTWR 模型估计结果的描述性统计

| 变量 | 最小值 | Q1 | 中位数 | Q3 | 最大值 | 平均值 | 变异系数 |
|---|---|---|---|---|---|---|---|
| 截距 | -18.227 | -5.582 | -3.704 | -1.459 | 10.400 | -3.724 | -1.242 |
| ln$ifdi$ | -0.268 | 0.007 | 0.044 | 0.087 | 0.335 | 0.047 | 1.691 |

| 变量 | 最小值 | Q1 | 中位数 | Q3 | 最大值 | 平均值 | 变异系数 |
|------|--------|-----|--------|-----|--------|--------|----------|
| ln*ofdi* | −0.291 | −0.027 | 0.027 | 0.084 | 0.451 | 0.021 | 4.810 |
| ln*tidl* | −0.244 | −0.024 | 0.016 | 0.043 | 0.435 | 0.016 | 4.554 |
| *dig* | −0.146 | 0.016 | 0.037 | 0.073 | 0.435 | 0.048 | 1.368 |
| ln*agg* | −1.065 | −0.062 | 0.136 | 0.262 | 0.858 | 0.090 | 3.017 |
| ln*hum* | −2.722 | −0.339 | 0.318 | 1.295 | 4.866 | 0.602 | 2.265 |
| ln*inno* | −0.278 | 0.011 | 0.061 | 0.122 | 0.468 | 0.068 | 1.477 |
| ln*tran* | −0.643 | −0.075 | 0.087 | 0.267 | 1.519 | 0.112 | 2.529 |

注：变异系数 = 标准差/平均值，下表同。

### 6.3.1 双向 FDI 对物流业高质量发展综合水平的时间异质效应

为准确观测各因素对物流业高质量发展影响的时间演化特征，利用折线图刻画 2006 ~ 2015 年各影响因素年均估计系数的时间变化，如图 6 - 1 所示（因人力资本水平和交通基础设施对物流业高质量发展的影响不显著，后文不进行分析）。

GTWR 模型的回归结果显示，2006 ~ 2015 年物流业 IFDI 的年均估计系数均为正值，说明总体上 IFDI 能够推动物流业高质量发展，即引进外资是实现中国物流业高质量发展的重要渠道。从短期看，具有相对优势的外资企业会在竞争中挤压中国本土物流企业的发展空间。然而从长期看，具有较强实力的物流企业存活下来，通过积极学习和吸收外资企业的先进技术和理念，模仿外资企业先进的管理模式，可以提升自身服务效率和服务质量。IFDI 的"挤出效应"逐渐转变为正向"溢出效应"，从而给物流业高质量发展带来积极影响。物流业 IFDI 估计系数大致呈"上升—下降"的倒"V"型变动趋势，验证了研究假设 H6 - 1。2006 ~ 2013 年 IFDI 估计系数的均值不断增加，特别是 2010 ~ 2013 年上升速度较快。IFDI 促进作用最强的年份是 2013 年，各省份平均估计系数为 0.079。2014 年和 2015 年连续出现较大幅度的下降态势，估计系数分别低于 2012 年和 2011 年。可能的原因是，随着中国物流企业自身技术进步和生产效

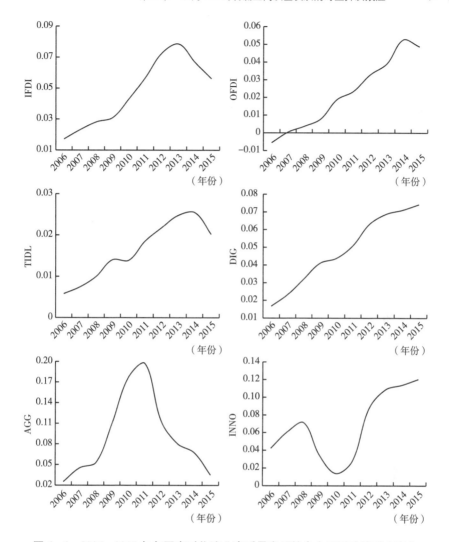

**图 6 - 1  2006~2015 年各因素对物流业高质量发展综合水平影响的时序变化**

率提升，单纯依靠外资数量的增加对产业发展起到的作用逐渐变得缓慢而有限，提升利用外资的质量和效益才能够更加充分发挥外资的溢出效应，这也与目前中国整体利用外资由数量型增长向质量型增长转变的趋势相吻合。

由图 6 - 1 可知，2006 年，OFDI 对物流业高质量发展起到了抑制作用，2007~2015 年物流业 OFDI 年均估计系数均为正值，说明"走出去"是实现中国物流业高质量发展的另一重要渠道。2007~2009 年 OFDI 估计系数呈微弱增长趋势。这一时期 OFDI 规模较小，对物流业高质量发展所起的作用十分有限。另外，由于社会文化、制度、价值观的差异，"走出去"的企业在进入东道国初期不得不将部分资源用于处理"外来者劣势"的问题[319]，从而弱化 OFDI 发挥对母国物流业的积极作用。2010～2014年，OFDI 年均估计系数大幅上涨，表现出显著的促进作用。一方面，中国物流行业竞争愈加激烈，许多细分行业比如快递市场趋向饱和，驱使企业通过 OFDI 开拓新市场，反而避免了过度竞争影响物流业健康发展；另一方面，虽然短期内 OFDI 可能会减少国内资本，但当对外投资企业在东道国存活并实现利润增长时，通过逆向传输机制反哺母公司，有利于促进物流业规模扩大和技术提升。2015 年，OFDI 对物流业高质量发展持续表现为积极作用，但是影响逐渐衰减。因此，物流业对外直接投资同样应注重质量，企业"走出去"需要处理好风险和收益的关系，提高境外投资成功率，而不是盲目追求"走出去"的规模。总体而言，物流业OFDI 的年均估计系数大致呈现"上升—下降"的倒"V"型变动趋势，也验证了研究假设 H6 - 1。

双向 FDI 交互项的年均估计系数大致呈"上升—下降—上升—下降"的"M"型变动趋势。2006～2008 年双向 FDI 交互项的估计系数均值较小。早期物流业"引进来"和"走出去"在规模和地区分布上不均衡不协调现象较为严重，双向 FDI 对物流业高质量发展没有形成强劲合力。2010～2015 年双向 FDI 通过良性互动和协调发展对物流业高质量发展的积极影响快速加强。考察期内，数字化水平的年均估计系数均为正值，说明数字化水平对物流业高质量发展的正向促进作用占主导。企业借助数字技术如通信技术可以缩短各环节的运行时间，提高服务过程各阶段的效率[320]，为客户提供质量更高的服务。随着中国数字化水平不断提高，其对物流业高质量发展的促进作用也逐渐增强。由图 6 - 1 可以看出，2006～2015 年数字化水平年均估计系数呈现逐年上涨态势。考察期内物流业集聚水平的年均估计系数均为正值，呈"上升—下降"的倒"V"型变化趋势。出现这种趋势的原因可能有两种：一是，产业集聚具有经济增长效应，但该效应随经济发展水平的提高而降低[321]；二是，作为物流产业集聚发展重要载体的物流园区和物流中心，近年来被各地政府大量盲目重复建设，造成闲置浪费，反而抑制了物流业集聚对物流业高质量发展的积极影响。2006~2015 年自主创新能力的年均估计系数虽有波动但均为正值，说明仍需要不断激发物流业自主创新的强大动力。新技术的开发可以使潜在需求转化为现实需求，也可以创造新需求，即创新直接作用于经济高质量发展，而且应用创新（专利申请数）对经济高质量发展的驱动作用甚至超过了基础创新（科技论文发表数）[322]。

### 6.3.2 双向 FDI 对物流业高质量发展综合水平的空间异质效应

为了揭示各因素影响物流业高质量发展的空间异质性，采用自然断点法将各影响因素在各省份的年均估计系数分为 5 个等级[323]，具体结果如图 6-2 所示。

a. 物流业IFDI的估计系数

| 0.067~0.096 | 0.047~0.066 | 0.030~0.046 | 0.022~0.029 | 0.011~0.021 |
|---|---|---|---|---|
| 河北 | 北京 | 山西 | 黑龙江 | 海南 |
| 上海 | 天津 | 安徽 | 广西 | 甘肃 |
| 江苏 | 辽宁 | 福建 | 贵州 | 云南 |
| 浙江 | 山东 | 江西 | 内蒙古 | |
| 广东 | 河南 | 湖南 | 新疆 | |
| | 湖北 | 重庆 | | |
| | | 四川 | | |
| | | 陕西 | | |

b. 物流业OFDI的估计系数

| 0.043~0.073 | 0.021~0.042 | 0.010~0.020 | -0.039~0.009 | -0.048~-0.040 |
|---|---|---|---|---|
| 北京 | 辽宁 | 黑龙江 | 甘肃 | 新疆 |
| 上海 | 河北 | 山西 | 内蒙古 | 云南 |
| 江苏 | 天津 | 湖南 | 陕西 | 贵州 |
| 浙江 | 山东 | 广西 | 四川 | |
| 广东 | 河南 | 海南 | 重庆 | |
| | 湖北 | | | |
| | 安徽 | | | |
| | 江西 | | | |
| | 福建 | | | |

**图 6-2 2006~2015 年双向 FDI 对物流业高质量发展综合水平影响的空间分布**

关于物流业 IFDI 估计系数的空间分布。由图 6-2 可知，IFDI 对各省份物流业高质量发展均具有正向影响。IFDI 年均估计系数总体呈现由东向西梯度递减的分布格局，表明 IFDI 对东部地区物流业高质量发展具有较强的促进作用，对西部地区的提振作用较小，验证了研究假设 H6-2。究其原因，一方面，东部地区凭借改革开放初期政策倾斜以及在地理位置、经济实力等方面的优势吸引了较大规模和较高水平物流业外资的进入，通过吸收外资转移的资金、信息、技术和经验等，加快当地物流业高质量发展。东部地区物流业水平的提升持续吸引外资的流入，从而引发新一轮技术溢出。受地理位置、历史政策等原因的制约，中西部对外资吸引力较弱，IFDI 规模和水平处于较低层次。另一方面，IFDI 技术溢出效应的产生可能存在"发展门槛"，后发地区需要具备一定吸收能力才能享受 IFDI 技术溢出带来的益处[324][325]。东部地区的基础设施、生产效率、研发投入等方面优于中西部，能够更为充分地吸收 IFDI 的技术和知识外溢，从而推动物流业高质量发展。中西部地区由于吸收能力较弱，在一定程度上限制了 IFDI 技术溢出效应的发挥，而中西部地区物流企业与外资企业较大的技术差距也可能导致 IFDI 溢出效应难以触发。

关于物流业 OFDI 估计系数的空间分布。GTWR 的回归结果显示，除贵州、云南、甘肃和新疆外，OFDI 对其他省份的物流业高质量发展均表现出正向促进作用。图 6 - 2 显示，OFDI 年均估计系数总体呈现由东向西依次梯度递减的分布规律。这一结果可以从东道国和母国两个角度解释。从东道国的视角来看，东部地区较高的经济开放度、雄厚的物流基础及较强的企业实力使其拥有了更多投资发达国家的机会，有助于母国从东道国吸收包括技术在内的稀缺生产要素，并转化为本土优势，从而增强了 OFDI 的逆向技术溢出效应，更有利于物流业高质量发展。根据《名录》，2015 年，中国在发达经济体进行物流业投资的企业超过 80% 来自东部地区。从母国的视角看，OFDI 的逆向技术溢出不是自动发生的，母公司必须对子公司反馈的知识、技术和资源等进行整合、吸收、消化，并将其重新嵌入自身的业务中，但这一过程受地区经济异质性的影响，具有较强的吸收能力，可以促进企业更容易享受 OFDI 逆向技术溢出，更可能通过消化吸收进行二次创新[326]。明显的是，东部地区在科技研发、人力资本、基础设施等方面具备的比较优势使其对 OFDI 逆向技术溢出效应的吸收能力高于中西部地区。此外，虽然贵州、云南、甘肃和新疆 OF-DI 年均估计系数为负值，但这些省份的物流业 OFDI 估计系数在 2015 年均为正值，说明继续坚持"走出去"有利于推动物流业高质量发展。

图 6 -3 展示了其他变量对物流业高质量发展影响的空间差异性。各省份双向 FDI 交互项的年均估计系数为正值，空间上呈由东向西递减的

阶梯分布特点，表明东部地区物流业在"引进来"和"走出去"的过程中互动效应更强。中西部地区物流业"走出去"的步伐仍远远落后于"引进来"，双向 FDI 的协同效应较小。从数字化水平的年均估计系数来看，内蒙古、陕西、四川、云南等西部区域物流业高质量发展受数字化水平的影响较小，甚至在新疆和甘肃，数字化水平抑制了物流业高质量发展。北京、浙江、上海、江苏、广东等东部地区物流业高质量发展受数字化经济的促进作用较大。赵涛等利用城市面板数据探讨数字化水平与高质量发展之间的关系时也发现，数字化水平对东部城市的积极影响大于中西部[327]。究其原因，西部地区经济基础薄弱，支撑数字经济发展所需人才相对缺乏，基础设施、装备及关键技术滞后，数字化市场发育缓慢，对物流业发展所起到的作用有限。东部地区数字经济发展水平较中西部高，使数字经济红利释放得更加充分。物流业集聚水平的年均估计系数呈现"西部高而东部低"的特征，河北和河南 lnagg 估计系数为负值。东部地区，尤其是北京、天津、广东等地，物流产业集聚已达到一定规模，继续提升集聚水平促进物流业高质量发展的效果有限，出现边际效应递减的现象。随着"一带一路"倡议以及"西部大开发""中部崛起""东部产业转移"等战略的持续推进，西部地区物流业集聚程度有所提升，而且有较大的上升空间，对物流业高质量发展的促进作用处于边际递增阶段。进一步分析 GTWR 模型的回归结果发现，2006~2011 年河北和河南物流业集聚水平的估计系数均为正值，但是 2012~2015 年均为负值，从而导致整个考察期内 lnagg 估计系数为负。因此，河北和河南需要把物流业集聚规模控制在一定水平内，合理规划物流业空间布局，特别是物流园区和物流中心。自主创新能力对物流业高质量发展正向影响较大的省份主要集中在北京、浙江、上海、广东等东部地区，负向影响的省份主要分布在内蒙古、甘肃、新疆等西部地区。推进自主创新需要人才、研发投入、先进的设施设备等创新资源，东部地区是高校和科研机构的集聚地，人才汇集，经济繁荣又为科技创新提供了资金支持，从而使得创新能力优势较中西部更明显，对物流业高质量发展的推动作用更强。

a. 物流业双向FDI交互项的估计系数

| 0.026~0.034 | 0.018~0.025 | 0.013~0.017 | 0.008~0.012 | 0.000~0.007 |
|---|---|---|---|---|
| 北京 | 辽宁 | 安徽 | 黑龙江 | 新疆 |
| 上海 | 河北 | 福建 | 陕西 | 内蒙古 |
| 江苏 | 天津 | 湖南 | 山西 | 甘肃 |
| 浙江 | 山东 | 湖北 | 云南 | 贵州 |
|  | 河南 | 四川 | 重庆 | 广西 |
|  | 广东 |  | 海南 |  |
|  |  |  | 江西 |  |

b. 数字化水平的估计系数

| 0.080~0.108 | 0.056~0.079 | 0.033~0.055 | 0.007~0.032 | -0.004~0.006 |
|---|---|---|---|---|
| 北京 | 河北 | 辽宁 | 黑龙江 | 新疆 |
| 上海 | 天津 | 河南 | 山西 | 内蒙古 |
| 江苏 | 山东 | 安徽 | 陕西 | 甘肃 |
| 浙江 |  | 湖北 | 四川 |  |
| 广东 |  | 湖南 | 重庆 |  |
|  |  | 江西 | 云南 |  |
|  |  | 福建 | 贵州 |  |
|  |  | 广西 | 海南 |  |

c. 产业集聚水平的估计系数

| 0.136~0.193 | 0.101~0.135 | 0.064~0.100 | -0.059~0.063 | -0.093~-0.060 |
|---|---|---|---|---|
| 新疆 | 黑龙江 | 辽宁 | 江西 | 河北 |
| 甘肃 | 山西 | 北京 | 福建 | 河南 |
| 四川 | 陕西 | 天津 | 广东 |  |
| 重庆 | 山东 | 浙江 | 海南 |  |
|  | 安徽 | 湖北 | 内蒙古 |  |
|  | 江苏 | 湖南 |  |  |
|  | 上海 | 广西 |  |  |
|  | 贵州 | 云南 |  |  |

d. 自主创新能力的估计系数

| 0.107~0.184 | 0.074~0.106 | 0.035~0.073 | -0.009~0.034 | -0.058~-0.010 |
|---|---|---|---|---|
| 北京 | 辽宁 | 河北 | 山西 | 新疆 |
| 上海 | 天津 | 山东 | 陕西 | 内蒙古 |
| 江苏 | 安徽 | 河南 | 云南 | 甘肃 |
| 浙江 | 福建 | 湖北 | 海南 |  |
| 广东 |  | 湖南 |  |  |
|  |  | 江西 |  |  |
|  |  | 四川 |  |  |
|  |  | 重庆 |  |  |
|  |  | 贵州 |  |  |
|  |  | 广西 |  |  |
|  |  | 黑龙江 |  |  |

图 6 – 3　2006～2015 年交互项与控制变量对物流业高质量
发展综合水平影响的空间分布

## 6.4　双向 FDI 对物流业高质量发展分维度的时空异质效应

### 6.4.1　双向 FDI 对物流业产出规模的时空异质效应

本小节根据式（6 - 7），对影响物流业产出规模的因素进行时空地理加权回归，得到各解释变量在不同年份对不同省份物流业产出规模的影响方向和大小，共计 2160 个估计系数，选取最小值、下四分位数 Q1、中位数、上四分位数 Q3、最大值、平均值和变异系数对各解释变量的估计系数进行描述性统计，如表 6 - 3 所示。

表 6 – 3                                         GTWR 模型估计结果的描述性统计

| 变量 | 最小值 | Q1 | 中位数 | Q3 | 最大值 | 平均值 | 变异系数 |
|---|---|---|---|---|---|---|---|
| 截距 | – 30.252 | – 10.061 | – 6.741 | – 3.037 | 15.933 | – 6.025 | – 1.135 |
| ln*ifdi* | – 0.561 | 0.040 | 0.117 | 0.194 | 0.736 | 0.100 | 1.784 |
| ln*ofdi* | – 0.497 | – 0.004 | 0.057 | 0.129 | 0.865 | 0.053 | 2.679 |
| ln*tidl* | – 0.303 | – 0.075 | 0.009 | 0.086 | 0.661 | 0.026 | 6.117 |
| *dig* | – 0.921 | – 0.063 | 0.102 | 0.307 | 1.118 | 0.111 | 2.932 |
| ln*agg* | – 1.708 | – 0.107 | 0.201 | 0.517 | 2.009 | 0.192 | 2.936 |
| ln*hum* | – 5.377 | – 0.884 | 0.478 | 2.314 | 7.105 | 0.755 | 3.061 |
| ln*inno* | – 0.605 | – 0.048 | 0.233 | 0.407 | 1.400 | 0.201 | 1.844 |
| ln*tran* | – 0.994 | – 0.171 | 0.083 | 0.262 | 1.702 | 0.085 | 4.757 |

### 6.4.1.1 双向 FDI 对物流业产出规模的时间异质效应

为准确观测各因素影响物流业产出规模的时间演化特征，利用折线图刻画 2006 ~ 2015 年各影响因素年均估计系数的时间变化趋势。本小节重点关注核心解释变量双向 FDI 年均估计系数的时序波动，如图 6 – 4 所示。

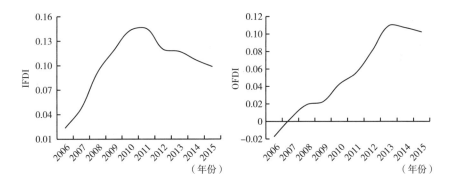

**图 6 – 4  2006 ~ 2015 年双向 FDI 对物流业产出规模影响的时序变化**

根据图 6 – 4（左）可知，无论从短期变动还是长期均衡来看，IFDI 均有利于物流业市场规模的进一步扩大，年均估计系数介于 0.023 ~ 0.145。2006 ~ 2011 年，IFDI 的年均估计系数表现出逐年增加的特点。虽然外资企业涌入不可避免地挤占了本土物流企业的市场空间，但这种

"挤出效应"较小。事实上，外资物流企业进入中国的早期，主要关注与进出口相关的物流活动，服务于全球大客户，而中国物流企业规模较小，服务水平难以与外资企业抗衡，主要服务于本土企业，满足国内初级产品的低端物流服务需求，内外资企业形成双重网络，从事不同领域的业务，彼此之间的竞争较小。外资物流企业弥补了中国物流企业在进出口物流和高端物流服务市场的短板，因此对于扩大中国物流业市场规模具有正向效应。而且，这一时期中国物流业成长空间巨大。2011 年以后 IFDI 的年均估计系数呈下降趋势。随着中国本土物流企业自身能力的提升，除了扩大国内业务外，它们也向国际物流业务延伸，在中高端物流市场与外资企业展开竞争，所以这一时期 IFDI 对中国物流业规模扩大所起到的作用被弱化。另外，中国经济下行压力加快，传统物流业务利润空间缩小，物流业发展越来越依靠技术，低质量和低技术含量的 IFDI 对物流业发展的影响必然会逐渐降低，因此中国各级政府应该注重吸引高质量外资。

由图 6-4（右）可知，考察期内 OFDI 对物流业产出规模影响差异较大，最小值为 -0.017，最大值为 0.110。2006 年，OFDI 估计系数为负，说明 OFDI 对物流业规模扩大起到了抑制作用。资本在中国物流业发展过程中起到比劳动力更加重要的作用[328]，然而母国对外直接投资实际上是资本抽离的过程，国内物流业资本存量发生缩减可能会不利于物流业发展。2007~2015 年物流业 OFDI 估计系数的均值均为正数，说明这一时期物流业对外直接投资扩大了产业规模。OFDI 对物流业规模的影响发生逆转来自两个方面的原因。一方面，双向 FDI 的互促效应可以使国内资本的流出通过外资流入加以弥补；另一方面，中国物流行业竞争愈加激烈，许多细分市场趋近饱和，驱使部分企业"走出去"开拓新市场，反而避免了过度竞争影响物流业的可持续发展，盈利的境外子公司也可以将利润输回母公司，为母公司扩大规模提供新的资金来源。

### 6.4.1.2 双向 FDI 对物流业产出规模的空间异质效应

为了揭示各因素影响物流业产出规模的空间异质性，采用自然断点法将各影响因素在各省份的年均估计系数分为 5 个等级，具体结果如图 6－5 所示。

a.物流业IFDI的估计系数

| 0.175~0.189 | 0.131~0.174 | 0.091~0.130 | 0.008~0.090 | -0.083~0.007 |
|---|---|---|---|---|
| 北京 | 辽宁 | 黑龙江 | 甘肃 | 新疆 |
| 河北 | 天津 | 内蒙古 | 陕西 | 云南 |
| | 安徽 | 江苏 | 四川 | 贵州 |
| | 山东 | 浙江 | 重庆 | 广西 |
| | 山西 | 上海 | | 海南 |
| | 河南 | 福建 | | |
| | 湖北 | 广东 | | |
| | | 湖南 | | |
| | | 江西 | | |

b. 物流业OFDI的估计系数

| 0.086~0.124 | 0.063~0.085 | 0.030~0.062 | -0.013~0.029 | -0.040~-0.014 |
|---|---|---|---|---|
| 上海 | 河北 | 辽宁 | 黑龙江 | 新疆 |
| 浙江 | 北京 | 山西 | 重庆 | 内蒙古 |
| 广东 | 天津 | 陕西 | 贵州 | 甘肃 |
| | 山东 | 安徽 | 广西 | |
| | 江苏 | 湖北 | | |
| | 福建 | 湖南 | | |
| | 海南 | 江西 | | |
| | 海南 | 四川 | | |
| | | 云南 | | |

**图 6－5　2006～2015 年双向 FDI 对物流业产出规模影响的空间分布**

关于物流业 IFDI 估计系数的空间分布。由图 6－5（左）可知，物流业 IFDI 的估计系数表现出“中部 > 东部 > 西部”的特征。中部物流业发展明显落后于东部，物流市场存在巨大空缺，IFDI 流入能够激发物流市场活力，吸引生产要素集聚，外资的乘数效应带动其他产业发展，实体经济发展又会进一步带来物流服务需求，从而促使物流业市场规模扩大。西部地区深居内陆，远离海洋，交通基础设施不完善，物流基础较为薄弱，吸引物流业外资的规模小，IFDI 估计系数也较低。2006～2015 年，贵州和云南的平均 IFDI 估计系数虽然为负数，但以 2009 年为拐点，IFDI 估计系数从负数转变为正数，说明贵州和云南两地仍需持续发力引进外资。东部地区是中国吸引物流业外资最多的区域，但是外资对扩大物流业规模的正向效应小于中部。根据 GTWR 模型的回归结果进一步分析发现，2006～2011 年，东部地区的 IFDI 年均估计系数高于中部地区，2011 年以后，东部多数省份 IFDI 对物流业规模的促进作用逐渐变小。2006 年，北京和天津的 IFDI 估计系数分别为 0.434 和 0.458，2015 年分别下降为 0.145 和 0.105；2006 年，中部的江西和湖南 IFDI 估计系数分别为 －0.032 和 －0.194，2015 年分别增加至 0.130 和 0.085。这也说明中国东部地区应该提高物流业外资进入的门槛，更多地引进高质量外资。

关于物流业 OFDI 估计系数的空间分布。由图 6－5（右）可知，随着地理位置的西移，OFDI 对物流业产出规模的促进作用减弱甚至转变为负向影响。其中，北京、上海、广东、浙江、江苏等东部地区 OFDI 年均估计系数较高，表明这些省份 OFDI 对物流业产出规模的促进作用较强。广西、贵州、陕西等西部省份物流业产出规模受 OFDI 的正向影响较小。内蒙古、重庆、甘肃和新疆 4 个省份 OFDI 年均估计系数为负值，OFDI 对物流业产出规模表现出抑制作用。2015 年，这些省份 OFDI 估计系数已经转变为正值。这意味着虽然短期内物流业 OFDI 使部分资本被转移到东道国，不利于物流业增加产出规模，然而从长期来看，企业在"走出去"过程中能够通过利润、技术和人才的回输机制反哺母公司和母国。

### 6.4.2 双向 FDI 对物流业运行质量的时空异质效应

本小节根据式（6-7），对影响物流业运行质量的因素进行时空地理加权回归，得到各解释变量在不同年份对不同省份物流业运行质量的影响方向和大小，共计 2160 个估计系数，选取最小值、下四分位数 Q1、中位数、上四分位数 Q3、最大值、平均值和变异系数对各解释变量的估计系数进行描述性统计，如表 6-4 所示。

表 6-4　　　　　　　GTWR 模型估计结果的描述性统计

| 变量 | 最小值 | Q1 | 中位数 | Q3 | 最大值 | 平均值 | 变异系数 |
|---|---|---|---|---|---|---|---|
| 截距 | -11.875 | -3.269 | -2.068 | 0.538 | 26.966 | -0.736 | -6.528 |
| lnifdi | -0.617 | -0.018 | 0.038 | 0.102 | 0.469 | 0.039 | 2.806 |
| lnofdi | -0.495 | -0.020 | 0.024 | 0.064 | 0.729 | 0.019 | 5.573 |
| lntidl | -0.369 | -0.038 | -0.012 | 0.059 | 0.836 | 0.017 | 8.374 |
| dig | -0.518 | -0.041 | 0.073 | 0.277 | 1.097 | 0.101 | 2.282 |
| lnagg | -1.915 | -0.311 | -0.018 | 0.165 | 1.603 | -0.094 | -5.658 |
| lnhum | -0.279 | 0.127 | 0.236 | 0.347 | 0.582 | 0.223 | 0.711 |
| lninno | -0.486 | -0.025 | 0.098 | 0.188 | 0.657 | 0.071 | 2.534 |
| lntran | -1.041 | -0.425 | -0.309 | -0.144 | 0.540 | -0.277 | -0.939 |

### 6. 4. 2. 1 双向 FDI 对物流业运行质量的时间异质效应

为准确观测各因素影响物流业运行质量的时间演化特征，利用折线图刻画 2006～2015 年各影响因素年均估计系数的时间变化趋势。本小节重点关注核心解释变量双向 FDI 年均估计系数的时序波动，如图 6 - 6 所示。

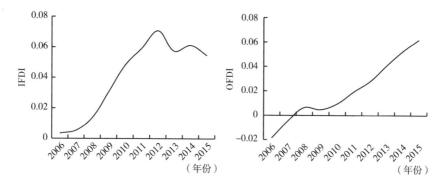

**图 6 - 6 2006～2015 年双向 FDI 对物流业运行质量影响的时序变化**

根据图 6 - 6（左）可知，2006～2015 年 IFDI 估计系数年均值介于 0. 003～0. 071，表明考察期内 IFDI 与物流业运行质量均为正相关关系。根据前文理论与实证分析可知，IFDI 的进入可以扩大物流产业市场规模，规模效益将有利于降低企业的生产成本，提高企业利润水平。外资企业通过劳动力雇佣效应和技术外溢效应直接或间接地提高中国物流业的劳动生产率。另外，IFDI 所携带的先进技术扩散到中国物流业中，从而提升企业技术水平。特别是最先涌入中国物流业的外国资本大多来源于美国、英国、德国和日本等物流技术水平较高的国家。外资流入物流业引致的示范模仿、劳动力培训、市场竞争等效应，加速了国内物流领域变革，迫使本土企业提高技术水平和服务水平。IFDI 估计系数在 2006～2008 年波动幅度较小，介于 0. 003～0. 014，于 2012 年达到最大值为 0. 071。虽然中国物流业借力外资能够快速扩大市场规模，但进一步提高服务质量仍需一段时间的积累，所以 IFDI 估计系数直到 2012 年才快速增加。2012 年以后，IFDI 对物流业运行质量的促进作用逐渐减弱。出现这一结果可能有两个方面的原因：一方面，跨国企业出于利润追求的目的，在进入中国初期会优先选择大型物流企业展开强强联合，之后才会选择与技术、管理、劳动力等条件一般的物流企业合作，使 IFDI 对物流业运行质量的影响逐渐减弱[329]；另一方面，中国物流业在 2013 年后进入转型升级阶段，更加注重物流业发展的质量和效益，对 IFDI 质量的要求也逐渐提升，所以以"量"衡量的 IFDI 对物流业运行质量的影响减弱。

由图 6-6（右）可知，考察期内 OFDI 对物流业运行质量影响差异较大，最小值为 -0.019，最大值为 0.062，表现出波动中上升的变动特征。具体地，2006~2007 年 OFDI 估计系数上升但均为负值，说明 OFDI 对物流业运行质量起到了抑制作用，2008~2015 年 OFDI 估计系数的均值均为正数，说明这一时期 OFDI 在中国物流业运行质量提升过程中扮演着正向激励的角色，可能主要归因于对外投资规模持续累积增加。通过 OFDI，特别是逆梯度 OFDI，子公司将在东道国学习的先进技术通过转化吸收，再反馈给母公司，可以提高母公司的技术水平和生产效率[122]，可以更高质量地满足消费者需求，也可以满足消费者更高质量的需求。另外，OFDI 也促使劳动力、资本等生产要素在全球范围内优化配置，提升资源配置效率，从而可以在消耗更少资源和能源的前提下满足消费者需求，降低物流成本，提高物流效率。

### 6.4.2.2 双向 FDI 对物流业运行质量的空间异质效应

为了揭示各因素影响物流业运行质量的空间异质性，采用自然断点法将各影响因素在各省份的年均估计系数分为 5 个等级，具体结果如图 6-7 所示。

关于物流业 IFDI 估计系数的空间分布。由图 6-7（左）可知，IFDI 对物流业运行质量的年均估计系数在全国范围内既有正向又有负向。中部的黑龙江、西部的甘肃 2 个省份的 IFDI 年均估计系数为负，其余 25 个省份的 IFDI 年均估计系数为正，外资存量的增加可以显著提升物流业运行质量水平。物流业运行质量受 IFDI 积极影响较大的省份有广东、浙江、上海、北京、江苏等，多分布在东部区域，这也与东部地区吸纳较多的

a.物流业IFDI的估计系数

| 0.069~0.103 | 0.049~0.068 | 0.030~0.048 | −0.028~0.029 | −0.084~−0.029 |
|---|---|---|---|---|
| 上海 | 北京 | 辽宁 | 新疆 | 黑龙江 |
| 浙江 | 天津 | 陕西 | 内蒙古 | 甘肃 |
| 广东 | 河北 | 河南 | 山西 | |
| | 山东 | 湖北 | 云南 | |
| | 江苏 | 湖南 | 贵州 | |
| | 福建 | 安徽 | 海南 | |
| | 江西 | 四川 | | |
| | | 重庆 | | |
| | | 广西 | | |

b.物流业OFDI的估计系数

| 0.027~0.079 | 0.019~0.026 | 0.007~0.018 | −0.022~0.006 | −0.051~−0.023 |
|---|---|---|---|---|
| 北京 | 河北 | 内蒙古 | 黑龙江 | 新疆 |
| 山东 | 天津 | 辽宁 | 甘肃 | 重庆 |
| 江苏 | 山西 | 四川 | 陕西 | |
| 上海 | 河南 | 湖南 | 云南 | |
| 浙江 | 安徽 | 江西 | 贵州 | |
| 福建 | 湖北 | 广西 | 海南 | |
| 广东 | | | | |

**图 6 - 7　2006 ~ 2015 年双向 FDI 对物流业运行质量影响的空间分布**

物流业外资有关。比如，2015 年，江苏省物流业实际利用外资为 88463 万美元，超过西部 9 省份物流业利用外资之和。根据 GTWR 的估计结果可知，2015 年黑龙江 IFDI 对物流业运行质量表现为正效应。虽然甘肃 2015 年 IFDI 估计系数仍为负值，但大于 2006 年，说明 IFDI 对物流业运行质量的抑制作用在减弱。这意味着，虽然短时间内这些省份物流业 IFDI 的技术溢出效应尚未显现，但随着时间积累，IFDI 与物流业运行质量会逐渐呈正相关关系。

关于物流业 OFDI 估计系数的空间分布。由图 6 - 7（右）可知，OFDI 对物流业运行质量的影响表现出明显的地区差异，呈自东部向西部阶梯状分布规律。北京、上海、浙江、江苏、广东等东部区域省份的物流业运行质量受 OFDI 的积极影响较大，四川、云南、山西、甘肃等西部区域省份的物流业运行质量受 OFDI 的积极影响较小，这些省份也是物流业对外投资规模相对较小的省份。究其原因，西部地区物流业发展落后，具备"走出去"实力的企业较少。海南、重庆、贵州、新疆 OFDI 年均估计系数为负值，说明 OFDI 抑制了物流业运行质量的提升。但是在 2015 年，27 个省份 OFDI 的估计系数均为正值，说明从长期而言，"走出去"是有利于物流业发展的。西部地区应该培育国际竞争力强的物流企业，加快"走出去"的步伐，同时注重改善地区的软硬件环境，强化 OFDI 的逆向技术溢出效应。

### 6.4.3 双向 FDI 对物流业社会贡献的时空异质效应

根据表 5 – 8 可知，在双向 FDI 影响物流业社会贡献的基准回归结果中，仅 IFDI 的估计系数显著为正，因此不再使用 GTWR 模型探讨双向 FDI 对物流业社会贡献的时空异质性影响。本小节将时间框分为 2006 ~ 2010 年和 2011 ~ 2015 年两个时段（根据第 3 章的分析可知，2010 年以后物流业双向 FDI 规模有了较快增长且比较稳定），研究样本分为东部、中部和西部三大区域，利用个体和时间双固定效应模型进行回归，以考察双向 FDI 对物流业社会贡献是否存在时间和空间上的差异，回归结果如表 6 – 5 所示。

**表 6 – 5　　　　双向 FDI 影响物流业社会贡献的时空异质性检验**

| 变量 | 分时段 | | 分区域 | | |
|---|---|---|---|---|---|
| | 2006 ~ 2010 年 | 2011 ~ 2015 年 | 东部 | 中部 | 西部 |
| ln$ifdi$ | 0.059<br>(1.63) | 0.160 **<br>(2.22) | 0.140 **<br>(2.32) | 0.148 *<br>(2.00) | – 0.008<br>( – 0.14) |
| ln$ofdi$ | – 0.012<br>( – 1.29) | 0.086 **<br>(2.20) | 0.013<br>(0.62) | 0.016<br>(1.08) | – 0.013<br>( – 0.58) |
| ln$tidl$ | 0.008 **<br>(2.25) | 0.016<br>(0.87) | 0.017 *<br>(1.84) | 0.021<br>(1.16) | 0.002<br>(0.46) |
| 其他变量 | 控制 | 控制 | 控制 | 控制 | 控制 |
| 常数项 | – 1.915 **<br>( – 2.27) | – 4.091 ***<br>( – 3.90) | – 4.366 **<br>( – 2.42) | – 3.773 ***<br>( – 3.98) | – 3.888 ***<br>( – 4.24) |

注：*** 、** 、* 分别表示在 1% 、5% 和 10% 的水平上显著；括号内是估计系数对应的 t 值，表 6 – 6 同。

分时段来看，2006 ~ 2010 年，IFDI 和 OFDI 的估计系数分别不显著为正和不显著为负，说明双向 FDI 并未提升物流业社会贡献水平；2011 ~ 2015 年，双向 FDI 的估计系数在 5% 的水平上显著为正，表明这一时期双向 FDI 提高了物流业对社会的贡献程度。外资流入中国物流业初期，对优化中国产业结构、降低物流成本的积极影响非常有限，地区之间为争夺 IFDI 实施的一些财政补贴措施也会给地方税收收入造成损失[228]。但是随着时间推移,IFDI 对中国物流业规模扩大和技术水平提升的正向效应开始凸显,物流业发展进一步对提高农业、制造业等关联产业的效率、优化产业结构、增加税收收入等起到有效带动作用。OFDI 估计系数由不显著为负转变为显著为正,说明物流业"走出去"后的趋势为正,能够在物流业为社会做出贡献的过程中起到显著推动作用。根据前文分析可知,在 2006~2010 年时间段,OFDI 对物流业产出规模扩大和运行质量提升起到的促进作用较小,甚至在部分年份为负,无法支撑农业、制造业转型升级,对吸纳就业、增加税收起到负面影响。但随着物流业"走出去"步伐加快,国内企业也能借助 OFDI 获取技术、知识、人才等初高级生产要素,在全球范围内配置资源,有利于母国物流业降本增效,进而提升物流业社会贡献。在两个时间段内,双向 FDI 交互项估计系数由显著为正转变为不显著为正,说明近年来,双向 FDI 在提升物流业社会贡献水平上不存在协同效应。

分区域来看,东部和中部 IFDI 对物流业社会贡献具有显著促进作用,其中中部促进作用更强。这可能是因为东部地区物流业发展水平高,对外资吸引能力较强,随着物流业 IFDI 流入增加,其对东部地区就业、税收和产业结构调整起到重要作用,但这种促进作用可能会因为 IFDI 的边际效应递减而下降。OFDI 对物流业社会贡献的影响在东部和中部表现为不显著为正,在西部表现为不显著为负。地理位置、经济基础、交通设施等各种不利因素导致中国西部地区物流业发展水平与东中部地区相比较低,处于进一步资本积累阶段,资本外流可能会导致西部地区资本存量下降,使 OFDI 对物流业社会贡献产生不利影响。在东部地区,双向 FDI 存在增强物流业社会贡献的互促效应,即 IFDI(OFDI)能够正向调节 OFDI(IFDI)对物流业社会贡献的影响。

### 6.4.4 双向 FDI 对物流业绿色发展的时空异质效应

根据表 5-10 可知,双向 FDI 的估计系数均不显著。因此,不再使用

GTWR 模型探讨双向 FDI 对物流业绿色发展的时空异质性影响。为了考察双向 FDI 影响物流业绿色发展的时空差异,把整个考察期分为 2006 ~ 2010 年和 2011 ~ 2015 年两个时间段,将 27 个省份划分为东部、中部和西部三个区域,利用个体和时间双固定效应模型进行回归,回归结果如表 6 - 6 所示。

表 6 - 6    双向 FDI 影响物流业绿色发展的时空异质性检验

| 变量 | 分时段 | | 分区域 | | |
|---|---|---|---|---|---|
| | 2006 ~ 2010 年 | 2011 ~ 2015 年 | 东部 | 中部 | 西部 |
| ln$ifdi$ | - 0.043<br>( - 1.07) | 0.089 **<br>(2.49) | 0.152 **<br>(2.45) | 0.056 *<br>(2.02) | - 0.131<br>( - 1.11) |
| ln$ofdi$ | 0.038<br>(1.45) | - 0.320<br>( - 0.90) | - 0.084<br>( - 1.17) | - 0.002<br>( - 0.06) | - 0.014<br>( - 0.59) |
| ln$tidl$ | 0.012<br>(1.18) | 0.118<br>(0.87) | 0.061 ***<br>(4.25) | 0.028<br>(0.66) | 0.005<br>(0.89) |
| 其他变量 | 控制 | 控制 | 控制 | 控制 | 控制 |
| 常数项 | - 0.779<br>( - 0.56) | - 6.459 ***<br>( - 5.26) | 3.755 *<br>(1.87) | - 6.023 ***<br>( - 4.58) | 2.769<br>(1.24) |

分时段看,2006 ~ 2010 年,IFDI 和 OFDI 的估计系数分别不显著为负和不显著为正,双向 FDI 交互项的估计系数同样不显著,说明该时期双向 FDI 并未推进物流业绿色发展。2011 ~ 2015 年,IFDI 的估计系数在 5% 的水平上显著为正,但是 OFDI 估计系数仍不显著,说明该时期 IFDI 显著提升了物流业绿色发展水平。霍伟东等从中国宏观角度出发,探讨 IFDI 的环境效应,实证检验结果也表明 IFDI 的环境效应经历了由负向正的转变[309]。2006 ~ 2010 年这一阶段,中国物流企业数量和规模相对较小,通过引进外资能够发展本地物流业。"环境让位经济"的思想使各地方政府降低引进外资的门槛,引进物流业外资时也不例外,以 GDP 为主的官员考核制度又激化了地区之间的"逐底竞争"行为,这也导致外资物流企业更关注自身经济利益而忽视污染治理,采用绿色环保技术的意

愿较低。随着中国政府对环境保护态度的转变，外资企业也开始注重生态技术的创新。另外，随着中国本土物流企业的发展壮大，外资物流企业为了在激烈的市场竞争中不被淘汰，也倾向采用绿色技术或致力于环保事业，为企业树立良好的社会形象。比如联邦快递在中国推行"节能驾驶"项目，通过改变司机的驾驶习惯降低燃油消耗。在两个时间段内，OFDI 均未对物流业绿色发展产生显著正向效应。

从三大区域看，在东部和中部，仅 IFDI 对物流业绿色发展具有正效应，而且 IFDI 对东部地区物流业绿色发展的推进作用更大。西部地区的双向 FDI 对物流业绿色发展的影响均不显著。东部地区是中国经济最为发达的区域，也是物流企业集聚和竞争较为激烈的区域，进入东部地区的跨国物流企业倾向采用先进技术和管理经验，通过示范、竞争和人员流动等效应提高当地物流企业的资源使用效率，减少碳排放。中部地区的物流业外资进入较晚，规模相比东部较小，但当前仍是 IFDI 流入的受益方。虽然 IFDI 带来的资本和技术会导致物流业产能扩张和增加大量碳排放，但是该地区通过 IFDI 的溢出效应获取了环保技术，提升了生产效率，从而使单位物流业能源消耗和碳排放量减少。在西部地区，IFDI 对物流业绿色发展的影响不显著为负。可能的原因是西部地区为了快速摆脱物流业落后的局面，引入技术过时或技术水平低下的 IFDI，一定程度上扩大了物流业产出规模，引致规模效应，但规模效应仍低于碳排放增长速度，增加了当地环境负担。另外，OFDI 对三大区域物流业绿色发展均不存在显著的积极影响，但是东部地区外资的流入能够正向调节 OFDI 对物流业绿色发展的负向影响。

# 6.5　本章小结

本章基于 2006～2015 年中国 27 个省份的面板数据，运用 GTWR 模型从时间和空间双重视角重点考察了双向 FDI 对物流业高质量发展综合水平影响的时空差异，剖析这种影响产生时序波动和空间变化的原因。

更进一步地，探讨双向 FDI 对物流业高质量发展分维度水平影响的时空差异。本章的主要结论如下所述。

第一，双向 FDI 对物流业高质量发展综合水平影响的时空差异。从时序波动的角度看，2006～2015 年双向 FDI 的年均估计系数均为正值，呈现"上升—下降"的倒"V"型变动趋势，IFDI 年均估计系数的下降拐点在 2013 年，而 OFDI 的下降拐点在 2014 年。从空间分布的角度看，双向 FDI 估计系数呈现由东向西梯度递减的分布格局，即双向 FDI 对东部地区物流业高质量发展的促进作用较中西部地区更强。

第二，双向 FDI 对物流业产出规模影响的时空差异。从时序波动的角度看，IFDI 对物流业产出规模的提升作用以 2011 年为拐点先上升后下降；OFDI 在 2006 年抑制了物流业规模的扩大，2007～2015 年 OFDI 有利于物流业扩大产出规模。从空间分布的角度看，IFDI 对中部地区物流业产出规模的正向效应最大，东部次之，西部地区物流业产出规模受 IFDI 的积极影响较小；OFDI 对物流业产出规模的促进作用随着地理位置东移而增强。

第三，双向 FDI 对物流业运行质量影响的时空差异。从时序波动的角度看，2006～2015 年 IFDI 对物流业运行质量水平的提升作用先上升再下降继而上升后下降，大致呈现"M"型变动趋势；考察期内 OFDI 对物流业运行质量的积极影响表现出逐年增加的态势（仅 2009 年略有下降）。从空间分布的角度看，物流业运行质量受双向 FDI 积极影响较大的省份主要集中在东部地区，而受双向 FDI 积极影响较小甚至为负向抑制作用的省份主要集中在西部地区。

第四，双向 FDI 对物流业社会贡献影响的时空差异。时间上，在 2006～2010 年，双向 FDI 并未对物流业社会贡献产生显著影响；2011～2015 年，双向 FDI 显著提升了物流业社会贡献水平，其中 IFDI 的提升作用更大。空间上，东部和中部地区仅 IFDI 对物流业社会贡献产生显著的正效应，西部地区双向 FDI 对物流业社会贡献的影响均不显著。

第五，双向 FDI 对物流业绿色发展影响的时空差异。时间上，在 2006～2010 年，双向 FDI 未能有效带动物流业绿色发展；在 2011～

2015 年，IFDI 显著促进了物流业绿色发展，但是 OFDI 对物流业绿色发展的影响仍不显著。空间上，IFDI 只对东部和中部物流业绿色发展表现为正向促进作用，OFDI 对三大区域物流业绿色发展则均未产生显著的推动作用。

# 第 7 章　双向 FDI 对物流业高质量
发展的空间溢出效应

　　在开放经济条件下，各地区之间不是完全封闭的。人员、货物、信息在不同地区之间流动的同时，把本地区双向 FDI 带来的知识和技术向周边地区传播，从而形成知识和技术在区域层面的扩散。另外，物流业双向 FDI 具有垂直技术溢出效应，能够衔接上下游企业。上下游关联企业很可能处于不同地理空间内，从而使双向 FDI 的溢出效应很容易突破行政区划的限制，向周边地区扩散，进而对周边地区物流业发展产生作用。因此，分析双向 FDI 对物流业高质量发展的影响时，双向 FDI 的空间溢出效应也不容忽视。

　　虽然现有研究鲜少从空间关联视角探讨双向 FDI 与经济高质量发展之间的关系，但是双向 FDI 具有空间溢出性已经得到许多文献的支持。比如，汪辉平等利用中国工业省际面板数据考察 IFDI 的空间溢出效应发现，IFDI 既作用于本地区工业 TFP，也作用于周边地区工业 TFP[330]。张伟科和葛尧的实证检验结果显示，OFDI 对本地区和周边地区绿色技术进步具有显著推动作用[331]。潘（Pan）等利用空间杜宾模型（SDM）检验 OFDI 对中国碳生产率的影响，研究结果表明 OFDI 不仅对本地区碳生产率提升产生积极影响，而且通过空间溢出机制显著提升了周边省份的碳生产率[275]。黄（Huang）和杨（Yang）识别了中国双向 FDI 生产率效应的空间溢出效应，研究结果表明，IFDI 的空间溢出效应不显著，而 OFDI 则存在显著的正向空间溢出效应[154]。当然，双向 FDI 的空间溢出效应不一定是正向的。本地区吸引外资在一定程度上抢占了周边地区吸引外资的机会，不利于周边地区物流业高质量发展，即"接近悖论"[332]。本地区 OFDI 通过技术外溢、同构压力使周边地区企业主动或被动进行跨国投资，但也可能因为资源吸附形成本地区对周边市场的掠夺效应，导致周边地区物流业发展动力不足。比如，王（Wang）等的研究结果显示，在中国中部地区，IFDI 显著提升了本地区 GTFP，但是对周边地区 GTFP 提升存在显著的抑制作用[333]。

基于以上分析，本章纳入空间因素，在设置三种不同空间权重矩阵的基础之上，基于 2006~2015 年中国 27 个省份的面板数据，运用空间杜宾模型考察本地区双向 FDI 对周边地区物流业高质量发展综合水平和分维度水平的影响，分析双向 FDI 的直接效应和间接效应，厘清双向 FDI 对本地和周边地区物流业高质量发展的具体作用。本章旨在丰富空间视角下双向 FDI 与物流业高质量发展之间的关系。

# 7.1 空间计量模型设定与选择

## 7.1.1 空间计量模型设定

常用的空间计量模型有空间滞后模型（SLM）、空间误差模型（SEM）和空间杜宾模型（SDM）三种。本书首先构造三种不同的空间计量模型，再通过多种检验方法确定采用的空间计量模型的具体形式。

本节构造的 SLM 模型的表达式为：

$$y_{it} = \alpha + \rho \sum_{j=1}^{n} w_{ij} y_{it} + \beta x_{it} + \varepsilon_{it}(i \neq j) \qquad (7-1)$$

本节构造的 SEM 模型的表达式为：

$$y_{it} = \alpha + \beta x_{it} + u_{it} \qquad (7-2)$$

$$u_{it} = \lambda \sum_{j=1}^{n} w_{ij} u_{it} + \varepsilon_{it}(i \neq j) \qquad (7-3)$$

随着区域之间创新活动、货物流通、居民消费的频繁发生和交流，影响区域经济发展的各种输入变量表现出越来越明显的空间相关性特征[334]。因此，引入所有变量的空间交互项构造 SDM 模型：

$$y_{it} = \alpha + \rho \sum_{j=1}^{n} w_{ij}y_{it} + \theta \sum_{j=1}^{n} w_{ij}x_{it} + \beta x_{it} + \varepsilon_{it} \qquad (7-4)$$

空间权重矩阵 $W$ 的设定是实证检验的关键，现有研究常用的有 0-1 二值矩阵、地理距离空间权重矩阵和经济—地理距离空间权重矩阵。0-1 二值矩阵将区域关系视为同质的邻接关系，无法体现不同区域之间的亲疏程度。因此，本章选取地理距离（$W_1$）和经济—地理距离（$W_2$）两种空间权重矩阵。$W_1$ 根据式（4-18）构建，$W_2$ 的计算方式如下：

$$W_2 = W_1 \times diag(\overline{Y_1}/\overline{Y}, \overline{Y_2}/\overline{Y}, \cdots, \overline{Y_n}/\overline{Y}) \qquad (7-5)$$

其中，$\overline{Y_i}$ 和 $\overline{Y}$ 分别表示样本期内特定省份和所有观察省份的人均 GDP 均值。

物流业高质量发展的空间关联性也是物流资源流动产生的相互作用，考虑到要素流动测算模型以引力模型为主，本书引入基于引力模型的空间权重矩阵 $W_3$：

$$W_3 = \begin{cases} k_{ij} \times V_i V_j / d_{ij} & (i \neq j) \\ 0 & (i = j) \end{cases} \qquad (7-6)$$

其中，$d_{ij}$ 表示 $i$、$j$ 省份省会（首府）城市之间的距离；$k_{ij}$ 取值为1；$V_i$ 和 $V_j$ 分别表示 2006~2015 年 $i$ 省份和 $j$ 省份平均物流业货运周转量。$W_1$、$W_2$ 和 $W_3$ 经过标准化处理使各行元素加总等于1。

## 7.1.2 空间计量模型选择

### 7.1.2.1 空间自相关检验

表 7-1~表 7-3 显示在三种空间权重下，中国物流业双向 FDI 存量与物流业高质量发展综合水平的 Moran's I 指数均为正数且至少通过 5% 的

显著性水平检验，说明三个变量存在显著的空间正相关，适合采用空间计量模型进行实证分析。

表 7 - 1　　　2006 ~ 2015 年物流业高质量发展综合水平的 Moran's I 指数

| 年份 | 地理距离空间权重 | | | 经济—地理空间权重 | | | 引力空间权重 | | |
|---|---|---|---|---|---|---|---|---|---|
| | Moran's I | Z 值 | P 值 | Moran's I | Z 值 | P 值 | Moran's I | Z 值 | P 值 |
| 2006 | 0. 160 *** | 5. 815 | 0. 000 | 0. 108 *** | 4. 150 | 0. 000 | 0. 068 *** | 2. 893 | 0. 002 |
| 2007 | 0. 168 *** | 6. 006 | 0. 000 | 0. 115 *** | 4. 318 | 0. 000 | 0. 077 *** | 3. 149 | 0. 001 |
| 2008 | 0. 124 *** | 4. 837 | 0. 000 | 0. 072 *** | 3. 154 | 0. 001 | 0. 043 ** | 2. 243 | 0. 012 |
| 2009 | 0. 164 *** | 5. 861 | 0. 000 | 0. 120 *** | 4. 445 | 0. 000 | 0. 087 *** | 3. 407 | 0. 000 |
| 2010 | 0. 160 *** | 5. 764 | 0. 000 | 0. 115 *** | 4. 306 | 0. 000 | 0. 084 *** | 3. 335 | 0. 000 |
| 2011 | 0. 156 *** | 5. 637 | 0. 000 | 0. 113 *** | 4. 271 | 0. 000 | 0. 085 *** | 3. 358 | 0. 000 |
| 2012 | 0. 153 *** | 5. 536 | 0. 000 | 0. 106 *** | 4. 074 | 0. 000 | 0. 084 *** | 3. 335 | 0. 000 |
| 2013 | 0. 127 *** | 4. 851 | 0. 000 | 0. 085 *** | 3. 498 | 0. 000 | 0. 075 *** | 3. 091 | 0. 001 |
| 2014 | 0. 124 *** | 4. 694 | 0. 000 | 0. 081 *** | 3. 364 | 0. 000 | 0. 079 *** | 3. 185 | 0. 001 |
| 2015 | 0. 119 *** | 4. 530 | 0. 000 | 0. 078 *** | 3. 267 | 0. 001 | 0. 084 *** | 3. 334 | 0. 000 |

注：*** 、** 分别表示在 1%、5% 的水平上显著。

表 7 - 2　　　　　　2006 ~ 2015 年物流业 IFDI 的 Moran's I 指数

| 年份 | 地理距离空间权重 | | | 经济—地理空间权重 | | | 引力空间权重 | | |
|---|---|---|---|---|---|---|---|---|---|
| | Moran's I | Z 值 | P 值 | Moran's I | Z 值 | P 值 | Moran's I | Z 值 | P 值 |
| 2006 | 0. 064 *** | 3. 116 | 0. 001 | 0. 045 *** | 2. 397 | 0. 008 | 0. 045 ** | 2. 287 | 0. 011 |
| 2007 | 0. 074 *** | 3. 399 | 0. 000 | 0. 051 *** | 2. 556 | 0. 005 | 0. 051 *** | 2. 463 | 0. 007 |
| 2008 | 0. 084 *** | 3. 717 | 0. 000 | 0. 058 *** | 2. 753 | 0. 003 | 0. 058 *** | 2. 650 | 0. 004 |
| 2009 | 0. 080 *** | 3. 624 | 0. 000 | 0. 057 *** | 2. 754 | 0. 003 | 0. 056 *** | 2. 601 | 0. 005 |
| 2010 | 0. 071 *** | 3. 399 | 0. 000 | 0. 051 *** | 2. 574 | 0. 005 | 0. 050 *** | 2. 456 | 0. 007 |
| 2011 | 0. 056 *** | 2. 920 | 0. 002 | 0. 040 ** | 2. 264 | 0. 012 | 0. 041 ** | 2. 184 | 0. 014 |
| 2012 | 0. 057 *** | 2. 899 | 0. 002 | 0. 039 ** | 2. 213 | 0. 013 | 0. 040 ** | 2. 145 | 0. 016 |
| 2013 | 0. 058 *** | 2. 947 | 0. 000 | 0. 041 ** | 2. 286 | 0. 011 | 0. 040 ** | 2. 167 | 0. 015 |
| 2014 | 0. 055 *** | 2. 856 | 0. 002 | 0. 039 ** | 2. 223 | 0. 013 | 0. 038 ** | 2. 105 | 0. 018 |
| 2015 | 0. 063 *** | 3. 080 | 0. 001 | 0. 044 *** | 2. 364 | 0. 009 | 0. 042 ** | 2. 224 | 0. 013 |

注：*** 、** 分别表示在 1%、5% 的水平上显著。

表 7 – 3                     2006 ~ 2015 年物流业 OFDI 的 Moran's I 指数

| 年份 | 地理距离空间权重 | | | 经济—地理空间权重 | | | 引力空间权重 | | |
|------|---------|------|------|---------|------|------|---------|------|------|
| | Moran's I | Z 值 | P 值 | Moran's I | Z 值 | P 值 | Moran's I | Z 值 | P 值 |
| 2006 | 0. 073 *** | 3. 179 | 0. 001 | 0. 031 ** | 1. 946 | 0. 026 | 0. 036 ** | 2. 004 | 0. 023 |
| 2007 | 0. 130 *** | 4. 779 | 0. 000 | 0. 094 *** | 3. 695 | 0. 000 | 0. 079 *** | 3. 161 | 0. 001 |
| 2008 | 0. 119 *** | 4. 565 | 0. 000 | 0. 083 *** | 3. 409 | 0. 000 | 0. 073 *** | 3. 032 | 0. 001 |
| 2009 | 0. 132 *** | 4. 918 | 0. 000 | 0. 093 *** | 3. 681 | 0. 000 | 0. 080 *** | 3. 224 | 0. 001 |
| 2010 | 0. 146 *** | 5. 169 | 0. 000 | 0. 105 *** | 3. 979 | 0. 000 | 0. 094 *** | 3. 557 | 0. 000 |
| 2011 | 0. 148 *** | 5. 242 | 0. 000 | 0. 106 *** | 4. 031 | 0. 000 | 0. 095 *** | 3. 597 | 0. 000 |
| 2012 | 0. 141 *** | 5. 028 | 0. 000 | 0. 100 *** | 3. 843 | 0. 000 | 0. 092 *** | 3. 518 | 0. 000 |
| 2013 | 0. 138 *** | 4. 933 | 0. 000 | 0. 096 *** | 3. 723 | 0. 000 | 0. 092 *** | 3. 500 | 0. 000 |
| 2014 | 0. 131 *** | 4. 751 | 0. 000 | 0. 089 *** | 3. 536 | 0. 000 | 0. 087 *** | 3. 388 | 0. 000 |
| 2015 | 0. 126 *** | 4. 610 | 0. 000 | 0. 083 *** | 3. 376 | 0. 000 | 0. 084 *** | 3. 308 | 0. 000 |

注: ***、** 分别表示在 1%、5% 的水平上显著。

### 7.1.2.2 空间效应检验

上一小节已经确定物流业高质量发展综合水平与双向 FDI 存量存在显著空间自相关，本小节对不包含空间效应的模型进行 OLS 估计，根据拉格朗日乘数（LM）统计量判断是否有必要采用空间面板模型，检验结果如表 7 – 4 所示。三种不同空间权重下，LM-error 和 Robust LM-error 以及 LM-lag 和 Robust LM-lag 至少通过 5% 的显著性水平检验，说明面板模型包含空间效应，可直接采用更具一般意义的 SDM 模型进行检验[335]。Wald 检验和 LR 检验的 P 值均小于 0.05（见表 7 – 5），说明 SDM 模型不能简化为 SLM 模型和 SEM 模型。在确定采用 SDM 模型的基础之上，进一步判定是采用固定效应还是随机效应。通过 Hausman 检验得到的统计量在 1% 的水平上显著（见表 7 – 5），因此采用固定效应模型。$R^2$、Log-L 和 Sigma$^2$ 显示时空双固定 SDM 模型更优。

表 7 - 4　　　　　　　　　　　　拉格朗日乘数检验

| 检验统计量 | 地理距离空间权重 | | 经济—地理空间权重 | | 引力空间权重 | |
|---|---|---|---|---|---|---|
| | 统计量 | P 值 | 统计量 | P 值 | 统计量 | P 值 |
| Moran's I | 8.938 *** | 0.000 | 8.952 *** | 0.000 | 8.642 *** | 0.000 |
| LM-error | 63.672 *** | 0.000 | 63.526 *** | 0.000 | 59.426 *** | 0.000 |
| Robust LM-error | 24.830 *** | 0.000 | 11.195 *** | 0.001 | 21.126 *** | 0.000 |
| LM-lag | 94.503 *** | 0.000 | 56.303 *** | 0.000 | 38.868 *** | 0.000 |
| Robust LM-lag | 31.661 *** | 0.000 | 5.053 ** | 0.025 | 3.972 ** | 0.046 |

注：*** 、** 分别表示在 1% 、5% 的水平上显著。

表 7 - 5　　　　双向 FDI 影响物流业高质量发展综合水平的时空

双固定 SDM 模型回归结果

| 变量 | 地理距离空间权重 | | 经济—地理距离空间权重 | | 引力空间权重 | |
|---|---|---|---|---|---|---|
| | $x$ | $w.x$ | $x$ | $w.x$ | $x$ | $w.x$ |
| $\ln ifdi$ | 0.034 ** (2.03) | - 0.347 ( - 1.18) | 0.037 ** (2.19) | - 0.412 *** ( - 3.34) | 0.040 ** (2.04) | - 0.654 ( - 1.61) |
| $\ln ofdi$ | 0.010 *** (2.71) | 0.073 *** (2.85) | 0.012 *** (3.62) | 0.114 * (1.78) | 0.012 *** (4.49) | 0.298 *** (3.15) |
| $\ln tidl$ | 0.005 *** (4.28) | - 0.053 ( - 0.89) | 0.006 *** (7.41) | - 0.052 ( - 1.59) | 0.006 *** (7.23) | - 0.083 ( - 0.96) |
| $dig$ | 0.014 ** (2.49) | 0.047 * (1.87) | 0.012 ** (2.36) | 0.084 (0.95) | 0.021 * (1.83) | 0.019 * (1.66) |
| $\ln agg$ | 0.104 ** (2.13) | - 0.875 ( - 1.29) | 0.105 ** (2.08) | - 0.988 ** ( - 2.07) | 0.141 * (1.81) | - 0.896 ( - 1.52) |
| $\ln hum$ | 0.394 (0.53) | - 1.385 * ( - 1.87) | 0.434 (0.21) | - 1.086 ( - 0.49) | 0.342 (1.31) | - 1.618 ** ( - 2.31) |
| $\ln inno$ | 0.012 * (1.85) | 0.694 *** (3.48) | 0.013 ** (2.49) | 0.655 *** (3.24) | 0.025 * (1.84) | 0.174 (0.61) |
| $\ln tran$ | - 0.416 ** ( - 2.17) | - 0.243 ( - 0.25) | - 0.330 ( - 0.75) | 0.481 (0.35) | - 0.514 ( - 1.20) | - 2.171 * ( - 1.90) |
| $\rho$ | 0.704 *** (12.16) | | 0.626 *** (9.11) | | 0.608 *** (9.10) | |

| 变量 | 地理距离空间权重 | | 经济—地理距离空间权重 | | 引力空间权重 | |
|---|---|---|---|---|---|---|
| | $x$ | $w. x$ | $x$ | $w. x$ | $x$ | $w. x$ |
| $R^2$ | 0.486 | | 0.527 | | 0.714 | |
| Log-L | 323.4154 | | 324.0985 | | 325.7908 | |
| Sigma$^2$ | 0.005 | | 0.005 | | 0.005 | |
| Wald-error | 50.64 *** [0.0000] | | 74.48 *** [0.0000] | | 65.01 *** [0.0000] | |
| Wald-lag | 51.04 *** [0.0000] | | 66.57 *** [0.0000] | | 64.86 *** [0.0000] | |
| LR-error | 38.59 *** [0.0000] | | 40.42 *** [0.0000] | | 43.57 *** [0.0000] | |
| LR-lag | 38.57 *** [0.0000] | | 40.41 *** [0.0000] | | 43.47 *** [0.0000] | |
| Hausman test | 486.82 *** [0.0000] | | 56.27 *** [0.0000] | | 55.83 *** [0.0000] | |

注: *** 、 ** 、 * 分别表示在 1% 、5% 、10% 的水平上显著；括号内是估计系数对应的 Z 值，中括号内是 P 值。

综合上述判别结果，本章设定如下的 SDM 模型：

$$
\ln hqua_{it} = \alpha_0 + \rho \sum_{j=1}^{n} w_{ij} \ln hqua_{it} + \alpha_1 \ln ifdi_{it} + \alpha_2 \ln ofdi_{it} + \alpha_3 \ln ifdi_{it}
$$

$$
\times \ln ofdi_{itit} + \eta \sum_{j=1}^{n} w_{ij} \ln ifdi_{it} + \varphi \sum_{j=1}^{n} w_{ij} \ln ofdi_{it}
$$

$$
+ \gamma \sum_{j=1}^{n} w_{ij} \ln ifdi_{it} \times \ln ofdi_{it} + \alpha Z_{it} + \lambda \sum_{j=1}^{n} w_{ij} Z_{it}
$$

$$
+ u_i + \nu_t + \varepsilon_{it} \tag{7-7}
$$

$$
\ln hqsd_{it} = \beta_0 + \delta \sum_{j=1}^{n} w_{ij} \ln hqsd_{it} + \beta_1 \ln ifdi_{it} + \beta_2 \ln ofdi_{it} + \beta_3 \ln ifdi_{it}
$$

$$
\times \ln ofdi_{itit} + \vartheta \sum_{j=1}^{n} w_{ij} \ln ifdi_{it} + \zeta \sum_{j=1}^{n} w_{ij} \ln ofdi_{it}
$$

$$
+ \phi \sum_{j=1}^{n} w_{ij} \ln ifdi_{it} \times \ln ofdi_{it} + \beta Z_{it} + \theta \sum_{j=1}^{n} w_{ij} Z_{it}
$$

$$
+ u_i + \nu_t + \varepsilon_{it} \tag{7-8}
$$

其中，*hqua* 表示物流业高质量发展综合水平；*hqsd* 表示物流业高质量发展分维度水平，具体包括物流业高质量发展的产出规模水平（lnscale）、运行质量水平（lnsuqu）、社会贡献水平（lncontri）和绿色发展水平（lngreen）。其他变量的含义以及测度同式（5 – 1）和式（5 – 2）。

## 7.2　双向 FDI 对物流业高质量发展综合水平的空间溢出效应

### 7.2.1　基准回归结果与分析

本书采用最大似然估计法（MLE）对时空双固定效应的 SDM 模型进行回归，回归结果如表 7 – 5 所示。由表 7 – 5 可知，三种空间权重矩阵下，物流业高质量发展水平的空间自相关系数显著为正，说明中国物流业高质量发展水平确实存在空间自相关，周边地区物流业高质量发展水平的高低会影响本地物流业高质量发展水平的高低，而且这种关联性是积极的。

对于 SDM 模型，估计系数并不能直接反映解释变量的边际影响[335]，如果完全依据 SDM 模型本身的估计结果分析解释变量的作用及其空间溢出效应可能会导致错误的结论[336]。因此，需要将各变量对物流业高质量发展水平的影响分解为直接效应和间接效应，直接效应和间接效应分别反映某个解释变量对本地区和周边地区被解释变量的影响。一般而言，直接效应和回归系数不同，因为直接效应包括"反馈效应"，也就是某一变量作用于周边地区，周边地区又反过来影响本地区。接下来重点分析表 7 – 6 中的估计系数。根据表 7 – 6 可知，在三种不同的空间权重矩阵下，双向 FDI 以及双向 FDI 交互项的直接效应至少在 5% 的水平上显著，说明双向 FDI 对物流业高质量发展水平产生了积极影响，且在影响物流业高质量发展水平过程中存在互促效应，这与第 5.3.1 节的结论保持一

表 7-6 双向 FDI 对物流业高质量发展综合水平的直接效应和间接效应

| 变量 | 地理距离空间权重 | | | 经济—地理距离空间权重 | | | 引力空间权重 | | |
|---|---|---|---|---|---|---|---|---|---|
| | 直接效应 | 间接效应 | 总效应 | 直接效应 | 间接效应 | 总效应 | 直接效应 | 间接效应 | 总效应 |
| lnifdi | 0.029** (2.19) | -0.267 (-1.07) | -0.238 (-0.95) | 0.033** (2.43) | -0.314** (-2.22) | -0.281** (-2.06) | 0.039** (2.02) | -0.639 (-1.55) | -0.600 (-1.43) |
| lnofdi | 0.011*** (2.64) | 0.054* (1.73) | 0.065** (2.09) | 0.014*** (3.58) | 0.090* (1.91) | 0.104* (1.90) | 0.012*** (3.68) | 0.284*** (3.27) | 0.296*** (3.49) |
| lntidl | 0.004*** (5.25) | -0.044*** (-2.61) | -0.040 (-0.86) | 0.005*** (7.81) | -0.044 (-1.36) | -0.039 (-1.30) | 0.004*** (6.21) | -0.083 (-0.08) | -0.079 (-0.75) |
| dig | 0.020** (2.37) | 0.028** (2.16) | 0.048** (2.49) | 0.018 (0.56) | 0.070 (0.76) | 0.088 (1.61) | 0.021* (1.94) | 0.016** (2.31) | 0.037** (2.19) |
| lnagg | 0.092* (1.90) | -0.709 (-1.10) | -0.617 (-1.20) | 0.090** (1.98) | -0.809 (-1.02) | -0.719 (-1.09) | 0.135** (2.30) | -0.881 (-1.42) | -0.746 (-1.53) |
| lnhum | 0.371 (1.02) | -1.232* (-1.87) | -0.861 (-0.63) | 0.409 (0.56) | -0.948 (-0.49) | -0.539 (-0.27) | 0.329 (0.64) | -1.605* (-1.93) | -1.276 (-1.44) |
| lninno | 0.014** (2.07) | 0.528*** (3.90) | 0.542*** (3.76) | 0.051** (2.45) | 0.533*** (3.02) | 0.584*** (2.77) | 0.027* (1.95) | 0.145 (0.53) | 0.172 (0.40) |
| lntran | -0.417** (-2.41) | -0.102 (-0.13) | -0.519 (-0.62) | -0.330 (-0.90) | 0.524 (0.46) | 0.194 (0.16) | -0.519 (-1.22) | -2.185* (-1.69) | -2.704 (-1.45) |

注: ***、**、* 分别表示在1%、5%、10%的水平上显著；括号内是估计系数的 Z 值。

致。IFDI 的间接效应在经济—地理距离矩阵下显著为负，在其他两种空间权重下不显著为负，说明本地区物流业外资流入不仅不会加快周边地区物流业高质量发展的速度，甚至在经济—地理距离空间权重下，抑制了周边地区物流业高质量发展。中国地方官员晋升机制会使地方政府在吸引外资方面展开激烈竞争[337][338]，这种竞争在经济—地理距离更近的地区之间更加激烈。本地区大量吸引外资会挤占周边地区吸引外资的空间，因为流入本地区的 IFDI 可能包含原本打算流入周边经济发展水平相似的地区的 IFDI[339]。这意味着周边地区投入资源却引资失败，无疑会造成资源配置的无效率，这也说明 IFDI 的挤出效应大于溢出效应。OFDI 与 IFDI 一样拥有空间维度，但 OFDI 表现出正向空间溢出效应。OFDI 的间接效应在三种空间权重下显著为正，说明本地区物流业 OFDI 规模提升将显著带动周边地区物流业高质量发展。可能的解释是，OFDI 通过要素配置、逆向技术溢出、资本形成等效应促使母公司规模扩大、效率改善和技术进步，从而推动本地区物流业高质量发展。与此同时，本地区物流业"走出去"产生的风向标作用有利于引导周边地区通过 OFDI 渠道推动物流业高质量发展。由此可见，OFDI 既有利于本地区物流业高质量发展，也能够带动周边地方政府对 OFDI 策略的模仿，从而促使周边物流业高质量发展水平提升。双向 FDI 交互项的间接效应在地理距离矩阵下显著为负，在另外两种空间权重矩阵下不显著为负，说明双向 FDI 互促作用的积极影响仅局限于当地。

各控制变量中，多数情况下，数字化水平提升对本地区及周边地区物流业高质量发展均具有显著促进作用。一方面，数字技术可以打破地理空间上的限制，加快信息流、资金流、物流在不同地区间的流动，因此能够在带动本地物流业高质量发展的同时推动周边地区物流业的发展；另一方面，数字技术基本不会受运输成本的限制，可以被应用于周边地区甚至更远地区的物流服务中。物流业集聚在一定程度上推进本地区物流业高质量发展，但却未对周边其他地区产生显著的正向溢出效应。这一结果出现的原因可能有两方面：一是中国各地区物流产业集聚是低质量的，使产业集群无法通过地区间联动发展而产生良好合作；二是物流业集聚水平高的地区会吸引周边地区的物流资本、劳动力等资源，产生"集聚阴影效应"，导致周边地区物流业发展动力不足。人力资本并未对本地区物流业高质量发展产生影响，但显著抑制了周边地区物流业高质量发展。受教育程度越高的地区对人才也更有吸引力，这可能意味着周边地区高素质劳动力供给减少，更容易使周边地区物流业陷入低端发展困境。自主创新能力的提升积极推动了本地区物流业高质量发展，且在多数情况下对周边地区物流业高质量发展也具有显著促进作用。科技创新成果通过跨区域的人员流动、产业关联、投资与贸易等形式产生空间溢出效应，特别是在经济—地理距离较近的地区之间。在引力空间权重矩阵下，交通基础设施的间接效应显著为负，在另外两种空间权重矩阵下不显著为负或为正。交通基础设施的完善会导致经济活动从落后地区向发达地区转移，扩大地区间的经济差距，产生所谓的"虹吸效应"[340][341]。

## 7.2.2　稳健性检验

为了确保表 7-6 中回归结果的稳健性，从第 4 章的测算结果中选取 2006~2015 年相对应 27 个省份的物流业高质量发展水平为被解释变量，采用 MLE 方法再次进行检验，回归结果如表 7-7 所示。由表 7-7 可知，三种不同的空间权重矩阵下，IFDI 的直接效应系数均在 5% 的水平上显著为正，而间接效应的估计系数均显著为负，再次说明 IFDI 显著提升了本地区物流业高质量发展水平，但对周边地区物流业高质量发展产生了明显抑制作用。OFDI 的直接效应和间接效应系数至少在 5% 的水平上显著为正，与表 7-6 的估计系数具有较高的一致性。多数情况下，双向 FDI 交互项的直接效应和间接效应系数分别显著为正和不显著为负，表明双向 FDI 对物流业高质量发展的互促效应没有产生空间外溢效应。

表 7 – 7　双向 FDI 对物流业高质量发展综合水平的空间溢出效应的稳健性检验

| 空间权重矩阵 | $\rho$ | 变量 | 直接效应 | 间接效应 | 总效应 |
|---|---|---|---|---|---|
| 地理距离矩阵 | 0.268<br>(1.64) | ln*ifdi* | 0.027 **<br>(2.05) | – 0.380 *<br>( – 1.76) | – 0.353 *<br>( – 1.94) |
| | | ln*ofdi* | 0.017 ***<br>(3.07) | 0.041 **<br>(2.04) | 0.058 **<br>(2.40) |
| | | ln*tidl* | 0.010 ***<br>(7.82) | – 0.021<br>( – 1.50) | – 0.011<br>( – 0.76) |
| 经济—地理<br>距离矩阵 | 0.282 *<br>(1.88) | ln*ifdi* | 0.029 **<br>(2.41) | – 0.552 ***<br>( – 2.72) | – 0.523 ***<br>( – 3.07) |
| | | ln*ofdi* | 0.020 ***<br>(3.54) | 0.032 **<br>(2.19) | 0.052 *<br>(1.88) |
| | | ln*tidl* | 0.011 ***<br>(8.13) | – 0.010<br>( – 0.57) | 0.002<br>(0.09) |
| 引力矩阵 | 0.271 *<br>(1.76) | ln*ifdi* | 0.035 **<br>(2.56) | – 0.766 ***<br>( – 3.21) | – 0.731 ***<br>( – 3.43) |
| | | ln*ofdi* | 0.026 ***<br>(3.43) | 0.191 ***<br>(2.68) | 0.218 ***<br>(2.90) |
| | | ln*tidl* | 0.009 ***<br>(5.04) | – 0.056 **<br>( – 2.22) | – 0.046 *<br>( – 1.79) |

注：***、**、* 分别表示在 1%、5%、10% 的水平上显著；括号内是估计系数的 Z 值。

## 7.3　双向 FDI 对物流业高质量发展分维度的空间溢出效应

### 7.3.1　双向 FDI 对物流业产出规模的空间溢出效应

本节对双向 FDI 对物流业产出规模的空间溢出效应进行检验。表 7 – 8 显示，在三种不同空间权重矩阵下，Wald 检验和 LR 检验表明 SDM 模型不能退化为 SAR 模型或 SEM 模型，通过 Hausman 检验得到的统计量至少在 5% 的水平上显著为正，因此采用固定效应模型。另外，$R^2$、Log-L 和 Sigma² 显示时空双固定的 SDM 模型更优。

表 7 – 8                  SDM 模型相关统计量检验结果

| 检验方法 | 地理距离矩阵 | 经济—地理距离矩阵 | 引力矩阵 |
|---|---|---|---|
| Wald-error | 101. 06 *** <br> [0. 0000] | 113. 45 *** <br> [0. 0000] | 61. 37 *** <br> [0. 0000] |
| Wald-lag | 121. 52 *** <br> [0. 0000] | 95. 18 *** <br> [0. 0000] | 58. 40 *** <br> [0. 0000] |
| LR-error | 51. 96 *** <br> [0. 0000] | 51. 31 *** <br> [0. 0000] | 44. 56 *** <br> [0. 0000] |
| LR-lag | 51. 59 *** <br> [0. 0000] | 50. 19 *** <br> [0. 0000] | 44. 38 *** <br> [0. 0000] |
| Hausman test | 32. 11 *** <br> [0. 0001] | 25. 43 *** <br> [0. 0013] | 16. 22 ** <br> [0. 0393] |

注：*** 、** 分别表示在1%、5%的水平上显著；中括号内是 P 值。

    本节依然采用 MLE 方法估计时空双固定的 SDM 模型。根据 SDM 模型的回归结果进一步分解各解释变量对物流业产出规模的直接效应和间接效应。表 7 – 9 汇报了双向 FDI 以及双向 FDI 交互项空间溢出效应的分解结果。表 7 – 9 中，物流业产出规模空间滞后项的系数 $\rho$ 显示物流业规模存在显著的空间正相关性。在三种空间权重矩阵下，OFDI 和双向 FDI 交互项的直接效应均显著为正，IFDI 的直接效应仅在经济—地理距离矩阵下没有通过至少10%的显著性水平检验，说明双向 FDI 及其交互项有利于物流业扩大规模，这与第 5.3.2.1 小节的结论一致。IFDI 的间接效应参数估计显著为负，分别为 – 0. 633、– 0. 611 和 – 0. 817。可能的解释是，地区政府间的竞争和资源禀赋导致 IFDI 在中国省份间的分布不平衡[342]，本地区 IFDI 增加背后的资本和技术对物流资源具有吸附作用，物流资源向本地区集聚削弱了周边地区物流业的发展动能。OFDI 的间接效应在地理距离矩阵和引力矩阵下均显著为正，说明 OFDI 通过区域间的"示范—模仿"机制对周边地区物流业发展产出显著的正向空间外溢效应。双向 FDI 交互项的间接效应均不显著为负，说明双向 FDI 对物流业产出规模的互促效应仅局限于当地。

表 7 - 9　　　双向 FDI 对物流业产出规模的直接效应和间接效应

| 空间权重矩阵 | $\rho$ | 变量 | 直接效应 | 间接效应 | 总效应 |
|---|---|---|---|---|---|
| 地理距离矩阵 | 0.765 *** <br>(15.29) | ln*ifdi* | 0.074 *** <br>(2.59) | -0.663 *** <br>(-2.68) | -0.589 *** <br>(-2.83) |
| | | ln*ofdi* | 0.035 *** <br>(3.10) | 0.093 * <br>(1.86) | 0.128 ** <br>(2.48) |
| | | ln*tidl* | 0.026 *** <br>(3.91) | -0.028 <br>(-0.45) | -0.002 <br>(-0.01) |
| 经济—地理<br>距离矩阵 | 0.707 *** <br>(13.12) | ln*ifdi* | 0.058 (1.57) | -0.611 ** <br>(-2.25) | -0.553 * <br>(-1.69) |
| | | ln*ofdi* | 0.027 *** <br>(2.80) | 0.118 (1.21) | 0.145 * <br>(1.68) |
| | | ln*tidl* | 0.023 *** <br>(3.39) | -0.077 <br>(-0.77) | -0.054 <br>(-0.60) |
| 引力矩阵 | 0.765 *** <br>(16.24) | ln*ifdi* | 0.089 ** <br>(2.29) | -0.817 ** <br>(-2.18) | -0.728 ** <br>(-2.24) |
| | | ln*ofdi* | 0.045 *** <br>(3.40) | 0.329 ** <br>(1.99) | 0.374 ** <br>(2.15) |
| | | ln*tidl* | 0.018 ** <br>(1.99) | -0.190 <br>(-1.08) | -0.172 <br>(-0.94) |

注：***、**、* 分别表示在 1%、5%、10% 的水平上显著；括号内是估计系数的 Z 值。

## 7.3.2　双向 FDI 对物流业运行质量的空间溢出效应

本节对双向 FDI 对物流业运行质量的空间溢出效应进行检验。表 7 - 10 显示在三种不同空间权重矩阵下，Wald 检验和 LR 检验表明 SDM 模型不能退化为 SEM 模型或者 SAR 模型；通过 Hausman 检验得到的统计量至少在 5% 的水平上显著为正，因此采用固定效应模型。另外，$R^2$、Log-L 和 Sigma$^2$ 显示时空双固定的 SDM 模型更优。

表 7 – 10                         SDM 模型相关统计量检验结果

| 检验方法 | 地理距离矩阵 | 经济—地理距离矩阵 | 引力矩阵 |
|---|---|---|---|
| Wald-error | 45.63 ***<br>[0.0000] | 57.87 ***<br>[0.0000] | 25.05 ***<br>[0.0015] |
| Wald-lag | 49.81 ***<br>[0.0000] | 60.16 ***<br>[0.0000] | 29.88 ***<br>[0.0002] |
| LR-error | 41.38 ***<br>[0.0000] | 51.26 ***<br>[0.0000] | 36.90 ***<br>[0.0000] |
| LR-lag | 39.36 ***<br>[0.0000] | 49.49 ***<br>[0.0000] | 34.37 ***<br>[0.0000] |
| Hausman test | 32.62 ***<br>[0.0001] | 46.44 ***<br>[0.0000] | 16.17 **<br>[0.0400] |

注：*** 、** 分别表示在 1% 、5% 的水平上显著；中括号内是 P 值。

本节采用 MLE 方法估计时空双固定 SDM 模型。表 7 – 11 汇报了双向 FDI 以及双向 FDI 交互项的空间溢出效应分解结果（控制变量的结果不再汇报）。首先，在三种空间权重矩阵下，物流业运行质量空间滞后项的系数 $\rho$ 均显著为正，说明物流业运行质量在空间上存在正向关联效应，本地区提升物流业运行质量的措施对周边地区产生"示范效应"，周边地区通过模仿本地区的经验提升自身物流业运行质量，这也意味着在研究双向 FDI 与物流业运行质量之间关系时不可忽视空间外部性。IFDI 的直接效应显著为正，表明 IFDI 对本地区物流业运行质量具有显著提升作用。相反地，IFDI 的间接效应在经济—地理距离矩阵和引力矩阵下显著为负，表明 IFDI 对周边地区物流业运行质量产生了负向效应。IFDI 争夺结果如果"花落我家"，能够推动本地区物流业发展。虽然物流业运行质量的空间溢出效应显著，但是招商引资过程中其他地区也耗费了人财物，竞争失败也会导致资源配置无效率，从而不利于其他地区物流业运行质量提升。IFDI 的间接效应在引力矩阵下更大，这也说明货物流动更频繁的地区之间，IFDI 的挤出效应更大。除引力矩阵的间接效应外，OFDI 的直接效应和间接效应均显著为正，说明 OFDI 不仅能够通过逆向技术溢出效应提高本地区物流业运行质量水平，而且对周边地区物流业运行质量也产生了正向空间溢出效应。进一步对比 OFDI 的直接效应和间接效应发现，OFDI 的溢出效应大于其对本地的直接促进作用，表明在开放背景下应该关注 OFDI 对物流业运行质量的省际联动传导作用。双向 FDI 交互项的直接效应显著为正，间接效应不显著，空间外溢效应不明显。

表 7 – 11　　双向 FDI 对物流业运行质量的直接效应和间接效应

| 空间权重矩阵 | $\rho$ | 变量 | 直接效应 | 间接效应 | 总效应 |
|---|---|---|---|---|---|
| 地理距离矩阵 | 0.516 ***<br>(4.55) | ln*ifdi* | 0.026 **<br>(2.53) | 0.045<br>(0.36) | 0.071<br>(0.21) |
| | | ln*ofdi* | 0.010 ***<br>(4.60) | 0.053 **<br>(2.31) | 0.063 **<br>(2.45) |
| | | ln*tidl* | 0.007 ***<br>(5.73) | 0.005<br>(1.32) | 0.012<br>(0.46) |
| 经济—地理<br>距离矩阵 | 0.547 ***<br>(5.17) | ln*ifdi* | 0.028 **<br>(2.07) | -0.332 **<br>(-2.23) | -0.304 **<br>(-2.32) |
| | | ln*ofdi* | 0.009 ***<br>(5.92) | 0.082 **<br>(2.45) | 0.091 **<br>(2.17) |
| | | ln*tidl* | 0.005 ***<br>(7.55) | 0.047<br>(1.62) | 0.052 **<br>(2.19) |
| 引力矩阵 | 0.443 ***<br>(3.51) | ln*ifdi* | 0.041 **<br>(2.16) | -0.439 **<br>(-2.20) | -0.398 **<br>(-2.17) |
| | | ln*ofdi* | 0.032 ***<br>(5.05) | 0.026<br>(0.26) | 0.058<br>(0.76) |
| | | ln*tidl* | 0.014 ***<br>(4.70) | -0.033<br>(-0.86) | -0.019<br>(-0.48) |

注：*** 、** 分别表示在1% 、5%的水平上显著；括号内是估计系数的 Z 值。

### 7.3.3　双向 FDI 对物流业社会贡献的空间溢出效应

本节对双向 FDI 对物流业社会贡献的空间溢出效应进行检验。在引力矩阵下，物流业社会贡献的 Moran'I 指数为负数，不存在显著空间相关性。因此，接下来分析地理距离矩阵和经济—地理距离矩阵下，双向FDI 对物流业社会贡献的影响。表 7 – 12 显示在两种不同空间权重矩阵下，Wald 检验和 LR 检验表明 SDM 模型不能退化为 SEM 模型或者 SAR模型；通过 Hausman 检验得到的统计量在 1% 水平上显著为正，因此采用固定效应模型。另外，$R^2$、Log-L 和 Sigma$^2$ 显示时空双固定的 SDM 模型更优。

表 7 – 12　　　　　　　　SDM 模型相关统计量检验结果

| 检验方法 | 地理距离矩阵 | 经济—地理距离矩阵 |
|---|---|---|
| Wald-error | 35. 14 *** [0.0000] | 40. 67 *** [0.0000] |
| Wald-lag | 36. 28 *** [0.0000] | 42. 35 *** [0.0000] |
| LR-error | 39. 68 *** [0.0000] | 44. 40 *** [0.0000] |
| LR-lag | 40. 78 *** [0.0000] | 44. 92 *** [0.0000] |
| Hausman test | 111. 27 *** [0.0000] | 81. 94 *** [0.0000] |

注：*** 表示在1%的水平上显著；中括号内是 P 值。

本节采用 MLE 方法估计时空双固定 SDM 模型。表 7 – 13 汇报了双向FDI 以及双向 FDI 交互项的空间溢出效应分解结果（控制变量的结果不再汇报）。由表 7 – 13 可知，在两种不同的空间权重矩阵下，物流业社会贡献空间滞后项的系数 $\rho$ 均显著为正，说明物流业社会贡献在空间上存在关联效应，并且这种关联性是积极的，即本地区物流业社会贡献水平对周边地区物流业社会贡献水平产出同向作用。IFDI 的直接效应显著为正，分别为 0.069 和 0.061，这意味着外资积累有利于物流业发挥支撑实体经济、优化产业结构、提升国民福利水平的积极作用。对比表 7 – 6、表 7 – 9和表 7 – 11 可以发现，被解释变量为物流业高质量发展综合水平、物流业

产出规模和物流业运行质量时，IFDI 的间接效应显著为负。但是，IFDI
对物流业社会贡献的空间溢出效应不显著为正，说明本地区 IFDI 流入并
未对周边地区物流业社会贡献产生抑制作用。OFDI 以及双向 FDI 交互项
的直接效应和间接效应都未通过显著性水平检验，这说明 OFDI 对中国物
流业社会贡献的影响较弱，而且 IFDI 和 OFDI 在影响物流业社会贡献方
面不存在互促效应。

表 7 – 13 　　　　双向 FDI 对物流业社会贡献的直接效应和间接效应

| 空间权重矩阵 | $\rho$ | 变量 | 直接效应 | 间接效应 | 总效应 |
|---|---|---|---|---|---|
| 地理距离矩阵 | 0.324 ***<br>(3.93) | ln*ifdi* | 0.069 *<br>(1.91) | 0.130<br>(0.77) | 0.198<br>(1.13) |
|  |  | ln*ofdi* | − 0.032<br>( − 1.07) | − 0.019<br>( − 0.30) | − 0.051<br>( − 0.82) |
|  |  | ln*tidl* | − 0.005<br>( − 0.76) | − 0.063<br>( − 0.78) | 0.068<br>( − 0.90) |
| 经济—地理<br>距离矩阵 | 0.346 ***<br>(4.23) | ln*ifdi* | 0.061 *<br>(1.70) | 0.015<br>(0.06) | 0.076<br>(0.29) |
|  |  | ln*ofdi* | − 0.026<br>( − 0.22) | 0.114<br>(1.43) | 0.088<br>(1.10) |
|  |  | ln*tidl* | − 0.002<br>( − 0.72) | − 0.086<br>( − 1.29) | − 0.088<br>( − 1.28) |

注：＊表示在 10% 的水平上显著；括号内是估计系数的 Z 值。

### 7.3.4 双向 FDI 对物流业绿色发展的空间溢出效应

本节对双向 FDI 对物流业绿色发展的空间溢出效应进行检验。在引
力矩阵下，物流业绿色发展的 Moran's I 指数为负数，不存在显著空间
相关性。因此，接下来分析地理距离矩阵和经济—地理距离矩阵下，双
向 FDI 对物流业绿色发展的影响。表 7 – 14 显示，在两种不同空间权重矩

阵下，Wald 检验和 LR 检验表明 SDM 模型不能退化为 SEM 模型或者 SAR 模型；通过 Hausman 检验得到的统计量在 1% 水平上显著为正，因此采用固定效应模型。另外，$R^2$、Log-L 和 Sigma$^2$ 显示时空双固定的 SDM 模型更优。

表 7 - 14                        SDM 模型相关统计量检验结果

| 检验方法 | 地理距离矩阵 | 经济—地理距离矩阵 |
|---|---|---|
| Wald-error | 23. 02 *** <br> [0. 0033] | 33. 18 *** <br> [0. 0001] |
| Wald-lag | 35. 32 *** <br> [0. 0000] | 34. 77 *** <br> [0. 0000] |
| LR-error | 34. 14 *** <br> [0. 0000] | 48. 89 *** <br> [0. 0000] |
| LR-lag | 32. 48 *** <br> [0. 0001] | 47. 00 *** <br> [0. 0000] |
| Hausman test | 85. 74 *** <br> [0. 0000] | 36. 03 *** <br> [0. 0000] |

注：*** 表示在 1% 的水平上显著；中括号内是 P 值。

本节采用 MLE 方法估计时空双固定 SDM 模型。表 7 - 15 汇报了双向 FDI 以及双向 FDI 交互项的空间溢出效应分解结果（控制变量的结果不再汇报）。由表 7 - 15 可知，在两种不同的空间权重矩阵下，物流业绿色发展水平空间滞后项的系数 $\rho$ 均显著为负。可能的解释是，物流业绿色发展水平越高的地区环境规制强度更高，需要高污染物流企业加大节能减排投入，节能减耗，以符合本地区产业发展倾向。这也导致本地区污染严重的物流企业为了降低成本向周边绿色发展水平低的地区转移，导致吸纳了高污染物流企业的地区虽然可能扩大了物流产业规模，但是以能源高消耗和环境高污染为代价，更加不利于物流业绿色发展。IFDI 和 OFDI 的直接效应不显著为正，说明双向 FDI 不能推动物流业绿色发展，这与第 5. 3. 2. 4 小节的结论一致。同时，IFDI 和 OFDI 的间接效应不显著为负或为正。双向 FDI 交互项的直接效应显著为正，说明 IFDI 和 OFDI 在推进物流业绿色发展方面存在一定的互促效应，但是这种正向影响不存在空间溢出效应。

表 7 - 15    双向 FDI 对物流业绿色发展的直接效应和间接效应

| 空间权重矩阵 | $\rho$ | 变量 | 直接效应 | 间接效应 | 总效应 |
|---|---|---|---|---|---|
| 地理距离矩阵 | - 0. 571 **<br>( - 2. 40) | ln*ifdi* | 0. 191<br>(1. 20) | - 0. 222<br>( - 0. 42) | - 0. 031<br>( - 0. 07) |
| | | ln*ofdi* | 0. 017<br>(0. 80) | - 0. 103<br>( - 0. 80) | - 0. 086<br>( - 0. 67) |
| | | ln*tidl* | 0. 027 **<br>(2. 36) | 0. 006<br>(0. 17) | 0. 033<br>(0. 80) |
| 经济—地理<br>距离矩阵 | - 0. 099 *<br>( - 1. 68) | ln*ifdi* | 0. 157<br>(1. 12) | - 1. 029<br>( - 0. 91) | - 0. 871<br>( - 0. 83) |
| | | ln*ofdi* | 0. 027<br>(1. 17) | 0. 008<br>(0. 04) | 0. 034<br>(0. 19) |
| | | ln*tidl* | 0. 029 ***<br>(2. 67) | - 0. 052<br>( - 0. 43) | - 0. 022<br>( - 0. 18) |

注：*** 、** 分别表示在 1% 、5% 的水平上显著；括号内是估计系数的 Z 值。

## 7.4    本章小结

作为资本流动的主要方式，双向 FDI 对物流业高质量发展的空间溢出效应也不容忽视。本章在第 5 章的基础之上纳入空间因素，构建时空双固定 SDM 模型，基于 2006 ~ 2015 年中国 27 个省份的面板数据，考察三种不同的空间权重矩阵下，双向 FDI 对物流业高质量发展综合水平和分维度水平的直接效应和间接效应。本章的主要结论如下所述。

（1）考察双向 FDI 对物流业高质量发展综合水平的空间溢出效应发现，本地区物流业高质量发展综合水平的提高会促进周边地区物流业高质量发展综合水平的提高。直接效应方面，双向 FDI 以及双向 FDI 交互项对物流业高质量发展综合水平产生了显著的驱动作用。间接效应方面，本地区物流业外资流入在经济—地理距离空间权重下，抑制了周边地区物流业高质量发展综合水平的提升。在三种不同的空间权重矩阵下，本地区物流业 OFDI 规模提升将显著推动周边地区物流业高质量发展。双向FDI 交互项的间接效应在地理距离矩阵下显著为负，即本地区双向 FDI 互促效应越强，越不利于周边地区物流业高质量发展。

（2）考察双向 FDI 对物流业产出规模的空间溢出效应发现，本地区物流业产出规模扩大会通过空间溢出效应推动周边地区物流业规模增长。直接效应方面，双向 FDI 以及双向 FDI 交互项对物流业产出规模扩大具有积极影响。间接效应方面，IFDI 和 OFDI 的空间溢出效应分别表现为显著为负和显著为正，即本地区 IFDI 不利于周边地区物流业规模增长，而OFDI 有利于周边地区物流业规模增长，双向 FDI 交互项对物流业产出规模的影响仅局限于当地，不存在显著的空间溢出效应。

（3）考察双向 FDI 对物流业运行质量的空间溢出效应发现，本地区物流业运行质量的提高对周边地区物流业运行质量具有带动作用，即地区之间关于物流业运行质量存在积极空间关联性。直接效应方面，双向FDI 以及双向 FDI 交互项对物流业运行质量提升具有积极影响。间接效应方面，IFDI 的空间溢出效应在经济—地理距离矩阵和引力矩阵下显著为负，OFDI 的空间溢出效应在地理距离矩阵和经济—地理距离矩阵下显著为正。双向 FDI 交互项的空间溢出效应不显著为负或为正。

（4）考察双向 FDI 对物流业社会贡献的空间溢出效应发现，本地区物流业社会贡献水平的提高对周边地区物流业社会贡献水平产生了显著的正向空间溢出效应。直接效应方面，IFDI 对物流业社会贡献水平具有显著提升作用，OFDI 以及双向 FDI 交互项对物流业社会贡献的影响不显著为负。间接效应方面，本地区 IFDI、OFDI 以及双向 FDI 交互项的变化不会引起周边地区物流业社会贡献水平的变化，即空间溢出效应不明显。

（5）考察双向 FDI 对物流业绿色发展的空间溢出效应发现，本地区物流业绿色发展水平的提升会对周边地区物流业绿色发展产生显著抑制作用。直接效应方面，双向 FDI 不能推动物流业绿色发展，但是 IFDI 和 OFDI 在推动物流业绿色发展方面存在显著的协同效应。间接效应方面，本地区双向 FDI 以及双向 FDI 交互项对周边地区物流业绿色发展没有产生明显的空间溢出效应。

# 第8章 研究结论及政策建议

## 8.1 研究结论

作为国际资本流动的主要方式，双向 FDI 是获取先进技术和知识的主要渠道，双向 FDI 能否成为中国物流业高质量发展的驱动力？本书紧密围绕中国物流业双向 FDI 对物流业高质量发展的影响这一核心问题进行研究，首先，对物流业双向 FDI 的发展现状和物流业高质量发展水平进行分析。其次，采用理论分析与实证检验相结合的方法，考察双向 FDI 对物流业高质量发展的总体效应。再次，将时间节点和地理位置纳入计量模型，采用 GTWR 方法考察双向 FDI 对物流业高质量发展的时空异质效应。最后，构建 SDM 模型，考察双向 FDI 对物流业高质量发展的空间溢出效应。本书主要的研究结论如下所述。

第一，基于统计数据分析中国物流业双向 FDI 的规模、业绩指数和空间分布，总结其进入模式和投资动机。研究表明：（1）中国物流业双向 FDI 规模总体呈上升趋势。物流业实际利用外资从 2004 年的 105. 364 亿元增长到 2020 年的 344. 783 亿元，年均增长率达 7. 222%；OFDI 流量从 2004 年的 68. 587 亿元增加至 2020 年的 429. 941 亿元，年均增长率为 12. 156%。（2）中国物流业双向 FDI 占服务业双向 FDI 比重较低，仅在 6% 左右。另外，物流业双向 FDI 业绩指数在 2011～2020 年均小于 1，说明物流业双向 FDI 的国际竞争力较弱。（3）东部地区物流业 IFDI 明显高于中西部地区，是中国物流业吸引外资的主要区域，中国物流业 OFDI 目

的地集中在中国香港、欧盟、美国、澳大利亚和东盟。（4）中国物流业
"引进来"的模式可以分为代理协议、合资、独资以及并购，"走出去"
的主要模式为绿地投资和跨国并购。（5）中国物流业双向 FDI 的动机主
要分为五种，各类投资动机之间并不相互排斥。

　　第二，构建物流业高质量发展评价指标体系，采用改进熵权法对
2004～2019 年中国 30 个省份的物流业高质量发展水平进行测度并分析。
研究表明：（1）2004～2019 年中国物流业高质量发展水平整体上升趋势
明显，平均值为 0.197，年均增长率为 2.397%。除吉林省外，其他 29 个
省份的物流业高质量发展水平均实现了不同程度的增长。（2）中国区域
内和区域间物流业高质量发展水平的差距随时间推移而扩大，区域间差
异是总体差异的主要来源。（3）物流业高质量发展水平存在显著的全局
空间正相关，随时间推移有所强化；局部自相关以 High-High 型集聚和
Low-Low 型集聚为主，High-High 型集聚模式和 Low-Low 型集聚模式分别
主要表现在东部地区和西部地区。（4）2004～2012 年中国大部分省份追
求物流业高速增长，对质量重视不足，2013 年以后更多省份开始追求高
质量发展。然而，中国仍有超过 1/3 的省份物流业发展数量和质量均处
于低水平。（5）时间上，产出规模和社会贡献维度呈现波动中上升趋势，
而运行质量和绿色发展维度呈波动中下降趋势；空间上，产出规模、运
行质量和社会贡献维度呈现"东高西低"的空间分布特征，而绿色发展
维度则呈现"中部 > 东部 > 西部"的特点。

　　第三，本书利用 2006～2015 年中国 27 个省份的面板数据，实证检验
了双向 FDI 对物流业高质量发展的总体影响。研究表明：（1）双向 FDI
对物流业高质量发展均具有显著推动作用，IFDI 的推动作用较 OFDI 更
强。（2）IFDI 和 OFDI 在推动物流业高质量发展的过程中存在显著的互促
效应。（3）IFDI 通过提升物流业产出规模、运行质量和社会贡献水平对
物流业高质量发展产生正向作用，OFDI 则通过扩大物流业规模和提高物
流业运行质量推动物流业高质量发展。

　　第四，本书运用 GTWR 模型实证检验了双向 FDI 对物流业高质量发
展的时空异质效应。研究表明：（1）双向 FDI 对物流业高质量发展综合

水平的促进作用呈倒 "V" 型的时间变化趋势，以及由东向西梯度递减的空间分布格局。（2）时间上，双向 FDI 对物流业产出规模的积极影响先上升后下降，2008～2015 年双向 FDI 提升了物流业运行质量；空间上，双向 FDI 对物流业产出规模和运行质量的积极影响更多地表现在东部和中部地区。（3）双向 FDI 对物流业社会贡献的作用随时间推移由不显著为正或为负转变为显著为正，但正向效应只表现在东部和中部地区。（4）IFDI 对物流业绿色发展的促进作用随时间推移变得显著，随地理位置西移而消失，OFDI 对物流业绿色发展的正向效应尚未显现。

第五，本书在基准回归模型的基础上纳入空间因素，构建时空双固定 SDM 模型，考察三种不同空间权重矩阵下，双向 FDI 对物流业高质量发展影响的空间溢出效应。研究表明：（1）物流业高质量发展综合水平、物流业产出规模、物流业运行质量和物流业社会贡献均存在显著的空间相关性，空间溢出效应为正；但是物流业绿色发展的空间溢出效应显著为负。（2）多数情况下，IFDI 和 OFDI 对周边地区物流业高质量发展综合水平的影响分别显著为负和显著为正，双向 FDI 交互项对物流业高质量发展综合水平的促进作用仅局限于当地。（3）IFDI 和 OFDI 对周边地区物流业产出规模和运行质量分别产生明显的抑制作用和促进作用，对物流业社会贡献和绿色发展没有产生空间外溢效应，双向 FDI 交互项的空间溢出效应不显著为负或为正。

# 8.2 政策建议

## 8.2.1 持续引进物流业外资

### 8.2.1.1 加大物流业引资力度

首先，外资流入扩大了物流业规模，提升了物流业效率和质量，对推动中国物流业高质量发展产生了积极影响。因此，当前仍需要持续引进物流业外资，加大物流业引资力度。在不危害国家安全和国家重大利益的前提下，加快放开商贸物流、快递业、仓储设施等物流相关领域的外资准入和股比限制，促使国内物流企业与跨国物流企业的交流与合作，学习借鉴国外促进物流业发展的经验做法和先进理念。其次，扩大物流业对外开放，并不意味着放松对物流业外资的监管，使其"畅通无阻"。特别是自 2020 年起，外资企业设立等不需要审批和备案，这就更需要政府对进入中国的外资进行监管和跟踪，对外资物流企业的落地情况、工作进展、资金流向和使用情况等方面进行监督检查，合理规范跨国企业的投资行为，还需要防范外资企业垄断物流业的某些领域（比如物流地产行业），摧毁中小物流企业。最后，加快落实取消内外有别的"双轨制"政策，根据一致原则对内外资进行管理，为内外资物流企业营造公平的竞争环境，避免国内物流企业因不公平待遇在市场竞争中处于劣势。

### 8.2.1.2 避免地区间恶性竞争

过去中国以 GDP 为主的官员考核制度导致地方政府在争夺 IFDI 的过程中会出现盲目引资、高成本引资等问题，进而引致资源无效率或效率损失。根据第 7 章的实证结果可知，某地区 IFDI 的引进会对周边地区物流业高质量发展产生消极影响，因此需要防止地方政府恶性竞争损害物流业发展。首先，地方政府应该树立"富邻"意识，根据自身特色和优势合理引进物流业外资，避免因盲目引资采取过度优惠政策，从而削弱 IFDI 进入对物流业发展的正向影响，加强在引资方面与周边地区的协调与合作，防止趋同和资源浪费，更要避免物流业高质量发展水平较高地区对较低地区的"双重"挤压。其次，地方政府应该减少行政干预，把招商引资的具体工作交还给企业，政府则在招商引资过程中发挥引导、监督、管理、规范等作用。最后，完全不竞争会引发地方政府的"惰性"，地方政府间的适度竞争有利于经济高质量发展[114]。因此，中央政府可以通过合理引导地方之间的竞争，形成适度激励，促使地方政府在引进物流业外资时采取更加合理有效的措施。

### 8.2.1.3 提高物流业外资质量

整体而言，外资流入提升了中国物流业高质量发展水平，但是考察期内 IFDI 对物流业高质量发展的积极影响有所弱化，单纯依靠 IFDI 数量推动物流业高质量发展的作用受到限制。因此，在加快物流业"引进来"的同时，注重提升物流业外资的质量和水平，从"被动吸收"转变到"主动选择"。首先，在招商引资过程中，不能单纯强调物流业外资的规模，还要关注外资项目的技术含金量、在行业的领先水平和影响力，适当提高技术先进的外资的比重。基于技术的外溢性，国内物流企业才能学习模仿先进的技术和管理理念，实现提高国内物流企业技术水平的目的，进而提高对外投资时的竞争优势，强化对 OFDI 逆向技术溢出的吸收能力。其次，外资发挥对物流业发展的积极影响可能需要较长一段时间，上级政府对下级政府政绩考核时，应该减少短期业绩评价，着眼于长期绩效考核，这样下级政府在引进物流业外资时才能更加注重质量。最后，中国物流业正处于向高质量转变的新阶段，应该注意物流业发展过程中的外部环境成本。但根据第 5 章的实证检验结果可知，IFDI 对物流业绿色发展没有发挥显著推动作用。作为能源使用和碳排放"大户"，物流业绿色发展也关系到中国碳减排工作的成效。中央政府可以把"绿色 GDP"纳入官员考核体系中，引导地方政府尽量避免引进"三高"外资项目，而是引进绿色型物流业外资，发挥 IFDI 的"污染光环"作用。

### 8.2.1.4 实施差异化引资策略

由于地理位置、资源禀赋、经济基础、政策倾斜等原因导致中国各地区物流业 IFDI 规模存在较大差异，对物流业高质量发展的影响也不同。因此，地方政府应该认清和把握地区发展特点，在物流业引进外资的过程中采取具有针对性的措施。对于东部地区来说，物流业发展水平较高，如果继续引入与本地区生产率差距较大的低质量物流业外资，对物流业高质量发展的推动作用必然有限。东部地区应该在现有基础之上积极引进高质量物流业外资，建立外资引进的甄别机制，实施负面清单制度。

在积极引进外资的过程中，要注重不可编码的知识，将重点放在 IFDI 的技术水平、管理水平和盈利能力上。与东部相比，中西部地区 IFDI 对物流业高质量发展的正向影响较弱，这主要是因为中西部地区双向 FDI 规模和吸收能力低于东部。中央政府应该从宏观层面上合理引导外资流向，通过在税收、用地、信贷等方面的有关优惠政策刺激外资流入中西部地区，鼓励外资企业参与到"中部崛起"和"西部大开发"战略实施中去。西部地区也应该借力"一带一路"的机遇利用自身外资缺口大、生产要素成本低、自然资源丰富等优势吸引物流业外资，通过完善物流业基础设施、营造良好营商环境、提高政府服务质量等手段留住外资，借助物流外资促进当地物流业发展，依托外资获得的资本和技术能够提高当地物流企业"走出去"的实力和意愿。

### 8.2.2　加快推动物流业"走出去"

#### 8.2.2.1　政府强化政策引导作用

在中国继续实施"走出去"战略的现实阶段，各级政府应该认真制定和落实"走出去"的方针政策，在顺应经济全球化和要素分工发展的背景下，继续推动物流业"走出去"。首先，进一步简化对外投资备案制的有关手续。2014 年商务部对《境外投资管理办法》进行修订，确定了"备案为主、核准为辅"的管理模式。现行的《对外投资备案（核准）报告暂行办法》更是简化了备案手续，鼓励相关部门通过信息化手段提高办事效率。但是中国目前的审批程序与发达国家相比仍较为烦琐，审批效率低下。这就需要加强相关部门的沟通协调，避免出现流程不清、责任不分的现象。其次，政府应该加强对"走出去"物流企业的金融支持。与国内投资相比，境外投资者因为外来者劣势面临更大的投资风险。因此，必要的金融支持有利于物流企业 OFDI 活动的顺利开展。政府应引导银行降低对民营企业的贷款利率，鼓励各类金融机构为融资困难的物流企业提供贷款和信用保障。再次，政府应该为"走出去"的物流企业提供信息服务。全球 200 多个国家和地区的地理位置、资源禀赋、法律法规、人文环境等存在诸多差异，单纯依靠境外投资企业无法获得较为全面的信息，可能会使企业无法提前建立完善的预警机制。这就需要政府部门利用自身优势搜集世界其他国家和地区的产业投资和发展的相关信息，并适度提供给企业使用。最后，企业在"走出去"的过程中可能面临来源国这一隐性劣势，政府可以通过签署双边或者多边贸易投资协定，加强与东道国在各领域的深层次合作，为物流企业对外投资创造更有利的环境。

### 8.2.2.2 企业把握有利市场机遇

第一，携手重大项目"走出去"。"一带一路"倡议加强了中国与"一带一路"共建国家的合作，共建国家也希望借助中国资金和技术发展本国经济，特别是在港口、铁路等基础设施方面。随着"一带一路"倡议的推进，一批国际合作的重要项目逐渐落地，比如，中欧班列和亚吉铁路开通运营，瓜达尔港和比雷埃夫斯港的通航等。这些重大项目的顺利实施离不开物流的支持和保障，其蕴含的物流需求，包括前期的工程物流服务和后期的物流日常运营为中国物流企业提供了机会。第二，加强与制造业的横向联合，追随制造业"走出去"。目前，中国正通过对外直接投资的方式向国外转移过剩产能，必然使钢铁、能源、水泥等制造业相关领域对外直接投资的速度加快。在这种际遇下，中国物流企业应尽量将其物流网络进行延伸，为国内客户的海外业务提供物流服务，跟随制造企业"走出去"，融入全球供应链中。第三，借力跨境电商"走出去"。跨境电商是互联网时代下的国际贸易运营新模式，凭借其突破时空限制、减少中间环节、提供多样化产品等优点迅速成为消费者青睐的购物模式。2020 年，在全球新冠疫情肆虐之下，中国跨境电商进出口达 1.69 万亿元，实现了 31.1% 的增长率。① 跨境电商的异军突起滋生了跨境物流的需求，也为国内物流企业"走出去"提供新契机。但是中国大

---

① 资料来源：《2020 跨境出口电商行业白皮书》。

多数快递企业国际竞争力相对较弱，仍无法与发达国家和地区的快递企业相比。因此，在区位选择时可以避开竞争激烈的发达国家，沿着"一带一路"由近至远展开对外投资。

## 8.3　研究展望

本书系统地研究了双向 FDI 与物流业高质量发展的现状和问题，从理论层面和实证层面考察了双向 FDI 对物流业高质量发展的影响，并取得了一些新的研究成果。但是，囿于数据获取、研究条件、学术水平等方面的限制，本书尚存在一些不足，值得进一步研究。

第一，数据估算可能轻微影响本书的实证检验结果。各省份统计年鉴只公布了物流业 IFDI 流量，而《中国对外直接投资统计公报》又只公布了全国层面的物流业 OFDI 存量，导致本书只能在参考具有代表性文献的基础上对各省份物流业双向 FDI 存量进行合理估算，这可能会导致本书实证结果存在一定偏差。未来可以根据数据的可获得性，调整研究对象并适当延长时间跨度，以期研究结果更具有现实意义。

第二，未对 IFDI 来源地和 OFDI 目的地进行区分。部分文献验证了不同来源地的 IFDI 为东道国带来的技术溢出效应存在差异，OFDI 目的地选择不同，对母国经济发展的影响也存在差异。由于无法直接获取各省份物流业 IFDI 来源地和 OFDI 目的地的相关数据，本书并未对该问题进行研究。未来可以尝试对这些数据进行估算或在数据可获取时，从来源地和目的地的异质性对双向 FDI 与物流业高质量发展之间的关系进行再探讨。

# 参 考 文 献

［1］刘华军，郭立祥，乔列成，等．中国物流业效率的时空格局及动态演进［J］．数量经济技术经济研究，2021，38（5）：57-74．

［2］魏际刚．迈向物流强国：中国物流业中长期发展战略［M］．北京：中国发展出版社，2017．

［3］Lichtenberg F R，Potterie B V P D L. International R&D spillovers：A comment［J］．European Economic Review，1998，42（8）：1483-1491．

［4］黄新飞，李嘉杰．双循环新发展格局下中国双向直接投资研究［J］．长安大学学报（社会科学版），2021，23（1）：69-79．

［5］傅元海，林剑威．FDI和OFDI的互动机制与经济增长质量提升——基于狭义技术进步效应和资源配置效应的分析［J］．中国软科学，2021（2）：133-150．

［6］Barilla D，Carlucci F，Cirà A，et al. Total factor logistics productivity：A spatial approach to the Italian regions［J］．Transportation Research Part A：Policy and Practice，2020，136：205-222．

［7］Wen X，Ma H，Choi T M，et al. Impacts of the Belt and Road Initiative on the China-Europe trading route selections［J］．Transportation Research Part E：Logistics and Transportation Review，2019，122：581-604．

［8］任保平．新时代高质量发展的政治经济学理论逻辑及其现实性［J］．人文杂志，2018（2）：26-34．

［9］钞小静，薛志欣．新时代中国经济高质量发展的理论逻辑与实践机制［J］．西北大学学报（哲学社会科学版），2018，48（6）：12-22．

［10］金碚．关于"高质量发展"的经济学研究［J］．中国工业经

济，2018（4）：5 – 18.

[11] 刘志彪. 理解高质量发展：基本特征、支撑要素与当前重点问题 [J]. 学术月刊，2018，50（7）：39 – 45，59.

[12] 高培勇. 理解、把握和推动经济高质量发展 [J]. 经济学动态，2019（8）：3 – 9.

[13] 师博. 论现代化经济体系的构建对我国经济高质量发展的助推作用 [J]. 陕西师范大学学报（哲学社会科学版），2018，47（3）：126 – 132.

[14] 师博，张冰瑶. 新时代、新动能、新经济——当前中国经济高质量发展解析 [J]. 上海经济研究，2018（5）：25 – 33.

[15] 李梦欣，任保平. 新时代中国高质量发展的综合评价及其路径选择 [J]. 财经科学，2019（5）：26 – 40.

[16] 洪银兴. 改革开放以来发展理念和相应的经济发展理论的演进——兼论高质量发展的理论渊源 [J]. 经济学动态，2019（8）：10 – 20.

[17] 李英杰，韩平. 数字经济下制造业高质量发展的机理和路径 [J]. 宏观经济管理，2021（5）：36 – 45.

[18] 杨建利，郑文凌，邢娇阳，等. 数字技术赋能农业高质量发展 [J]. 上海经济研究，2021（7）：81 – 90，104.

[19] 董艳敏，严奉宪. 中国农业高质量发展的时空特征与协调度 [J]. 浙江农业学报，2021，33（1）：170 – 182.

[20] 杜宇，黄成，吴传清. 长江经济带工业高质量发展指数的时空格局演变 [J]. 经济地理，2020，40（8）：96 – 103.

[21] 高一铭，徐映梅，季传凤，等. 我国金融业高质量发展水平测度及时空分布特征研究 [J]. 数量经济技术经济研究，2020，37（10）：63 – 82.

[22] 姜长云. 服务业高质量发展的内涵界定与推进策略 [J]. 改革，2019（6）：41 – 52.

[23] 黄速建，肖红军，王欣. 论国有企业高质量发展 [J]. 中国工业经济，2018（10）：19 – 41.

[24] 肖红军. 面向"十四五"的国有企业高质量发展 [J]. 经济体

制改革，2020（5）：22-29.

[25] 李巧华. 新时代制造业企业高质量发展的动力机制与实现路径 [J]. 财经科学，2019（6）：57-69.

[26] 赵剑波，史丹，邓洲. 高质量发展的内涵研究 [J]. 经济与管理研究，2019，40（11）：15-31.

[27] 高志军，张萌，刘伟. 新时代中国物流业高质量发展的科学内涵与基本思路 [J]. 大连海事大学学报（社会科学版），2020，19（4）：68-78.

[28] 董千里，闫柏睿. 物流业高质量发展机制的集成场认识 [J]. 中国流通经济，2020，34（5）：8-21.

[29] 肖建辉. 粤港澳大湾区物流业高质量发展的路径 [J]. 中国流通经济，2020，34（3）：66-81.

[30] 贺晓宇，沈坤荣. 现代化经济体系、全要素生产率与高质量发展 [J]. 上海经济研究，2018（6）：25-34.

[31] 张月友，董启昌，倪敏. 服务业发展与"结构性减速"辨析——兼论建设高质量发展的现代化经济体系 [J]. 经济学动态，2018（2）：23-35.

[32] 余泳泽，杨晓章，张少辉. 中国经济由高速增长向高质量发展的时空转换特征研究 [J]. 数量经济技术经济研究，2019，36（6）：3-21.

[33] 刘帅. 中国经济增长质量的地区差异与随机收敛 [J]. 数量经济技术经济研究，2019，36（9）：24-41.

[34] 廖祖君，王理. 城市蔓延与区域经济高质量发展——基于 DMSP/OLS 夜间灯光数据的研究 [J]. 财经科学，2019（6）：106-119.

[35] Mlachila M, Tapsoba R, Tapsoba S J A. A quality of growth index for developing countries：A proposal [J]. Social Indicators Research，2017，134：675-710.

[36] 师博，任保平. 中国省际经济高质量发展的测度与分析 [J]. 经济问题，2018（4）：1-6.

[37] 徐盈之，童皓月. 金融包容性、资本效率与经济高质量发展

［J］．宏观质量研究，2019，7（2）：114 - 130.

［38］师博，张冰瑶．全国地级以上城市经济高质量发展测度与分析
［J］．社会科学研究，2019（3）：19 - 27.

［39］黎新伍，徐书彬．基于新发展理念的农业高质量发展水平测度
及其空间分布特征研究［J］．江西财经大学学报，2020（6）：78 - 94.

［40］陈景华，陈姚，陈敏敏．中国经济高质量发展水平、区域差异及
分布动态演进［J］．数量经济技术经济研究，2020，37（12）：108 - 126.

［41］吕炜，邵娇．转移支付、税制结构与经济高质量发展——基于
277 个地级市数据的实证分析［J］．经济学家，2020（11）：5 - 18.

［42］聂长飞，简新华．中国高质量发展的测度及省际现状的分析比
较［J］．数量经济技术经济研究，2020，37（2）：26 - 47.

［43］魏敏，李书昊．新时代中国经济高质量发展水平的测度研究
［J］．数量经济技术经济研究，2018，35（11）：3 - 20.

［44］李金昌，史龙梅，徐蔼婷．高质量发展评价指标体系探讨
［J］．统计研究，2019，36（1）：4 - 14.

［45］张军扩，侯永志，刘培林，等．高质量发展的目标要求和战略
路径［J］．管理世界，2019，35（7）：1 - 7.

［46］杨耀武，张平．中国经济高质量发展的逻辑、测度与治理
［J］．经济研究，2021，56（1）：26 - 42.

［47］韩永辉，韦东明．中国省域高质量发展评价研究［J］．财贸研
究，2021，32（1）：26 - 37.

［48］杨守德．技术创新驱动中国物流业跨越式高质量发展研究
［J］．中国流通经济，2019，33（3）：62 - 70.

［49］李娟，王琴梅．中国四大板块物流业发展质量测度及平衡性研
究——基于物流业效率视角［J］．统计与信息论坛，2019，34（7）：76 - 84.

［50］曹允春，李彤，林浩楠．我国区域物流业高质量发展实现路
径——基于中国31 个省市区的实证分析［J］．商业研究，2020（12）：
66 - 74.

［51］秦琳贵，沈体雁．科技创新促进中国海洋经济高质量发展了

吗——基于科技创新对海洋经济绿色全要素生产率影响的实证检验 [J]. 科技进步与对策, 2020, 37 (9): 105 – 112.

[52] 唐建荣, 杜聪, 李晓静. 中国物流业经济增长质量实证研究——基于绿色全要素生产率视角 [J]. 软科学, 2016, 30 (11): 10 – 14.

[53] 戴德宝, 范体军, 安琪. 西部地区物流综合评价与协调发展研究 [J]. 中国软科学, 2018 (1): 90 – 99.

[54] 唐建荣, 张鑫和, 类延波. 物流业发展的区位差异、驱动因素及时空异质性研究——基于 GTWR 模型的分析 [J]. 财贸研究, 2019, 30 (1): 1 – 19.

[55] 卫宇杰, 于博文, 潘浩, 等. 基于组合赋权法的中国物流业质量发展指数研究 [J]. 工业工程与管理, 2019, 24 (2): 190 – 197.

[56] 林双娇, 王健. 中国物流业高质量发展水平测度及其收敛性研究 [J]. 统计与决策, 2021, 37 (8): 9 – 14.

[57] 王鹏, 张茹琪, 李彦. 长三角区域物流高质量发展的测度与评价——兼论疫后时期的物流新体系建设 [J]. 工业技术经济, 2021, 40 (3): 21 – 29.

[58] Huang Y, Li Q, Wang X, et al. Lean path for high-quality development of Chinese logistics enterprises based on entropy and gray models [J]. Entropy, 2019, 21 (7): 641.

[59] 任保平, 文丰安. 新时代中国高质量发展的判断标准、决定因素与实现途径 [J]. 改革, 2018 (4): 5 – 16.

[60] 沈敏. 现代化经济体系的双擎驱动: 技术创新和制度创新 [J]. 财经科学, 2018 (8): 56 – 67.

[61] 吕铁, 李载驰. 数字技术赋能制造业高质量发展——基于价值创造和价值获取的视角 [J]. 学术月刊, 2021, 53 (4): 56 – 65, 80.

[62] 李辉. 大数据推动我国经济高质量发展的理论机理、实践基础与政策选择 [J]. 经济学家, 2019 (3): 52 – 59.

[63] 夏显力, 陈哲, 张慧利, 等. 农业高质量发展: 数字赋能与实现路径 [J]. 中国农村经济, 2019 (12): 2 – 15.

［64］黄永明，姜泽林. 金融结构、产业集聚与经济高质量发展
［J］. 科学学研究，2019，37（10）：1775 – 1785.

［65］黄庆华，时培豪，胡江峰. 产业集聚与经济高质量发展：长江
经济带 107 个地级市例证［J］. 改革，2020（1）：87 – 99.

［66］余奕杉，高兴民，卫平. 生产性服务业集聚对城市群经济高质
量发展的影响——以长江经济带三大城市群为例［J］. 城市问题，2020
（7）：56 – 65.

［67］Zhou J，Raza A，Sui H. Infrastructure investment and economic
growth quality：Empirical analysis of China's regional development［J］. Ap-
plied Economics，2021，53（23）：2615 – 2630.

［68］吕祥伟，辛波. 人力资本促进经济高质量发展的空间效应及其
溢出效应研究［J］. 广东财经大学学报，2020，35（4）：34 – 47.

［69］范庆泉，储成君，高佳宁. 环境规制、产业结构升级对经济高
质量发展的影响［J］. 中国人口·资源与环境，2020，30（6）：84 – 94.

［70］石俊. 政府财政支出对经济高质量发展的影响机理研究［D］.
南昌：南昌大学，2020.

［71］李攀科. 技术创新赋能我国物流业高质量发展探讨［J］. 商业
经济研究，2020（12）：97 – 100.

［72］蹇令香，曹珊珊，尹晓彤. 技术创新对我国物流业发展质量的
影响［J］. 公路交通科技，2021，38（5）：138 – 143，158.

［73］欧阳芳. 5G 驱动物流业高质量发展的路径选择［J］. 企业经
济，2020，39（6）：15 – 21.

［74］He D，Yang J，Wang Z，et al. Has the manufacturing policy helped
to promote the logistics industry？［J］. PLoS ONE，2020，15（7）：e0235292.

［75］MacDougall G D A. The benefits and costs of private investment from
abroad：A theoretical approach［J］. The Economic Record，1960，36（73）：
13 – 35.

［76］Kokko A. Foreign direct investment，host country characteristics and
spillovers［D］. Stockholm School of Economics，1992.

[77] Hoekman B. Liberalizing trade in services: A survey [R]. Washington: World Bank, 2006.

[78] Yean T S, Basu D S. Services liberalization in ASEAN: Foreign direct investment in logistics [M]. Singapore: ISEAS-Yusof Ishak Institute, 2017.

[79] Caves R E. Multinational firms, competition, and productivity in host-country markets [J]. Economica, 1974, 41 (162): 176 – 193.

[80] Fu X, Buckley P J, Fu X. The growth impact of Chinese direct investment on host developing countries [J]. International Business Review, 2020, 29 (2): 101658.

[81] Pietrucha J, Zelazny R. TFP spillover effects via trade and FDI channels [J]. 2020, 33 (1): 2509 – 2525.

[82] 梁超. 制度变迁、人力资本积累与全要素生产率增长——基于动态面板和脉冲反应的实证研究 [J]. 中央财经大学学报, 2012 (2): 58 – 64, 96.

[83] Herzer D, Donaubauer J. The long-run effect of foreign direct investment on total factor productivity in developing countries: A panel cointegration analysis [J]. Empirical Economics, 2018, 54: 309 – 342.

[84] Aitken B J, Harrison A E. Do domestic firms benefit from direct foreign investment? Evidence from Venezuela [J]. American Economic Review, 1999, 89 (3): 605 – 618.

[85] Kale S, Rath B N. Does innovation matter for total factor productivity growth in India? Evidence from ARDL bound testing approach [J]. International Journal of Emerging Markets, 2018, 13 (5): 1311 – 1329.

[86] 赵欣娜, 丁月. FDI 全要素生产率区域分布差异与投资区位选择 [J]. 科研管理, 2020, 41 (3): 130 – 141.

[87] 谢长伟, 张冬平. FDI 对物流业技术溢出效应的实证研究——以河南省为例 [J]. 昆明理工大学学报 (理工版), 2010, 35 (2): 110 – 116.

[88] Li M, Wang J. The productivity effects of two-way FDI in China's logistics industry based on system GMM and GWR model [J]. Journal of Am-

bient Intelligence and Humanized Computing, 2023, 14 (1): 581 – 595.

［89］徐宏毅, 黄岷江, 李程, 等. 生产性服务业 FDI 生产率溢出效应的实证研究 ［J］. 管理评论, 2016, 28 (1): 22 – 30.

［90］周文博, 樊秀峰, 韩亚峰. 服务业 FDI 技术溢出与服务业全要素生产率增长——理论分析和基于中国的实证检验 ［J］. 华东经济管理, 2013 (6): 98 – 103.

［91］王恕立, 滕泽伟. FDI 流入、要素再配置效应与中国服务业生产率——基于分行业的经验研究 ［J］. 国际贸易问题, 2015 (4): 167 – 176.

［92］崔敏, 赵增耀. 服务业内部结构异质性与高质量发展路径——基于全要素生产率视角 ［J］. 山西财经大学学报, 2020, 42 (6): 73 – 86.

［93］王恕立, 胡宗彪. 服务业双向 FDI 的生产率效应研究——基于人力资本的面板门槛模型估计 ［J］. 财经研究, 2013, 39 (11): 90 – 101.

［94］van der Marel E. Trade in services and TFP: The role of regulation ［J］. The World Economy, 2012, 35 (11): 1530 – 1558.

［95］Luo Y, Salman M, Lu Z. Heterogeneous impacts of environmental regulations and foreign direct investment on green innovation across different regions in China ［J］. Science of The Total Environment, 2021, 759: 143744.

［96］Tao F, Zhang H, Hu Y, et al. Growth of green total factor productivity and its determinants of cities in China: A spatial econometric approach ［J］. Emerging Markets Finance and Trade, 2017, 53 (9): 2123 – 2140.

［97］崔兴华, 林明裕. FDI 如何影响企业的绿色全要素生产率?——基于 Malmquist-Luenberger 指数和 PSM-DID 的实证分析 ［J］. 经济管理, 2019, 41 (3): 40 – 57.

［98］Li B, Wu S. Effects of local and civil environmental regulation on green total factor productivity in China: A spatial Durbin econometric analysis ［J］. Journal of Cleaner Production, 2017, 153 (1): 342 – 353.

［99］Yu D, Li X, Yu J, et al. The impact of the spatial agglomeration of foreign direct investment on green total factor productivity of Chinese cities ［J］. Journal of Environmental Management, 2021, 290: 112666.

［100］石大千，杨咏文. FDI 与企业创新：溢出还是挤出？［J］. 世界经济研究，2018，295（9）：122－136，139.

［101］Hu J，Wang Z，Huang Q，et al. Environmental regulation intensity，foreign direct investment，and green technology spillover—An empirical study［J］. Sustainability，2019，11（10）：2178.

［102］滕泽伟. 环境约束视角下中国服务业双向 FDI 的生产率效应研究［D］. 武汉：武汉理工大学，2016.

［103］Wu D，Geng Y，Pan H. Whether natural gas consumption bring double dividends of economic growth and carbon dioxide emissions reduction in China？［J］. Renewable and Sustainable Energy Reviews，2021，137：110635.

［104］王恕立，王许亮. 服务业 FDI 提高了绿色全要素生产率吗——基于中国省际面板数据的实证研究［J］. 国际贸易问题，2017（12）：83－93.

［105］Tong Y，Zhou H，Jiang L. Exploring the transition effects of foreign direct investment on the eco-efficiency of Chinese cities：Based on multi-source data and panel smooth transition regression models［J］. Ecological Indicators，2020，121（2）：107073.

［106］汪丽娟，吴福象，蒋欣娟. 双向 FDI 技术溢出能否助推经济高质量发展［J］. 财经科学，2019（4）：64－79.

［107］李娜娜，杨仁发. FDI 能否促进中国经济高质量发展？［J］. 统计与信息论坛，2019，34（9）：35－43.

［108］田素华，李筱妍，王璇. 双向直接投资与中国经济高质量发展［J］. 上海经济研究，2019（8）：25－36.

［109］胡雪萍，许佩. FDI 质量特征对中国经济高质量发展的影响研究［J］. 国际贸易问题，2020（10）：31－50.

［110］Jahanger A. Influence of FDI characteristics on high-quality development of China's economy［J］. Environmental Science and Pollution Research，2021（28）：18977－18988.

［111］Li X，Lu Y，Huang R. Whether foreign direct investment can promote high-quality economic development under environmental regulation：Evidence from the Yangtze River Economic Belt，China ［J］. Environmental Science and Pollution Research，2021，28：21674 – 21683.

［112］周忠宝，邓莉，肖和录，等. 外商直接投资对中国经济高质量发展的影响——基于 Index DEA 和面板分位回归的分析 ［J］. 中国管理科学，2022，30（5）：118 – 130.

［113］上官绪明，葛斌华. 科技创新、环境规制与经济高质量发展——来自中国 278 个地级及以上城市的经验证据 ［J］. 中国人口·资源与环境，2020，30（6）：95 – 104.

［114］侯翔. 地方政府竞争对经济高质量发展影响研究 ［D］. 广州：华南理工大学，2020.

［115］陶静. 要素生产率视角下环境规制对经济增长质量的影响路径 ［J］. 统计与决策，2021，37（5）：120 – 123.

［116］曾艺，韩峰，刘俊峰. 生产性服务业集聚提升城市经济增长质量了吗？［J］. 数量经济技术经济研究，2019，36（5）：83 – 100.

［117］李宗显，杨千帆. 数字经济如何影响中国经济高质量发展？［J］. 现代经济探讨，2021（7）：10 – 19.

［118］Li C，Wan J，Xu Z，et al. Impacts of green innovation，institutional constraints and their interactions on high-quality economic development across China ［J］. Sustainability，2021，13（9）：5277.

［119］Kogut B，Chang S J. Technological capabilities and Japanese foreign direct investment in the United States ［J］. The Review of Economics and Statistics，1991，73（3）：401 – 413.

［120］Huang Y，Zhang Y. How does outward foreign direct investment enhance firm productivity？A heterogeneous empirical analysis from Chinese manufacturing ［J］. China Economic Review，2017，44：1 – 15.

［121］Wu Y，Song Y，Deng G. Institutional environment，OFDI，and TFP growth：Evidence from China ［J］. Emerging Markets Finance and Trade，2017，53（9）：2020 – 2038.

［122］Chen C. Impact of China's outward foreign direct investment on its regional economic growth ［J］. China & World Economy, 2018, 26 (3)：1 – 21.

［123］刘海云, 聂飞. 中国 OFDI 动机及其双向技术溢出——基于二元边际的实证研究 ［J］. 世界经济研究, 2015 (6)：102 – 110, 129.

［124］Yanikkaya H, Altun A. Does capital drain reduce total factor productivity growth in developing countries? ［J］. Argumenta Oeconomica, 2020, 45 (2)：53 – 75.

［125］胡立君, 薛福根, 王宇. 后工业化阶段的产业空心化机理及治理——以日本和美国为例 ［J］. 中国工业经济, 2013 (8)：124 – 136.

［126］Chen H, Pan J, Xiao W. Chinese outward foreign direct investment and industrial upgrading from the perspective of differences among countries ［J］. China & World Economy, 2020, 28 (3)：1 – 28.

［127］Wang X, Qi Y. The impact of institutional distance on innovation performance of OFDI enterprises：Comparison of coastal and inland regions in China ［J］. Journal of Coastal Research, 2020, 106：166 – 170.

［128］李梅, 柳士昌. 对外直接投资逆向技术溢出的地区差异和门槛效应——基于中国省际面板数据的门槛回归分析 ［J］. 管理世界, 2012 (1)：21 – 32, 66.

［129］Ali U, Li Y, Wang J, et al. Dynamics of outward FDI and productivity spillovers in logistics services industry：Evidence from China ［J］. Transportation Research Part E：Logistics and Transportation Review, 2021, 148：102258.

［130］刘军, 秦渊智. 服务业出口与 OFDI 互动发展的生产率效应 ［J］. 山西财经大学学报, 2020, 42 (7)：71 – 84.

［131］陈启斐, 吴金龙. 经济政策不确定性、OFDI 和服务业全要素生产率——来自中国服务业微观企业的证据 ［J］. 世界经济文汇, 2020 (4)：82 – 101.

［132］韩沈超, 徐姗. 高质量发展下中国服务业对外直接投资对行业生产率的影响——来自服务业分行业面板数据的证据 ［J］. 国际商务

（对外经济贸易大学学报），2020（3）：115 – 128.

[133] 李薇，彭丽. 基于人力资本门槛模型的服务业 OFDI 生产率效应分析 [J]. 统计与决策，2018，34（11）：124 – 128.

[134] 胡琰欣，屈小娥，李依颖. 我国对"一带一路"沿线国家 OFDI 的绿色经济增长效应 [J]. 经济管理，2019，41（6）：5 – 21.

[135] Wang X，Wang L，Wang S，et al. Management marketisation as a channel of international technology diffusion and green total factor productivity：Research on the spillover effect from China's first-tier cities [J]. Technology Analysis and Strategic Management，2020，33（9）：491 – 504.

[136] Song Y，Hao F，Hao X，et al. Economic policy uncertainty，outward foreign direct investments，and green total factor productivity：Evidence from firm-level data in China [J]. Sustainability，2021，13（4）：2339.

[137] Piperopoulos P，Wu J，Wang C. Outward FDI，location choices and innovation performance of emerging market enterprises [J]. Research Policy，2018，47（1）：232 – 240.

[138] Zeng K，Eastin J. Do developing countries invest up? The environmental effects of foreign direct investment from less-developed countries [J]. World Development，2012，40（11）：2221 – 2233.

[139] 龚梦琪，刘海云，姜旭. 中国工业行业双向 FDI 如何影响全要素减排效率 [J]. 产业经济研究，2019（3）：114 – 126.

[140] Zhu S，Ye A. Does the impact of China's outward foreign direct investment on reverse green technology process differ across countries? [J]. Sustainability，2018，10（11）：3841.

[141] Liu L，Zhao Z，Zhang M. The effects of environmental regulation on outward foreign direct investment's reverse green technology spillover：Crowding out or facilitation? [J]. Journal of Cleaner Production，2021，284：124689.

[142] 王恕立，王许亮，滕泽伟. 中国双向 FDI 的生产率效应研究——基于资源环境约束的视角 [J]. 国际商务（对外经济贸易大学学报），2017（5）：65 – 78.

［143］Zhou Y，Jiang J，Ye B，et al. Green spillovers of outward foreign direct investment on home countries：Evidence from China's province-level data ［J］. Journal of Cleaner Production，2019，215：829 – 844.

［144］曹献飞，裴平. 企业 OFDI 能促进中国经济高质量发展吗？——基于产能治理视角的实证研究 ［J］. 中央财经大学学报，2019（11）：96 – 104.

［145］乔敏健，马文秀. 对外直接投资推进经济高质量发展的效果分析——来自中国省级对外直接投资的经验证据 ［J］. 经济问题探索，2020（1）：138 – 146.

［146］安孟，张诚，朱冠平. 环境规制强度提升了中国经济增长质量吗 ［J］. 统计与信息论坛，2021，36（7）：87 – 96.

［147］赵延炜. 中国对外直接投资对国内经济高质量发展的影响研究 ［D］. 乌鲁木齐：新疆大学，2020.

［148］李娜. OFDI 对山东省经济增长质量的影响研究 ［D］. 济南：山东师范大学，2020.

［149］孔群喜，王晶，王紫绮. 高质量发展阶段中国 OFDI 逆向技术溢出效应研究——基于吸收能力视角的解释 ［J］. 财经问题研究，2018（10）：105 – 113.

［150］章志华，孙林. OFDI 逆向技术溢出、异质性金融发展与经济增长质量 ［J］. 国际经贸探索，2021，37（3）：81 – 97.

［151］邵玉君. FDI、OFDI 与国内技术进步 ［J］. 数量经济技术经济研究，2017，34（9）：21 – 38.

［152］Feng Z，Zeng B，Ming Q. Environmental regulation，two-way foreign direct investment，and green innovation efficiency in China's manufacturing industry ［J］. International Journal of Environmental Research and Public Health，2018，15（10）：2292.

［153］罗良文，梁圣蓉. 国际研发资本技术溢出对中国绿色创新效率的空间效应 ［J］. 经济管理，2017（3）：23 – 35.

［154］Huang Y，Yang H. Identifying IFDI and OFDI productivity spatial spillovers：Evidence from China ［J］．Emerging Markets Finance and Trade，2020，56（5）：1124 –1145.

［155］ Luo S，Shi Y，Sun Y，et al．Can FDI and ODI two-way flows improve the quality of economic growth? Empirical evidence from China ［J］．Applied Economics，2021，53（44）：5028 –5050.

［156］ 郑强，冉光和．中国双向 FDI 的绿色生产率溢出效应——基于动态面板模型的实证检验 ［J］．统计与信息论坛，2018，33（6）：55 –62.

［157］ Wang Y，Liao M，Wang Y，et al．Carbon emission effects of the coordinated development of two-way foreign direct investment in China ［J］．Sustainability，2018，11（8）：2428.

［158］ 徐磊，唐姗姗，张洗铭．制造业双向 FDI 互动发展的创新驱动效应研究 ［J］．科研管理，2020，41（2）：26 –39.

［159］ 宋晓玲，李金叶．双向 FDI 协调发展是否促进了绿色经济效率增长——基于技术创新视角 ［J］．国际商务（对外经济贸易大学学报），2021（2）：126 –140.

［160］ 孙攀，丁伊宁，吴玉鸣．中国双向 FDI 协调发展与经济增长相互影响吗? ——基于"双循环"背景的实证检验 ［J］．上海经济研究，2021（2）：98 –111.

［161］ 简新华，聂长飞．论从高速增长到高质量发展 ［J］．社会科学战线，2019（8）：86 –95.

［162］ 唐晓彬，王亚男，唐孝文．中国省域经济高质量发展评价研究 ［J］．科研管理，2020，41（11）：44 –55.

［163］ 陈恒，魏修建，尹筱雨．中国物流业发展的非均衡性及其阶段特征——基于劳动力投入的视角 ［J］．数量经济技术经济研究，2016，33（11）：3 –22.

［164］ 何黎明．推进物流业高质量发展面临的若干问题 ［J］．中国流通经济，2018，32（10）：3 –7.

［165］ 王文举，何明珂．改革开放以来中国物流业发展轨迹、阶段特征及未来展望 ［J］．改革，2017（11）：23 –34.

[166] 袁晓玲, 李彩娟, 李朝鹏. 中国经济高质量发展研究现状、困惑与展望 [J]. 西安交通大学学报 (社会科学版), 2019, 39 (6): 30 – 38.

[167] 穆晓央, 王力, 黄巧艺. 基于耦合协调度模型的物流业高质量发展路径探讨——以新疆为例 [J]. 价格月刊, 2019 (12): 55 – 63.

[168] 何黎明. 2017 年我国物流业发展回顾与展望 [J]. 中国流通经济, 2018, 32 (2): 3 – 7.

[169] Zhang W, Zhang M, Zhang W, et al. What influences the effectiveness of green logistics policies? A grounded theory analysis [J]. Science of the Total Environment, 2020, 714: 136731.

[170] Wang D, Dong Q, Peng Z, et al. The green logistics impact on international trade: Evidence from developed and developing countries [J]. Sustainability, 2018, 10 (7): 2235.

[171] 王晓慧. 中国经济高质量发展研究 [D]. 长春: 吉林大学, 2019.

[172] Eden L, Miller S R. Distance matters: Liability of foreignness, institutional distance and ownership strategy [J]. Advances in International Management, 2004, 16 (2): 187 – 221.

[173] Buckley P J, Casson M C. The future of the multinational enterprise [M]. London: Homes and Meier Press, 1976.

[174] 约瑟夫·熊彼特. 经济发展理论 [M]. 北京: 华夏出版社: 2015.

[175] Romer P M. Increasing returns and long-run growth [J]. Journal of Political Economy, 1986, 94 (5): 1002 – 1037.

[176] Lucas R. On the mechanics of development planning [J]. Journal of Monetary Economics, 1988, 22 (1): 3 – 42.

[177] 杨永聪, 李正辉. 经济政策不确定性驱动了中国 OFDI 的增长吗——基于动态面板数据的系统 GMM 估计 [J]. 国际贸易问题, 2018 (3): 138 – 148.

[178] 陈景华, 王素素, 陈敏敏. 中国服务业 FDI 分布的区域差异

与动态演进：2005 ~ 2016 ［J］．数量经济技术经济研究，2019，36 （5）：118 – 132.

［179］王文娟．中国物流业对外直接投资区位布局分析 ［D］．北京：对外经济贸易大学，2016.

［180］金洪，赵达．中国对东盟直接投资影响因素分析 ［J］．统计与决策，2012 （8）：135 – 137.

［181］Fu Y, Supriyadi A, Wang T. China's outward FDI in Indonesia: Spatial patterns and determinants ［J］. Sustainability, 2018, 10 (12)：4632.

［182］吕萍，李笑然．制度和产业基础对企业对外直接投资的影响：基于母国和东道国视角 ［J］．科学学与科学技术管理，2017，38 （4）：45 – 59.

［183］Dunning J H. Location and the multinational enterprise: A neglected factor? ［J］. Journal of International Business Studies, 1998, 29 (1)：45 – 66.

［184］隋月红．"二元" 对外直接投资与贸易结构：机理与来自我国的证据 ［J］．国际商务 （对外经济贸易大学学报），2010 （6）：66 – 73.

［185］王文娟，杨长春．外资对中国物流业直接投资区位选择分析 ［J］．国际商务 （对外经济贸易大学学报），2016 （3）：85 – 92.

［186］李敏杰，王健，王晓青．差异化投资动因、东道国经济政策不确定性与物流企业对外直接投资 ［J］．产经评论，2020，11 （4）：119 – 132.

［187］简新华，聂长飞．中国高质量发展的测度：1978 ~ 2018 ［J］．经济学家，2020，258 （6）：49 – 58.

［188］杨沫，朱美丽，尹婷婷．中国省域经济高质量发展评价及不平衡测算研究 ［J］．产业经济评论，2021，46 （5）：5 – 21.

［189］李廉水，程中华，刘军．中国制造业 "新型化" 及其评价研究 ［J］．中国工业经济，2015 （2）：63 – 75.

［190］付晨玉，杨艳琳．中国工业化进程中的产业发展质量测度与评价 ［J］．数量经济技术经济研究，2020，37 （3）：3 – 25.

［191］万宝瑞．我国农业三产融合沿革及其现实意义 ［J］．农业经

济问题，2019（8）：4-8.

［192］彭徽，匡贤明. 中国制造业与生产性服务业融合到何程度——基于2010~2014年国际投入产出表的分析与国别比较［J］. 国际贸易问题，2019（10）：100-116.

［193］Dong F，Wang Y，Zheng L，et al. Can industrial agglomeration promote pollution agglomeration？Evidence from China［J］. Journal of Cleaner Production，2019，246：118960.

［194］干春晖，郑若谷，余典范. 中国产业结构变迁对经济增长和波动的影响［J］. 经济研究，2011，46（5）：4-16，31.

［195］Long R，Ouyang H，Guo H. Super-slack-based measuring data envelopment analysis on the spatial-temporal patterns of logistics ecological efficiency using global Malmquist Index model［J］. Environmental Technology & Innovation，2020（18）：100770.

［196］张军，吴桂英，张吉鹏. 中国省际物质资本存量估算：1952~2000［J］. 经济研究，2004（10）：35-44.

［197］陈昌兵. 可变折旧率估计及资本存量测算［J］. 经济研究，2014，49（12）：72-85.

［198］王恕立，滕泽伟，刘军. 中国服务业生产率变动的差异分析——基于区域及行业视角［J］. 经济研究，2015，50（8）：73-84.

［199］Li M，Wang J. Spatial-temporal distribution characteristics and driving mechanism of green total factor productivity in China's logistics industry［J］. Polish Journal of Environmental Studies，2021，30（1）：201-213.

［200］Wang C，Xu M，Olsson G，et al. Characterizing of water-energy-emission nexus of coal-fired power industry using entropy weighting method［J］. Resources，Conservation and Recycling，2020，161：104991.

［201］张友国，窦若愚，白羽洁. 中国绿色低碳循环发展经济体系建设水平测度［J］. 数量经济技术经济研究，2020，37（8）：83-102.

［202］张旭，魏福丽，袁旭梅. 中国省域高质量绿色发展水平评价与演化［J］. 经济地理，2020，40（2）：108-116.

［203］Dagum C. A new approach to the decomposition of the Gini income inequality ratio ［J］. Empirical Economics, 1997, 22 (4): 515 – 531.

［204］Anselin L, Cliff A D, Ord J K. Spatial Processes, models and applications ［J］. Economic Geography, 1983, 59 (3): 322 – 325.

［205］Liu B, Su X, Shi J, et al. Does urbanization drive economic growth decoupled from energy consumption in China's logistics? ［J］. Journal of Cleaner Production, 2020, 257: 120468.

［206］Apergis N, Katrakilidis C P, Tabakis N M. Dynamic linkages between FDI inflows and domestic investment: A panel cointegration approach ［J］. Atlantic Economic Journal, 2006, 34 (4): 385 – 394.

［207］杨新房, 任丽君, 李红芹. 外国直接投资对国内资本"挤出"效应的实证研究——从资本形成角度看 FDI 对我国经济增长的影响 ［J］. 国际贸易问题, 2006 (9): 74 – 78.

［208］Ang J B. Do public investment and FDI crowd in or crowd out private domestic investment in Malaysia? ［J］. Applied Economics, 2009, 41 (9): 913 – 919.

［209］Jansen K. The macroeconomic effects of direct foreign investment: The case of Thailand ［J］. World Development, 1995, 23 (2): 193 – 210.

［210］李艳丽. FDI 对国内投资的挤入挤出效应——基于地区差异及资金来源结构视角的分析 ［J］. 经济学动态, 2010 (10): 20 – 23.

［211］Morrissey O, Udomkerdmongkol M. Governance, private investment and foreign direct investment in developing countries ［J］. World Development, 2012, 40 (3): 437 – 445.

［212］Wang M. Foreign direct investment and domestic investment in the host country: Evidence from panel study ［J］. Applied Economics, 2010, 42 (29): 3711 – 3721.

［213］Saglam B B, Yalta A Y. Dynamic linkages among foreign direct investment, public investment and private investment: Evidence from Turkey ［J］. Applied Econometrics and International Development, 2011, 11 (2):

71 - 82.

[214] 段文斌，余泳泽. FDI 资本挤入（挤出）效应的内在机制及其"门槛特征"研究——理论推导与面板门限实证检验 [J]. 南开经济研究，2012 (6)：49 - 63，99.

[215] Shas S H, Hasnat H, Cottrell S, et al. Sectoral FDI inflows and domestic investments in Pakistan [J]. Journal of Policy Modeling, 2020, 42 (1)：96 - 111.

[216] 郑强. 外商直接投资与中国绿色全要素生产率增长 [D]. 重庆：重庆大学，2017.

[217] 王成金，李国旗. 国际物流企业进入中国的路径及空间网络 [J]. 人文地理，2016，31 (4)：72 - 79.

[218] Leahy D, Montagna C. Unionisation and foreign direct investment：Challenging conventional wisdom? [J]. Economic Journal, 2000, 110 (462)：80 - 92.

[219] Salim A, Razavi M R, Afshari-Mofrad M. Foreign direct investment and technology spillover in Iran：The role of technological capabilities of subsidiaries [J]. Technological Forecasting & Social Change, 2017, 122：207 - 214.

[220] Gorodnichenko Y, Svejnar J, Terrell K. When does FDI have positive spillovers? Evidence from 17 emerging market economies [J]. Journal of Comparative Economics, 2014, 42 (4)：954 - 969.

[221] 陈明，魏作磊. 生产性服务业开放对中国制造业生产率的影响分析——基于生产性服务细分行业的角度 [J]. 经济评论，2018 (3)：59 - 73.

[222] Mariotti S, Nicolini M, Piscitello L. The role of the heterogeneity of services in the transmission of spillovers to domestic manufacturing companies [J]. Transformations in Business & Economics, 2018, 17 (2)：194 - 209.

[223] 梁红艳. 物流业发展对制造业效率影响机制研究 [J]. 东南学术，2015 (1)：88 - 97.

［224］沙文兵，汤磊. 生产者服务业 FDI 对中国制造业创新能力的影响——基于行业面板数据的经验分析［J］. 国际商务（对外经济贸易大学学报），2016（1）：70－78.

［225］王秀婷，赵玉林. 中国制造业创新驱动增长及异质性考察［J］. 中国科技论坛，2019（2）：44－53.

［226］罗军. FDI 前向关联与技术创新——东道国研发投入重要吗［J］. 国际贸易问题，2016（6）：3－14.

［227］Javorcik B S. Does foreign direct investment increase the productivity of domestic firms? In search of spillovers through backward linkages ［J］. American Economic Review，2004，94（3）：605－627.

［228］逯建，杨彬永. FDI 与中国各城市的税收收入——基于221个城市数据的空间面板分析［J］. 国际贸易问题，2015（9）：3－13.

［229］王恬，兰宜生. FDI 对我国内资企业员工工资的影响——基于不同地区和不同员工类型的实证分析［J］. 当代经济科学，2008（5）：21－25，124.

［230］杨泽文，杨全发. FDI 与实际工资：我国分地区分行业的实证分析［J］. 南开经济研究，2004（1）：44－47，67.

［231］李雪辉，许罗丹. FDI 对外资集中地区工资水平影响的实证研究［J］. 南开经济研究，2002（2）：35－39.

［232］李杨，蔡卓哲，邱亮亮. 中国服务业 FDI 对就业影响的区域差异——基于25个省市数据的实证研究［J］. 人口与经济，2017（1）：85－94.

［233］Fu X. Foreign direct investment and managerial knowledge spillovers through the diffusion of management practices ［J］. Journal of Management Studies，2012，49（5）：970－999.

［234］李莺莉，王开玉，孙一平. 东道国视角下的 FDI 就业效应研究——基于中国省际面板数据的实证分析［J］. 宏观经济研究，2014（12）：94－103.

［235］廖祺，蒋蓉华. 我国制造业如何实现清洁发展？——从 FDI

与东道国环境污染的关系视角 [J]. 湖北社会科学, 2014 (3): 78 - 80.

[236] 金春雨, 王伟强. "污染避难所假说"在中国真的成立吗——基于空间 VAR 模型的实证检验 [J]. 国际贸易问题, 2016 (8): 108 - 118.

[237] Sapkota P, Bastola U. Foreign direct investment, income, and environmental pollution in developing countries: Panel data analysis of Latin America [J]. Energy Economics, 2017, 64: 206 - 212.

[238] Shao Y. Does FDI affect carbon intensity? New evidence from dynamic panel analysis [J]. International Journal of Climate Change Strategies and Management, 2018, 10 (1): 27 - 42.

[239] Aller C, Ductor L, Grechyna D. Robust determinants of $CO_2$ emissions [J]. Energy Economics, 2021, 96: 105154.

[240] Latorre M C, Yonezawa H, Zhou J. A general equilibrium analysis of FDI growth in Chinese services sectors [J]. China Economic Review, 2018, 47: 172 - 188.

[241] Zhu H, Duan L, Guo Y, et al. The effects of FDI, economic growth and energy consumption on carbon emissions in ASEAN - 5: Evidence from panel quantile regression [J]. Economic Modelling, 2016, 58: 237 - 248.

[242] 王晓岭, 何枫, 朱召君. FDI 对京津冀环境质量影响研究 [J]. 财经问题研究, 2019 (9): 45 - 52.

[243] Zhang Y, Li S, Luo T, et al. The effect of emission trading policy on carbon emission reduction: Evidence from an integrated study of pilot regions in China [J]. Journal of Cleaner Production, 2020, 265: 121843.

[244] 包群, 陈媛媛, 宋立刚. 外商投资与东道国环境污染: 存在倒 U 型曲线关系吗? [J]. 世界经济, 2010, 33 (1): 3 - 17.

[245] 刘渝琳, 郑效晨, 王鹏. FDI 与工业污染排放物的空间面板模型分析 [J]. 管理工程学报, 2015, 29 (2): 142 - 148.

[246] 齐绍洲, 方扬, 李锴. FDI 知识溢出效应对中国能源强度的区域性影响 [J]. 世界经济研究, 2011 (11): 69 - 74, 89.

[247] Mahadevan R, Sun Y. Effects of foreign direct investment on car-

bon emissions: Evidence from China and its Belt and Road countries [J]. Journal of Environmental Management, 2020, 276: 111321.

[248] Khan M, Rana A T. Institutional quality and $CO_2$ emission-output relations: The case of Asian countries [J]. Journal of Environmental Management, 2020, 279: 111569.

[249] Hao Y, Ba N, Ren S, et al. How does international technology spillover affect China's carbon emissions? A new perspective through intellectual property protection [J]. Sustainable Production and Consumption, 2021, 25: 577 – 590.

[250] Pazienza P. The relationship between $CO_2$ and foreign direct investment in the agriculture and fishing sector of OECD countries: Evidence and policy considerations [J]. Intellectual Economics, 2015, 9 (1): 55 – 66.

[251] Kathuria V. Does environmental governance matter for foreign direct investment? Testing the Pollution Haven Hypothesis for Indian States [J]. Asian Development Review, 2018, 35 (1): 81 – 107.

[252] Liu Q, Wang S, Zhang W, et al. Does foreign direct investment affect environmental pollution in China's cities? A spatial econometric perspective [J]. Science of The Total Environment, 2018, 614: 521 – 529.

[253] Herzer D, Schrooten M. Outward FDI and domestic investment in two industrialized countries [J]. Economics Letters, 2008, 99 (1): 139 – 143.

[254] 辛晴, 邵帅. OFDI 对国内资本形成的影响——基于中国省际面板数据的经验分析 [J]. 东岳论丛, 2012, 33 (10): 135 – 139.

[255] Stevens G, Lipsey R E. Interactions between domestic and foreign investment [J]. Journal of International Money and Finance, 1992, 11 (1): 40 – 62.

[256] 宋林, 谢伟. 对外直接投资会挤出国内投资吗: 地区差异及影响机制 [J]. 亚太经济, 2016 (5): 106 – 112.

[257] 项本武. 对外直接投资对国内投资的影响——基于中国数据的协整分析 [J]. 中南财经政法大学学报, 2007 (5): 82 – 86.

［258］刘海云，聂飞. 中国制造业对外直接投资的空心化效应研究 ［J］. 中国工业经济，2015（4）：83 – 96.

［259］綦建红，魏庆广. OFDI 影响国内资本形成的地区差异及其门槛效应 ［J］. 世界经济研究，2009（10）：53 – 58，88 – 89.

［260］李兰. OFDI 驱动母国投资的区域性差异研究 ［J］. 国际经贸探索，2016，32（10）：87 – 98.

［261］宫汝凯，李洪亚. 中国 OFDI 与国内投资：相互替代抑或促进 ［J］. 经济学动态，2016（12）：75 – 87.

［262］刘志阔，陈钊，吴辉航，等. 中国企业的税基侵蚀和利润转移——国际税收治理体系重构下的中国经验 ［J］. 经济研究，2019，54（2）：21 – 35.

［263］江小敏，赵春明，李宏兵. 对外直接投资、劳动合同与技能工资差距 ［J］. 财贸研究，2021，32（2）：1 – 18.

［264］袁其刚，商辉，张伟. 对外直接投资影响工资水平的机制探析 ［J］. 世界经济研究，2015（11）：80 – 89，128 – 129.

［265］Hitoshi H，Masao N，Alice N. Wages，overseas investment and ownership：Implications for internal labor markets in Japan ［J］. International Journal of Human Resource Management，2012，23（14）：2959 – 2979.

［266］Cuyvers L，Soeng R. The effects of Belgian outward direct investment in European high-wage and low-wage countries on employment in Belgium ［J］. International Journal of Manpower，2011，32（3）：300 – 312.

［267］Liu W，Tsai P L，Tsay C L. Domestic impacts of outward FDI in Taiwan：Evidence from panel data of manufacturing firms ［J］. International Review of Economics & Finance，2015，39：469 – 484.

［268］刘娟，陈敏，曹杰. OFDI 如何影响母国创业：抑制剂还是助推器？［J］. 世界经济研究，2020（7）：105 – 119，137.

［269］许可，王瑛. 中国对外直接投资与本国碳排放量关系研究——基于中国省级面板数据的实证分析 ［J］. 国际商务研究，2015，36（1）：76 – 86.

［270］易艳春，关卫军，杨夏星．中国对外直接投资减少了母国碳排放吗？——基于空间溢出效应的视角［J］．数量经济研究，2020，11（2）：75－92.

［271］龚梦琪，刘海云．中国工业行业双向 FDI 的环境效应研究［J］．中国人口·资源与环境，2018，28（3）：128－138.

［272］江洪，纪成君. OFDI 逆向技术溢出能够改善中国能源效率吗［J］．审计与经济研究，2020，35（3）：102－110.

［273］Bai Y，Qian Q，Jiao J，et al. Can environmental innovation benefit from outward foreign direct investment to developed countries？Evidence from Chinese manufacturing enterprises［J］．Environmental Science and Pollution Research，2020，27（12）：13790－13808.

［274］韩永辉，李子文，张帆，等．中国双向 FDI 的环境效应［J］．资源科学，2019，41（11）：2043－2058.

［275］Pan X，Li M，Wang M，et al. The effects of outward foreign direct investment and reverse technology spillover on China's carbon productivity［J］．Energy Policy，2020，145：111730.

［276］聂飞，刘海云．基于城镇化门槛模型的中国 OFDI 的碳排放效应研究［J］．中国人口·资源与环境，2016，26（9）：123－131.

［277］Cai L，Firdousi S F，Li C，et al. Inward foreign direct investment，outward foreign direct investment，and carbon dioxide emission intensity-threshold regression analysis based on interprovincial panel data［J］．Environmental Science and Pollution Research，2021，28：46147－46160.

［278］Hao Y，Guo Y，Guo Y，et al. Does outward foreign direct investment（OFDI）affect the home country's environmental quality？The case of China［J］．Structural Change and Economic Dynamics，2020，52：109－119.

［279］Minin A D，Zhang J，Gammeltoft P. Chinese foreign direct investment in R&D in Europe：A new model of R&D internationalization？［J］．European Management Journal，2012，30（3）：189－203.

［280］陈景华．行业差异、全要素生产率与服务业对外直接投资——

基于中国服务业行业面板的实证检验 [J]. 世界经济研究, 2015 (9): 86 - 93, 128.

[281] Aiken L S, West S G. Multiple regression: Testing and interpreting interactions [J]. The Journal of the Operational Research Society, 1994, 45 (1): 119 - 120.

[282] 许晓娟, 刘立新. 引入存量调查改进外商直接投资统计的思路 [J]. 统计研究, 2018, 35 (1): 4 - 12.

[283] IMF. Balance of payments and international investment position manual-Sixth edition (BPM6) [M]. Washington DC: International Monetary Fund, 2009.

[284] 陈国亮, 陈建军. 产业关联、空间地理与二三产业共同集聚——来自中国 212 个城市的经验考察 [J]. 管理世界, 2012 (4): 82 - 100.

[285] Zhang K, Dong J, Huang L, et al. China's carbon dioxide emissions: An interprovincial comparative analysis of foreign capital and domestic capital [J]. Journal of Cleaner Production, 2019, 237: 117753.

[286] 陈艳莹, 董旭. 服务业与制造业对华 FDI 区位选择的差异——基于存量调整模型的实证研究 [J]. 世界经济研究, 2013 (3): 53 - 58, 88 - 89.

[287] 刘海云, 毛海欧. 制造业 OFDI 对出口增加值的影响 [J]. 中国工业经济, 2016 (7): 91 - 108.

[288] 柯善咨, 赵曜. 产业结构、城市规模与中国城市生产率 [J]. 经济研究, 2014, 49 (4): 76 - 88, 115.

[289] 黄群慧, 余泳泽, 张松林. 互联网发展与制造业生产率提升: 内在机制与中国经验 [J]. 中国工业经济, 2019 (8): 5 - 23.

[290] 沈能, 赵增耀, 周晶晶. 生产要素拥挤与最优集聚度识别——行业异质性的视角 [J]. 中国工业经济, 2014 (5): 83 - 95.

[291] Zheng W, Xu X, Wang H. Regional logistics efficiency and performance in China along the Belt and Road Initiative: The analysis of integrated DEA and hierarchical regression with carbon constraint [J]. Journal of Clean-

er Production, 2020, 276: 123649.

[292] 欧阳小迅, 黄福华. 中国物流产业技术进步及技术偏向选择 [J]. 财贸研究, 2014, 25 (3): 66 - 74.

[293] 辜胜阻, 吴华君, 吴沁沁, 等. 创新驱动与核心技术突破是高质量发展的基石 [J]. 中国软科学, 2018 (10): 9 - 18.

[294] 袁宝龙, 李琛. 创新驱动我国经济高质量发展研究——经济政策不确定性的调节效应 [J]. 宏观质量研究, 2021, 9 (1): 45 - 57.

[295] Zhang J, Chang Y, Zhang L, et al. Do technological innovations promote urban green development? —A spatial econometric analysis of 105 cities in China [J]. Journal of Cleaner Production, 2018, 182: 395 - 403.

[296] Mitra A, Sharma C, Véganzonès-Varoudakis M A. Infrastructure, information & communication technology and firms' productive performance of the Indian manufacturing [J]. Journal of Policy Modeling, 2016, 38 (2): 353 - 371.

[297] 祝合良, 王春娟. 数字经济引领产业高质量发展: 理论、机理与路径 [J]. 财经理论与实践, 2020, 41 (5): 2 - 10.

[298] Rivera L, Sheffi Y, Knoppen D. Logistics clusters: The impact of further agglomeration, training and firm size on collaboration and value added services [J]. International Journal of Production Economics, 2016, 179: 285 - 294.

[299] 王健, 梁红艳. 中国物流业全要素生产率的影响因素及其收敛性分析 [J]. 福州大学学报 (哲学社会科学版), 2013, 27 (3): 16 - 24.

[300] Blundell R, Bond S. GMM estimation with persistent panel data: An application to production functions [J]. Econometric Reviews, 2007, 19 (3): 321 - 340.

[301] 郭琪, 周沂, 贺灿飞. 出口集聚、企业相关生产能力与企业出口扩展 [J]. 中国工业经济, 2020 (5): 137 - 155.

[302] 何文韬. 产业集聚对企业初始规模选择与持续生存的影响——基于辽宁省中小企业的分析 [J]. 经济地理, 2019, 39 (10): 112 - 122.

［303］郭帅. 生产性服务业 FDI 对我国制造业效率的影响研究［D］. 长春：东北师范大学，2018.

［304］纪传如，蒋兰陵. 服务业 FDI、产业结构升级与中国 $CO_2$ 排放［J］. 广西财经学院学报，2013，26（5）：42 - 49.

［305］乔彬，张蕊，雷春. 高铁效应、生产性服务业集聚与制造业升级［J］. 经济评论，2019（6）：80 - 96.

［306］温婷. 生产性服务业集聚、空间溢出与产业结构升级——基于全国 239 个地级城市的实证检验［J］. 科技管理研究，2020，40（21）：143 - 153.

［307］臧新，潘国秀. FDI 对中国物流业碳排放影响的实证研究［J］. 中国人口·资源与环境，2016，26（1）：39 - 46.

［308］Wang L，Fan J，Wang J，et al. Spatio-temporal characteristics of the relationship between carbon emissions and economic growth in China's transportation industry［J］. Environmental Science and Pollution Research 2020，27：32962 - 32979.

［309］霍伟东，李杰锋，陈若愚. 绿色发展与 FDI 环境效应——从"污染天堂"到"污染光环"的数据实证［J］. 财经科学，2019（4）：106 - 119.

［310］季颖颖，郭琪，贺灿飞. 外商直接投资技术溢出空间效应及其变化——基于中国地级市的实证研究［J］. 地理科学进展，2014，33（12）：1614 - 1623.

［311］任长秋. 农产品加工业 FDI 技术溢出时间效应及影响因素研究［D］. 重庆：西南大学，2020.

［312］Zhang Y，Li Y，Li H. FDI spillovers over time in an emerging market：The roles of entry tenure and barriers to imitation［J］. Academy of Management Journal，2014，57（3）：698 - 722.

［313］Huang B，Wu B，Barry M. Geographically and temporally weighted regression for modeling spatio-temporal variation in house prices［J］. International Journal of Geographical Information Science，2010，24（3）：383 - 401.

［314］ 何洁. 外国直接投资对中国工业部门外溢效应的进一步精确量化 ［J］. 世界经济, 2000 (12): 29 - 36.

［315］ Fotheringham A S, Charlton M, Brunsdon C. The geography of parameter space: An investigation of spatial non-stationarity ［J］. International Journal of Geographical Information Systems, 1996, 10 (5): 605 - 627.

［316］ Chu H, Huang B, Lin C. Modeling the spatio-temporal heterogeneity in the PM10-PM2. 5 relationship ［J］. Atmospheric Environment, 2015, 102: 176 - 182.

［317］ Guo B, Wang X, Pei L, et al. Identifying the spatiotemporal dynamic of PM2. 5 concentrations at multiple scales using geographically and temporally weighted regression model across China during 2015 - 2018 ［J］. Science of The Total Environment, 2021, 751: 141765.

［318］ Ma X, Zhang J, Ding C. A geographically and temporally weighted regression model to explore the spatiotemporal influence of built environment on transit ridership ［J］. Computers Environment & Urban Systems, 2018, 70: 113 - 124.

［319］ 张涵, 李晓澜. FDI 与 OFDI 溢出对高技术产业区域创新的门槛效应研究 ［J］. 科技进步与对策, 2020, 37 (2): 74 - 81.

［320］ Muhammad M, Saahar S. Effective communication systems for Malaysian logistics industry ［J］. Procedia-Social and Behavioral Sciences, 2014, 130 (3): 204 - 215.

［321］ 谢会强, 封海燕, 马昱. 空间效应视角下高技术产业集聚、技术创新对经济高质量发展的影响研究 ［J］. 经济问题探索, 2021 (4): 123 - 132.

［322］ 汪淑娟, 谷慎. 基础创新抑或应用创新? 谁驱动了经济高质量发展——基于 "一带一路" 沿线国家的研究 ［J］. 财经科学, 2020 (11): 108 - 121.

［323］ Brewer C A, Pickle L. Evaluation of methods for classifying epidemiological data on choropleth maps in series ［J］. Annals of the Association of

American Geographers, 2002, 92 (4): 662 – 681.

［324］Blomstrom M, Kokko A. Multinational corporations and spillovers ［J］. Journal of Economic Surveys, 1998, 12 (3): 247 – 277.

［325］Li C, Tanna S. The impact of foreign direct investment on productivity: New evidence for developing countries ［J］. Economic Modelling, 2019, 80: 453 – 466.

［326］Li J, Strange R, Ning L, et al. Outward foreign direct investment and domestic innovation performance: Evidence from China ［J］. International Business Review, 2016, 25 (5): 1010 – 1019.

［327］赵涛, 张智, 梁上坤. 数字经济、创业活跃度与高质量发展——来自中国城市的经验证据 ［J］. 管理世界, 2020, 36 (10): 65 – 76.

［328］王云霞, 韩彪. 中国物流产业的要素替代弹性及增长效应: 1978 – 2015 ［J］. 财贸研究, 2018, 29 (5): 24 – 33.

［329］张宝友, 朱卫平, 孟丽君. 物流产业效率评价及与 FDI 质量相关性分析——基于 2002 ~ 2011 年数据的实证 ［J］. 经济地理, 2013, 33 (1): 105 – 111, 125.

［330］汪辉平, 王美霞, 王增涛. FDI、空间溢出与中国工业全要素生产率——基于空间杜宾模型的研究 ［J］. 统计与信息论坛, 2016, 31 (6): 44 – 50.

［331］张伟科, 葛尧. 对外直接投资对绿色全要素生产率的空间效应影响 ［J］. 中国管理科学, 2021, 29 (4): 26 – 35.

［332］Cassi L, Plunket A. Proximity, network formation and inventive performance: In search of the proximity paradox ［J］. The Annals of Regional Science, 2014, 53 (2): 395 – 422.

［333］Wang H, Cui H, Zhao Q. Effect of green technology innovation on green total factor productivity in China: Evidence from spatial Durbin model analysis ［J］. Journal of Cleaner Production, 2021, 288: 125624.

［334］Pavlik J B, Young A T. Did technology transfer more rapidly east-west than north-south? ［J］. European Economic Review, 2019, 119: 216 – 235.

［335］Elhorst J P. MATLAB software for spatial panels ［J］. International Regional Science Review, 2014, 37 (3)：389 –405.

［336］LeSage J P, Pace R K. Introduction to spatial econometrics ［M］. New York：CRC Press, Taylor & Francis Group, Boca Raton.

［337］Wu H, Li Y, Hao Y, et al. Environmental decentralization, local government competition, and regional green development：Evidence from China ［J］. The Science of the Total Environment, 2020, 708：135085.

［338］付志刚, 沈慧娟. 地方资本、FDI 争夺战与区域经济增长——基于空间面板德宾模型的分析 ［J］. 投资研究, 2019, 38 (8)：34 –45.

［339］朱文涛, 顾乃华. 土地价格与 FDI 的区位选择——基于空间杜宾模型的实证研究 ［J］. 国际贸易问题, 2018 (11)：162 –174.

［340］Li X, Wu Z, Zhao X. Economic effect and its disparity of high speed rail in China：A study of mechanism based on synthesis control method ［J］. Transport Policy, 2020, 99：262 –274.

［341］Baum-Snow N, Henderson J V, Turner M A, et al. Does investment in national highways help or hurt hinterland city growth? ［J］. Journal of Urban Economics, 2020, 155：103 –124.

［342］赵祥. 地方政府竞争与 FDI 区位分布——基于我国省级面板数据的实证研究 ［J］. 经济学家, 2009 (8)：53 –61.